"十四五"职业教育国家规划教材

21世纪经济管理新形态教材·工商管理系列

U0646007

客户关系管理

（第3版）

李文龙　李民玉　包文夏 ◎ 编著

清华大学出版社
北京

内 容 简 介

本书在分析客户关系管理"岗位群"的典型工作任务的基础上,以源海客户关系管理软件 (YuanhiCRM)及 SAP Business One(SBO)两款软件为工具,配套相关可操作性实例及大量真实案例,将客户关系管理所涉及的工作任务分为客户关系管理概述、客户关系管理战略规划、潜在客户管理、客户信息管理、客户体验与沟通、销售机会管理、客户服务管理、客户关系管理总结与发展 8 章,将客户关系管理的基础知识与应用技能融合到其中,以便读者在体验性学习中掌握客户关系管理的应用性技术与相关知识。

本书可作为高等院校相关专业本科学生、高职学生的教材,同时也适合企业客户关系管理人员及销售人员自学参考。

图书在版编目(CIP)数据

客户关系管理 / 李文龙,李民玉,包文夏编著. --3 版.

北京 : 清华大学出版社,2025. 5. --(21 世纪经济管理新形态教材).

ISBN 978-7-302-68900-3

Ⅰ. F274

中国国家版本馆 CIP 数据核字第 2025AS3869 号

责任编辑:张 伟
封面设计:汉风唐韵
责任校对:王荣静
责任印制:宋 林

出版发行:清华大学出版社
  网   址:https://www.tup.com.cn,https://www.wqxuetang.com
  地   址:北京清华大学学研大厦 A 座   邮   编:100084
  社 总 机:010-83470000   邮   购:010-62786544
  投稿与读者服务:010-62776969,c-service@tup.tsinghua.edu.cn
  质量反馈:010-62772015,zhiliang@tup.tsinghua.edu.cn
  课件下载:https://www.tup.com.cn,010-83470332
印 装 者:三河市科茂嘉荣印务有限公司
经   销:全国新华书店
开   本:185mm×260mm   印   张:14.75   字   数:339 千字
版   次:2016 年 8 月第 1 版 2025 年 5 月第 3 版   印   次:2025 年 5 月第 1 次印刷
定   价:49.00 元

产品编号:107649-01

前　言

党的二十大报告指出，我们要"办好人民满意的教育"，"全面贯彻党的教育方针，落实立德树人根本任务，培养德智体美劳全面发展的社会主义建设者和接班人"，"加快建设高质量教育体系，发展素质教育，促进教育公平"。本书按照党的二十大报告要求，以人民（客户）满意为服务宗旨，以立德树人为根本任务，以强化信息技术服务的高质量客户关系管理（CRM）为特色开展编著。

本书第 1 版在多年企业客户服务及客户关系管理系统研发的实践探索下，经过近 10 年的教学实践于 2016 年推出，第 1 版的教材基于以客户关系管理工作过程为导向的 CDIO 工学结合设计模式设计，在教学实践过程中得到全国众多院校师生的重点关照，他们以邮件、QQ、微信、电话、面谈交流等多种形式给予指点与建议。

第 2 版结合了 OBE(outcome-based education，成果导向教育)教学理念在广东东软学院的教学实践的应用（TOPCARES），于 2020 年修订出版。由于计算机操作系统配置发生了根本性变化，由 32 位机转型为 64 位机，第 1 版中的实践工具不太适应计算机操作系统等环境变化，同时，基于数字经济高速发展的时代背景，第 2 版重点对软件工具等新技术及相关实践部分进行了修订，客户关系管理软件由原 SAP Business One 2007B 升级到 SAP Business One 8.8，并完善了 SAP Business One 的实训内容，还根据对广大读者重点反映的实践等各环节修订了部分案例，增加了微信营销及移动客户关系管理等内容，每章增加了即测即练，扫二维码答题，拓展了课程资源。

第 3 版在结构上保持了前 2 版的设计框架及风格。内容上主要是根据人工智能（artificial intelligence，AI）发展需求，重点考虑并修订了 AI 对客户关系管理的影响及体验管理的应用需求，修订了部分案例，并根据学情需要，增加了客户服务人员情绪平衡内容，以增强客户关系管理人员自身防护及心态平衡等。

为保证教学的一贯性，作者负责开发的源海客户关系管理软件还继续保留，但重点推荐 SAP Business One 作为主要教学工具。

由于编者水平有限，书中难免有不当之处，十分期待读者批评指正，愿与广大读者同行在客户关系管理的道路上共同提高。

编　者

2025 年 1 月

目 录

第 1 章

客户关系管理概述

（1）了解客户关系管理项目的背景与能力要求；

（2）了解客户关系管理项目的操作流程；

（3）熟悉客户关系管理软件的安装方法和步骤；

（4）能够完成客户关系管理岗位及所需能力的调查与分析；

（5）能够进行客户关系管理软件的基础配置。

1.1 项目背景描述与能力要求

任务引入

某画框企业客户关系管理解决方案

2001 年，正值我国画框业蓬勃发展初期，笔者曾有机会参与某画框企业客户关系管理解决方案的工作。当时，该画框企业外贸订单供不应求，但内部管理却相对滞后，如对新品开发样品/多规格型号产品管理无序、交付不及时、内部员工职责范围不清、顾客不满意、市场开发成本高等问题一直阻碍着企业的进一步发展。方案解决小组经过多方深入了解、多次讨论，将方案的解决重点集中在如下几方面。

（1）客户资料零散问题。客户资料尤其是潜在客户资料，主要来源于展览会、网站、邮件、电话、传真等多种渠道。通常情况下，所获得的潜在客户资料由每个业务人员自行保管，客户资料没有集中归类查询统计，主管难以及时获得客户资源的最新信息，客户资料容易遗失。

（2）业务人员变动问题。人员变动是企业发展中的正常现象，但如果业务人员变动导致客户资料遗失、历史记录遗失、恶意离职等情况发生，则业务跟进难以进行，使业务断层或降低服务效果。

（3）客户归属问题。公司业务人员在销售过程中会出现有意或无意争抢同一个客户的现象，使主管很难调解，也无从考证客户归属，从而产生内部矛盾并对公司业务造成严重损害。

（4）产品种类及规格型号多问题。产品种类及规格型号多且新产品不断增加，很多业务人员将主要精力放在对产品规格型号的记忆上,即使这样,仍有报错产品型号及价格的情况,使业务人员十分被动,企业效益也受影响。

(5) 客户曾经沟通过什么的问题。该企业业务人员或客服人员业务十分繁忙,业务经理的工作更加繁重,某客户曾经提出过什么需求,有过什么建议及投诉,上次同客户谈过什么等,业务人员可能已记不清楚或记忆混乱了,再加上还需记忆企业不断增加的产品种类和型号,业务人员、客服人员及经理们可能会忙中出错,如忘了回复客户、下错单、报错价、送错样品、忘了向上汇报等情况都会时常出现。

笔者也到过其他企业工作或咨询,发现这些问题不是一家企业的个别问题,很多企业都遇到过这些问题,也为此头痛。相信大多数读者也会有同感,特别是有与销售等业务相关经历的人员更有同感。当然,这些读者可能还包括你,现在假定你接到或主动找到一个类似的项目任务,处于一个实际情境中,为此你将获得一系列的体验。

假设你是一家小公司的业务经理,正负责公司某产品(如软件产品)的推广应用。因公司规模较小、推广费用有限,你在经过体验 CRM 软件的安装与使用后,将以某件产品营销活动为主线索,积极对本公司的客户关系管理活动进行实务操作。在操作过程中,你将逐渐学习到一些以前未学到的知识与技巧,包括客户价值、客户满意度、客户忠诚度、机会管理、数据挖掘(data mining)、知识管理等知识,以及软件安装、数据库安装、客户沟通、CRM 软件操作与应用、数据库营销、关系营销、客户服务等技巧。在本节中,通过对业务需求的了解和对客户关系管理的职业岗位进行分析,在深入理解职业能力需求的基础上,你需要完成三个子任务(如开展其他章节项目,你可依照上述描述自行设计)。

任务 1:确定客户关系管理项目的背景及解决方案。

请你对中小企业的营销特点、可能出现的问题进行描述。其项目背景是什么?解决方案是什么?

任务 2:职业岗位分析。

涉及企业客户关系管理的职业岗位有哪些?请根据企业实际需求了解与分析。

任务 3:职业能力需求。

根据对现有企业的实际了解,本书定位于客户关系管理的技术应用,而对应的客户关系管理岗位及能力需求是什么?请你对所调查的客户关系管理岗位所对应的能力点进行列表分析。

任务分析

从案例中可以发现,一个全球化贸易的企业在成长过程中所碰到的常见问题,虽然在短时间内不会影响企业生存,但却给企业带来客户流失、业绩瓶颈、效率低下等问题,不但严重制约企业发展,最终也会使企业因竞争力下降而出现生存威胁。该企业在内部管理需求、营销理念更新和 IT(信息技术)推动等因素的作用下,引入客户关系管理系统。

本章主要对客户关系管理项目的背景及相关基础知识点做一介绍,学习要点在于从实际出发,找出企业需求,以及相关的客户关系管理的工作岗位,并从实际企业处了解相关的能力要求。

对于任务 1,可以通过借鉴客户关系管理战略的规划及寻求一款 CRM 软件系统来完成。

对于任务 2,随着市场经济的不断发展,客户关系管理的职业岗位也在不断变化,现有的客户关系管理典型岗位一般有客户关系管理师、售前/售后支持专员、客户数据分析师、客户关系管理主管等。当然,不同企业岗位有所不同,名称也不一定是一致的,可根据调查你所在的周边企业进行灵活解答。

对于任务 3,有岗位能力对应表(表 1-1)供参考。

表 1-1　岗位能力对应表

岗　　位	对 应 能 力
客户关系管理师	应用 CRM 技术进行客户关系管理、机会管理、客户价值分析与管理
售前/售后支持专员	应用 CRM 技术进行市场分析、有效沟通处理及销售业务支持 应用 CRM 技术进行客户的服务管理与投诉管理,维持与客户的良性关系
客户数据分析师	应用 CRM 技术对客户信息库进行维护与分析,深入挖掘企业所需精确客户数据,对客户知识库进行建设与维护
客户关系管理主管	负责客户关系管理的战略制定与实施,对客户关系管理专员进行管理与培训,全面负责企业客户关系的维护、客户满意度管理

同时,我们也提供一个比较快捷的方法,即从人才招聘市场进行实地调查。下面为一份关于客户关系管理师的职业要求。

职责描述:

优化和完善店铺会员关系管理体系,客户画像等数据整理,定期做好老客动态报告及改善方案;

策划、组织并优化老客互动活动,关注老客反馈,提升整体客户服务体验,激活老客活跃度和提高老客忠诚度;

分析并总结老客购物习惯,配合店铺营销策划,提高老客回购率、提升老客销售占比;

微信、微博、公众号、老客群等 SNS(社交网络服务)日常维护管理,以及老客回访等工作。

任职要求:

大专以上学历,1 年以上会员管理工作经验;

善于沟通、表达能力强,有良好的服务意识;

具备较强的活动策划能力,以及文案功底;

善于分析总结数据,有较强的逻辑思维能力;

熟悉淘宝、天猫后台流程及规则,有电商实操经验;

有 CRM 营销/电商客户营销维护等相关工作经验者优先。

资料来源:电商客户关系管理专员[EB/OL]. https://www.liepin.com/job/1924581647.shtml?pgRef＝c_pc_search_page%3Ac_pc_search_job_listcard%402_24581647%3A1%3A1d2c9add-a83d-4447-bc94-28f941f1bed4&d_sfrom＝search_prime&d_ckId＝null&d_curPage＝0&d_pageSize＝40&d_headId＝null&d_posi＝26&skId＝dp38y8v6roip7feh8svlruieiqvfzy28&fkId＝dp38y8v6roip7feh8svlruieiqvfzy28&ckId＝dp38y8v6roip7feh8svlruieiqvfzy28&sfrom＝search_job_pc&curPage＝0&pageSize＝40&index＝26.

知识链接

1.1.1 客户关系管理的产生

最早发展客户关系管理的国家是美国,1980 年初便有所谓"接触管理"(contact management),即专门收集客户与公司联系的所有信息;1985 年,巴巴拉·本德·杰克逊(Barbara Bund Jackson)提出了关系营销的概念,使人们对市场营销理论的研究又迈上一个新台阶;到 1990 年,则演变成包括电话服务中心支持资料分析的客户关怀(customer care)。

1999 年,Gartner Group 公司提出了 CRM 概念。Gartner Group 公司在早期提出的 ERP(企业资源规划)概念中,强调对供应链进行整体管理。而客户作为供应链中的一环,为什么要针对它单独提出 CRM 概念呢?

其原因在于,一方面,在 ERP 的实际应用中人们发现,由于 ERP 系统有本身功能方面的局限性,也由于 IT 发展阶段的局限性,ERP 系统没有很好地实现对供应链下游(客户端)的管理,针对 3C(公司,顾客,竞争者)因素中的客户多样性,ERP 并没有提出良好的解决办法;另一方面,20 世纪 90 年代末期,互联网的应用越来越普及,CTI(计算机电话集成)、客户信息处理技术(如数据仓库、商业智能、知识发现等)得到了长足发展。结合新经济的需求和新技术的发展,Gartner Group 公司提出了 CRM 概念。自 20 世纪 90 年代末期以来,CRM 市场一直处于一种爆炸性增长的状态。

由此,可以说客户关系管理产生的原因是市场的需求,具体表现在如下几点。

(1) 市场竞争的需要。其主要表现为:竞争的焦点从以产品为中心到以市场为中心再到以客户为中心。

(2) 资源变化的需要。其主要表现为:工业物质极大丰富,产品相对过剩,客户成为企业最重要的资源。

(3) 信息技术的推动。其主要表现为:竞争加剧后,原管理水平相对落后,为了满足客户日益增长的个性化需求,就要在信息系统上下功夫。

(4) 管理理念的更新。其主要表现为:企业管理从"注重成本的控制"向"注重提高客户满意度及忠诚度"转化。

1.1.2 CRM 的定义与目的

CRM 的提出者 Gartner Group 公司认为,客户关系管理就是为企业提供全方位的管理视角,赋予企业更完善的客户交流能力、最大化客户的收益率。当前人们对客户关系管理的理解存在差异,关于它的定义有几十种,有的人提出客户关系管理是一种文化、一种思想、一种主义……现在一般认为客户关系管理是将企业经营"以客户为中心"作为导向的技术和管理方法。其实质是实行一套以 IT 系统为基础、以客户为中心的新的业务流程和快速决策支持系统。

当今社会,为了赢得竞争优势,越来越多的企业已经或正在实施客户关系管理,它与企业资源规划、供应链管理(SCM)是企业提高竞争力的三大重要法宝。

客户关系管理的目的主要表现在两个方面:一方面是为那些同样试图与这些客户建

立业务关系的竞争对手接近他们而设置障碍,同时也为那些试图从你的竞争对手处购买产品和服务的客户的流失设置一些障碍;另一方面就是提升客户的满意度,进而提高客户忠诚度,从而取得客户终生价值的最大化。这两个方面是从两个不同角度阐述一个问题,二者都是客户关系管理的目的,其中以后者为主要目的。

1.1.3　客户关系管理系统分类

美国调研机构 Meta Group 把 CRM 按系统功能分成以下三类,这一分类已得到业界的公认,在网络营销模式下,此分类也同样适用。

1. 运营型 CRM

运营型 CRM 又称操作型 CRM,主要包括客户服务、订购管理、销售自动化(sales force automation,SFA)、办公自动化(OA)等。运营型 CRM 可以帮助运营商实现经营、销售、服务等业务环节的流程自动化,达到利用 IT 来提高运营商的运作效率、降低运作成本的目的。通过实施运营型 CRM,运营商最终将建立起一套以客户为中心的运作流程及管理制度,同时也有助于培养员工的服务意识,销售、服务、营销部门的业绩将明显提升。在现代网络营销市场中,运营型 CRM 成为大部分企业的首选。

2. 分析型 CRM

分析型 CRM 可对客户数据进行捕捉、存储、提取、处理、解释并产生相应报告,它使用了数据挖掘技术。客户信息的绝对容量增加和与客户的相互作用日益复杂,数据挖掘迎合了该趋势,它能促使客户关系更有意义。它通过使用数据分析和数据建模技术来发现数据之间的趋势与关系的过程,可以用来了解客户希望获得什么,还可以预测客户将要做什么,可以帮助你选择恰当的客户并将注意力集中在他们身上,以便为他们提供恰当的附加产品,也可以帮助你辨别哪些客户打算与你"分手"。由于它可以提高以最好的方式响应个性化需求的能力,并且可以通过恰当的资源分配来降低成本,因此它可以增加收入,如网络营销的电子商务网站对购物车分析,就是应用了分析型 CRM 的数据挖掘功能。

从某种意义上说,分析型 CRM 系统的特点是:将企业原有的客户信息管理系统提升到客户知识管理系统的高度。通过建立数据仓库,运用数据挖掘、商业智能等技术手段,对大量的客户信息进行分析,可以让运营商更好地了解客户的消费模式,并对客户进行分类(如根据客户的当前贡献与潜在贡献,寻找对网络运营商最为重要的大客户等),从而针对客户的实际需求,制定相应的营销战略,开发出相应的产品或服务,更好地满足客户需求。这也是我们经常谈到的"大规模定制"及"一对一营销"(one-to-one marketing)模式的核心思想。

3. 协作型 CRM

协作型 CRM 又称互动型 CRM,目前各个运营商与客户的接触渠道日益多样化,除了传统的营业窗口、面对面的现场服务,E-mail(电子邮件)、微信、呼叫中心、互联网等其他沟通渠道同样成为运营商与客户交互的重要途径。那么,如何对客户与运营商的各种接触渠道进行整合呢?通过统一的标准化接口与后台的支撑系统、业务网中的业务平台(如音信互动的业务平台)和业务管理平台以及其他外部系统实现互联,客户的同一个服务请求可以在各个相关系统平台上得到统一的展示,构建"多渠道接入,全业务服务"的统一的客户接触门户是协作型 CRM 所要完成的任务。

当然,并非所有的企业都能够执行相似的 CRM 策略,这也意味着,当同一公司的不同部门或地区机构在考虑 CRM 实施时,可能事实上有着不同的商务需要,同时另一个经常出现的差异点是不同的技术基础设施。因此,根据客户的行业特征和企业规模来划分目标客户群,也是大多数 CRM 的基本分类方式。在企业应用中,越是高端应用,行业差异越大,客户对行业化的要求也越高,因而有一些专门的行业解决方案,如银行、电信、大型零售等 CRM 应用解决方案。而对中低端应用,一般采用基于不同应用模型的标准产品来满足不同客户群的需求。一般将 CRM 分为三类:以全球企业或者大型企业为目标客户的企业级 CRM;以 200 人以上、跨地区经营的企业为目标客户的中端 CRM;以 200 人以下的企业为目标客户的中小企业 CRM。

在 CRM 应用方面,大型企业与中小企业相比有很大的区别。首先,大型企业在业务方面有明确的分工,各业务系统有自己跨地区的垂直机构,形成了纵横交错的庞大而复杂的组织体系,不同业务、不同部门、不同地区间实现信息的交流与共享极其困难;同时,大型企业的业务规模远大于中小企业,致使其信息量巨大。其次,大型企业在业务运作上很强调严格的流程管理;而中小企业在组织机构方面要轻型、简洁很多,业务分工不一定明确,运作更具有弹性。因此,大型企业所用的 CRM 软件比中小企业的 CRM 软件要复杂、庞大得多。一直以来,国内许多介绍 CRM 的报道和资料往往是以大型企业的 CRM 解决方案为依据的。这就导致一种错觉:CRM 都很复杂、庞大。其实,价值几万元的面向中小企业的 CRM 软件也不少,其中不乏简洁、易用的。

不过,有关公司规模方面的要求现在越来越随意,因为越来越多的 CRM 供应商是依据不同情况来提供不同产品的。主要的 CRM 供应商一直以企业级客户为目标,并逐渐向中型市场转移,因为后者的成长潜力更大。以企业级客户为目标的公司包括 Siebel、Oracle 等。另一些公司,如 Pivotal、用友等则与中型市场相联系,并试图夺取部分企业级市场。MyCRM、Goldmine、Multiactive 和 SalesLogix 等公司瞄准的是中小企业,它们提供的综合软件包虽不具有大型软件包的深度功能,但功能实用,安装及操作简单。

1.1.4 客户关系管理软件的发展前景

客户关系管理软件的发展前景可从市场潜力与综合发展趋势两方面来分析。

首先,从市场潜力方面考虑。

近年来,中国软件行业发展迅速,众多软件企业的成长也十分显著,可以说,中国软件市场异常活跃。作为软件领域之一的 CRM 市场,随着整体软件行业的发展而持续升温,CRM 软件销量迅速增长,成为中国软件行业比较重要的软件产品之一。

企业是 CRM 软件的主要用户,软件是否深度契合目标用户企业需求显得十分重要。以企业为中心,进行长期有效的运营,是 CRM 供应商的经营特点。同时,中国的企业数量极多,但是软件建设水平还相当有限,因而市场具有非常大的潜力。预计未来几年中国将成为世界上最大的软件市场之一。面对巨大的市场蛋糕,国际著名的软件公司已做好抢占中国 CRM 市场的准备,纷纷加大研发力度,加速其在华布局。中国本土软件企业也十分希望能够在市场上占领一席之地。

其次，从综合发展趋势方面来分析，CRM将呈现以下发展趋势。

趋势一：成为电子商务核心。CRM虽然仅仅是"电子商务"的一个子集，但是它把客户放在了核心位置，通过实施CRM，企业必须补上过去落下的"功课"，它要求企业更了解现存客户和潜在客户，要求企业准确、及时地判断竞争对手的行为，要求企业追赶得上日新月异的信息技术，尤其要求企业的内部管理适应这些变化。如果一个企业可以很好地吸收CRM理念，就会看到在客户满意度、客户忠诚度和利润等多方面的提高，对未来整体性的"电子商务时代"的来临也就更有准备。

ShopeX是国内比较成熟的网店系统，目前仅提供比较简单的会员管理，但是它提供与CRM的接口，让CRM很容易集成为网店的客户管理后台系统。阿里软件的贸易通已经集成了外贸版的客户管理系统，如果阿里巴巴坚持让阿里软件发展下去，阿里巴巴的CRM将是和电子商务结合最强且最紧密的CRM。

趋势二：在线CRM。在线CRM是一个获取、保持和增加可获利客户的过程。它通过将人力资源、业务流程与专业技术进行有效的整合，最终为企业涉及客户或消费者的各个领域提供完美的集成，使企业可以更低成本、更高效率地满足客户的需求，并与客户建立基于学习型关系的一对一营销模式，从而让企业最大限度地提高客户满意度及忠诚度，挽回失去的客户，保留现有的客户，不断发展新的客户，发掘并牢牢地把握住能给企业带来最大价值的客户群。在线CRM还将多种与客户交流的渠道，如面对面、电话接洽以及Web访问等融为一体。这样，企业就可以按照客户的喜好使用适当的渠道及沟通方式与之进行交流，并能从根本上提高员工与客户或潜在客户交流的有效性。在线CRM的核心内容主要是通过不断地改善与管理企业销售、营销、客户服务和支持等与客户关系有关的业务流程并提高各个环节的自动化程度，从而缩短销售周期、降低销售成本、扩大销售量、增加收入与盈利、抢占更大市场份额（market share）、寻求新的市场机会和销售渠道，最终从根本上提升企业的核心竞争力，使企业在当前激烈的竞争环境中立于不败之地。

趋势三：平台趋势。无论是在线CRM还是传统CRM，目前都在延展自己的势力范围。作为企业信息化的核心，CRM扮演的是信息化发动机的角色。CRM和财务软件的结合，CRM和ERP的结合，CRM和进销存的结合，CRM与网站的结合，CRM与呼叫中心的结合，体现了以CRM为中心的企业信息化、平台化趋势。

趋势四："云"的趋势。"云"对于客户来说比较陌生，但大型企业可能比较关注你到底采用什么样的技术实施CRM，当你提到采用"云"技术的时候，往往CIO（首席信息官）们会眼前一亮。大型企业在搭建自己的CRM系统的时候也逐步考虑结合自己的"企业云"的应用。而对于中小企业，它们关注的是产品的易用和实用，对于服务商是否应用"云"并不太关注，虽然如此，像国内XTools、用友伟库网这种SaaS（软件即服务）公司已经开始为它们的付费用户部署"云"。

趋势五：CRM移动趋势。5G（第五代移动通信技术）的发展将加速CRM移动端的推广与普及。

随着智能手机的应用，实现企业移动业务运作成为一项业务的必要条件，SAP与RIM正努力通过一个支持安全实时访问SAP CRM的集成解决方案，来满足商业用户的需求和期望值。这个集成解决方案不仅能够帮助企业提高员工生产效率和改进服务,同时还能让移动用户在路上访问关键的客户信息。而且,它还利用 BlackBerry 企业解决方案的内在安全性、管理功能和效率,并引入众多关键的移动 CRM 新功能。

趋势六:行业化趋势。行业化一定是 CRM 的趋势,一种细分市场的竞争让 CRM 理念能够迅速规模化地拓展。例如,明源 CRM 系统融合了多家地产领先企业的最佳业务实践,是在地产行业内得到广泛应用的成熟产品。CRM 系统涵盖地产企业市场营销、销售租赁、客户服务及客户互动门户等一系列与客户相关的业务流程,有效管理客户整个生命周期,实现客户价值最大化。

因此,未来的 CRM 将出现多种态势,在我国展现出巨大的发展潜力和广阔的市场前景,值得我们学习与探索。

1.2 CRM 软件安装及配置

任务引入

CRM 软件安装

你作为一位从事客户关系管理事务相关的工作人员,正准备为你所在的公司开展客户关系管理的业务,你必须具备熟练操作一款 CRM 软件的能力。请你以一款小型 CRM 软件为工具,通过学习体验 CRM 软件的安装与使用,掌握完成客户关系管理工作所需的基本技能。

为此,你需完成以下三个子任务。

任务 1:数据库软件安装。

任务 2:CRM 软件安装。

任务 3:CRM 软件的基本配置与操作。

任务分析

本节主要考虑对客户关系管理工具的熟练操作能力,学习要点在于能对软件进行安装操作,以及对计算机基础知识包括操作系统的运用。

建议根据用户类型、电脑操作系统及客户关系管理软件不同分别进行软件安装与运用。

1. 针对个体户和小型企业

(1) 针对 32 位机器,特别是 XP(体验)系统,源海客户关系管理软件的局网版(可通用于单机版)的安装与操作如下。

下载服务器端软件并安装:yhcrm0500c_s.exe。

下载客户端软件并安装:yhcrm0500c_c.exe。

(2) 针对 64 位机器,源海客户关系管理软件的局网版(可通用于单机版)的安装与操作如下。

下载安装：VMware-workstation-full1413(可从互联网上下载最新版)。

下载解压：WinXP-YHCRM.rar。

打开 VMware 软件，打开虚拟机，打开 WinXP-YHCRM 解压目录下的 Windows XP Professional。

2. 针对中小型企业(大型企业可参考)

学习针对中小型企业的 SAP Business One 8.8 的安装与相关客户关系管理部分的操作。

源海客户关系管理软件具体安装步骤可参照本节的"知识链接"。

知识链接

1.2.1　源海客户关系管理软件的安装

1. 源海客户关系管理软件简介

源海客户关系管理软件是将客户信息处理、客户服务、沟通管理、产品图像显示及客户关系管理理念结合在一起的企业客户关系管理类软件，它能帮助企业建立完善的产品资料库、客户资料信息库，具有清晰、逼真的图形展示技术，强大的信息查询功能，高效、价优、实用的特点，为相关企业的销售模式及业务关系经济地引入现代化先进管理技术及崭新的客户关系管理理念。软件采用共享软件营销模式经营，主要适合中小企业业务员、业务管理人员及个体户企业业主使用。

2. 软件安装步骤

以 yhcrm5.0 局网版为例(单机版参照局网版)，详细安装及配置步骤说明如下。

提示步骤：

(1) 安装 yhcrm0500c_s.exe 服务器端。

① 先安装源海客户关系管理的服务器端，找到安装程序 yhcrm0500c_s.exe，双击该文件，单击 Next 按钮，然后会看见如图 1-1 所示的对话框。

图 1-1　服务器端软件许可

② 直接单击 Yes 按钮,进入下一步,会出现如图 1-2 所示的对话框。

图 1-2　服务器端软件特点说明

③ 单击 Next 按钮,出现如图 1-3 所示的对话框。

图 1-3　服务器端软件信息

④ 单击 Next 按钮,出现如图 1-4 所示的对话框,单击 Browse 按钮选定安装的系统盘,出现如图 1-5 所示的对话框。

⑤ 单击 Next 按钮,出现如图 1-6 所示的对话框。

⑥ 单击两次 Next 按钮,就完成服务器端的安装,出现如图 1-7 所示的对话框。

提示:安装服务器端时,直接单击 Next 按钮即可。另外,需找到数据库安装程序进行安装,否则客户端将无法启动。

图 1-4　服务器端软件安装默认目录

图 1-5　服务器端客户数据建议安装目录

图 1-6　服务器端软件安装

图 1-7　服务器端软件安装完成

　　(2) 在服务器机上安装 InterBase 7.0 服务器端。如图 1-8 所示,在启动程序组中选择数据库安装程序,按图 1-9 和图 1-10 所示进行操作,出现如图 1-11 所示的对话框,完成服务器端的安装。

图 1-8　服务器端数据库安装

图 1-9　服务器端数据库安装向导

图 1-10　服务器端数据库选择

图 1-11　服务器端数据库安装完成

　　提示：在安装服务器端或单机版时，选择数据库组件时一定要选择安装服务器端（图 1-10），否则软件会提示"数据库是否安装"，软件不能正常启动。

　　（3）在客户机上安装 yhcrm0500c_c.exe 客户端。

　　① 找出客户端的安装程序 yhcrm0500c_c.exe，双击出现如图 1-12 所示的对话框。

　　② 单击 Next 按钮，出现如图 1-13 所示的对话框。单击 Yes 按钮，下面每一步都单击 Next 按钮，如图 1-14 至图 1-16 所示，最后出现如图 1-17 所示的对话框，单击 Finish 按钮完成安装。

　　（4）在客户机上安装 InterBase 7.0 客户端。安装方法类似于安装 InterBase 7.0 服务器端，只是在选择安装组件时须选择客户端，如图 1-18 所示。

图 1-12　客户端软件安装

图 1-13　客户端软件许可

图 1-14　客户端软件信息

图 1-15　客户端软件安装目录

图 1-16　客户端软件程序组

图 1-17　客户端软件安装完成

图 1-18　客户端数据库选项

（5）配置并启动客户端。

① 如图 1-19 所示，首先启动服务器端，单击即完成配置。

② 启动客户端，用户名称选择"admin"，首次密码为空，如图 1-20 所示。

图 1-19　服务器端数据库启动　　　　　　　　图 1-20　客户端软件登录

③ 单击"确定"按钮，弹出如图 1-21 所示的操作界面。

网络版联机说明：在进行客户端登录服务器的配置时，启动客户端，执行软件的"系统/系统选项配置"命令，出现如图 1-22 所示的对话框，在其空白窗口中输入你需登入的服务器的 IP 地址（网际协议地址），如果服务器与客户端为同一计算机，则可如图 1-22 所示输入"127.0.0.1"，单击"确定"按钮就可以了。

作为服务器端的主机，如果将"Windows 防火墙"设为"关闭"状态，则客户端可正常连接；如果设为"启用"（图 1-23），需在"例外"选项卡（图 1-24）中选中"IBServer"复选框（图 1-25），否则主机会阻止客户端登录。

单机版的软件安装方法类似于局网版，需注意的是在数据库安装时务必安装 InterBase 7.0 的服务器端（图 1-10），否则程序不能正常运行。

图 1-21　客户端软件主界面

图 1-22　客户端软件配置

图 1-23　Windows 防火墙基本设置

图 1-24　Windows 防火墙例外设置

图 1-25　Windows 防火墙中例外程序选择

3．软件配置说明

（1）显示器分辨率最好设置为 1 024×768 或 800×600。

（2）建议软件安装时采用默认安装路径，数据库安装在 D 盘，如果没有 D 盘，可安装在 C 盘。

（3）软件安装后，测试应用时，可先在自己的计算机上单独安装服务器端与客户端，启动软件，完成安装，然后两台计算机互相配置对服务器端与客户端进行测试。

4．软件使用的基本流程

1）数据初始化操作

2）基本资料库建立

（1）本企业（公司）基本资料库。

① 本企业（公司）的基本信息库建立（注册时根据注册信息自动建立）。

② 本企业（公司）员工资料库建立。

③ 产品种类库建立。

（2）客户资料库。

① 公司性质资料库。

② 信用等级资料库。

③ 重要程度资料库。

④ 客户接触方式库。

⑤ 客户资料库。

3）权限管理设置

要求先建立本公司操作软件的员工资料库。

4）软件功能使用（无先后次序）

（1）业务过程。

① 客户接触。

② 邮件沟通。

③ 音乐提醒。

④ 样品资料库操作。

⑤ 产品图形展示。

（2）统计分析。

① 客户需求统计。

② 联系记录统计。

③ 服务记录统计。

④ 订单统计。

⑤ 客户投诉统计。

（3）数据查询。

（4）数据输出。

① 报表输出。

② 打印输出。

③ Excel 输出。

1.2.2 SAP 及 SAP Business One 介绍

1. 关于 SAP

SAP 公司成立于 1972 年,总部位于德国沃尔多夫市,1995 年走进中国,多年来,各行各业的企业都在使用 SAP 的产品,运用领域包括财务、采购、人力资源、供应链和客户体验等,截至 2024 年,公司云解决方案用户数量达 2.8 亿,产品遍布 158 个国家/地区,在全球拥有 24 000 多家合作伙伴。①

2. SAP Business One 介绍

SAP Business One 是一种配有 CRM、制造和财务等强大核心功能的软件系统及解决方案。这一解决方案包含主要工作流程并针对不同国家或地区的个体情况进行了本地化处理,如各个国家或地区的法律、币种和财务要求,可在任何国家或地区使用。使用 SAP Business One,可以通过包含财务、客户关系管理、制造和管理控制功能的单个系统来访问实时信息。该应用程序可分为多个模块,分别涵盖相应的领域。SAP Business One 的安装使用见本书附录部分。

使用 SAP Business One 应用程序中的客户关系管理能更迅速地达成交易,为客户提供更出色的服务。这些工具支持企业实现销售流程的自动化并有效管理销售周期内的各项活动,包括首次接触、报价、达成交易以及售后服务和支持。其中,密切集成的功能覆盖营销、销售和服务领域,可以帮助企业深入、全面地了解潜在客户和现存客户,更好地理解并满足其需求。

利用销售与商机管理工具,企业可以创建报价单,输入订单,实时检查所有仓库,了解可用库存并处理交付事宜,记录新的销售机会及相关信息,如线索来源、潜在竞争、交易规模和销售阶段。企业可以将任务、合同和商机在 SAP Business One 和 Microsoft Outlook 之间实现同步,利用电子邮件即时查看客户数据。

通过快速响应服务和支持呼叫,企业可以确保持久的客户满意度。SAP Business One 中的服务管理功能支持企业进一步优化服务运营、服务合同管理和客户支持水平。

SAP Business One(包括 Crystal Reports 软件)中强大的报表功能支持企业按照地域、客户或产品分析各种销售机会,进行销售预测并评估销售和服务部门的表现。

3. SAP Business One 公司创建和初始化

(1) 创建客户公司作为新的 SQL Server 数据库。要新建公司,请选择"管理→选择公司",然后选择"新建"。接着选择本地化、科目表和过账期间。创建公司后,你不能更改本地化版本。本地化版本为新公司激活本地表和本地功能。

(2) 在创建公司之前,你应该与客户一起制定有关科目表和过账期间的决策。

每个本地化版本的 SAP Business One 都提供了科目表模板。如果选择"模板"选项(学生推荐操作),那么你可以在模板中编辑科目。还可以选择"用户定义"选项,这样你将会看到可以手动创建的空白科目表。注意过账交易后就不可以更改科目表选项。

---

① 资料来源:http://www.sap.com.cn。

如果要为上一会计年度导入或过账交易,那么你必须在定义当前年度的过账期间之前对上一年度的过账期间进行定义。一旦完成对当前年度过账期间的定义,你便不能添加上一年度的过账期间。

(3) 你可以选择是否要将用户定义的字段和表从你现有的公司复制到新公司。在你为已配置的客户上线公司创建用于系统测试的副本时,可进行此操作。

(4) 在你新建公司时,用户默认创建为"manager"。为此用户输入密码,默认"manager",然后首次登录公司。

(5) 如果你正在 8.8 版系统中创建公司,那么新公司必须支持在所安装许可证中指定的相同本地化版本。如果这是新版本 SAP Business One 安装,且尚未安装许可证,那么你仍可新建公司。在"创建公司"窗口选中试用版本复选框。即使有效期为 31 天的窗口到期,你仍可以安装许可证密钥,并将其应用到试用公司。

(6) 建议非财会类教学直接选择系统演示的公司进行,不创建新公司。选择系统演示的公司后还会进行过账处理,可以过账到当前月。

思考与讨论

1. 通过招聘现场或网上调查获知相关客户关系管理的岗位有哪些?它们的岗位能力需求分别是什么?

2. 从身边的人及事务开始,谈谈你对客户关系管理的理解。

实训题

实训 1-1　基 本 结 构

主题:基本结构

完成这些练习后,学员将能够:

(1) 解释源海 CRM 是如何针对个体用户市场提出解决方案的;

(2) 指出源海 CRM 的安装要点;

(3) 登录源海 CRM 系统。

你想开始使用源海 CRM。因此,在安装好源海客户关系管理软件后,必须首先登录软件系统,选择 admin 用户进入。

1. 源海 CRM 解决方案适合于哪类企业

一般来说,哪种源海 CRM 软件解决方案适合于哪种规模的企业?

2. 源海 CRM 的安装要点

(1) 源海 CRM 的安装数据库是什么?

(2) 安装网络版的源海 CRM 的服务器端需要安装数据库的哪一部分?

(3) 安装网络版的源海 CRM 的客户端需要安装数据库的哪一部分?

(4) 源海 CRM 网络版的服务器端与客户端可以安装在一台计算机上吗？

3．如果你想使用源海 CRM 进行实训

(1) 启动源海 CRM 软件。

(2) 登录源海 CRM 系统时，如果要进入的服务器为本机，在系统选项配置的数据库所在路径中，应输入的服务器 IP 地址为(　　　)。

(3) 在首次访问源海 CRM 时，用户名为"admin"，密码是什么？你如果想要更换用户密码，应如何进行？

4．如果你想使用 SAP Business One 进行实训

(1) 启动 SAP Business One。

(2) 在欢迎访问 SAP Business One 窗口的用户代码字段中输入任何字母，在密码字段中则不进行输入。

(3) 进入选择公司窗口。使用用户名"manager"和密码"manager"登录。选择"OEC 中国有限公司"相应数据库。

(4) 制定过账期间的决策。为过往会计年度导入或过账交易，直到当前年度的期间为止。如有需要，选择 SAP Business One 科目表"模板"选项制定有关科目表。

(5) 你想用你喜欢的语言和其他显示参数(如字体、日期格式)来使用 SAP Business One 系统。转到"系统初始化"/"一般设置"/"显示"，将语言改为简体中文，再转到"系统初始化"/"一般设置"/"字体和背景"，将字体改为宋体，字体大小改为 12 或 14，然后根据你的喜好对其他项进行更改后，单击"确定"按钮退出。

(6) 你已确定有关销售订单、采购订单和销售机会的事务是今后会经常用到的事务。为这些事务分配功能键 F2、F3 和 F4(表 1-2 至表 1-4)。

表 1-2　分配功能键 F2

字段名称或数据类型	值
快捷键	F2
模块	销售-应收账款
窗口	销售订单

表 1-3　分配功能键 F3

字段名称或数据类型	值
快捷键	F3
模块	采购-应付账款
窗口	采购订单

表 1-4　分配功能键 F4

字段名称或数据类型	值
快捷键	F4
模块	销售机会
窗口	销售机会

（7）使用拖放相关功能查找所有采购订单。转到拖放相关菜单，使用下列两种方法之一查找采购订单。

选项 1：选择采购订单。系统将显示所有采购订单。然后，使用筛选功能，以便只选择供应商 V20000 的采购订单。

选项 2：选择业务伙伴。系统将显示所有业务伙伴。将业务伙伴 V20000 拖到采购订单中，以便只查看供应商 V20000 的采购订单。

实训 1-2　员工管理及权限配置

主题：员工管理及权限配置

完成这些练习后，学员将能够：

（1）进行公司员工信息管理；

（2）配置不同员工的权限。

首先选择 admin 用户登录系统，然后增加员工信息，再配置员工的权限。

1. 选择 admin 用户登录系统，进行员工信息增加操作

（1）在主菜单"基本信息"中单击"员工资料"，进入"员工资料"窗口。

（2）单击"增加"按钮，输入本公司业务员资料信息，简称可用编码代号输入，姓名输入自己的名字，部门输入售前支持或业务员等，保存。

（3）单击"增加"按钮，输入本公司业务经理或客户关系管理员资料信息，简称可用编码代号输入，姓名输入自己的名字＋经理，部门输入客户关系，保存。

2. 选择 admin 用户登录系统，根据员工的工作岗位与性质的不同，对员工进行权限管理操作

（1）执行"系统→权限管理→操作员密码及权限设置"命令。

（2）单击"增加"按钮，在弹出的"选择员工"窗口中单击下拉按钮，选择使用者名称。

（3）在相应栏中，给该员工按本窗口下的"附注"选择权限，并给该用户设置密码，保存。

3. 选择 admin 用户登录系统，对员工进行权限修改操作

（1）执行"系统→权限管理→操作员密码及权限设置"命令。

（2）单击"修改"按钮，在相应栏进行修改后，单击"保存"按钮。

4. 进入主菜单"系统"，当在"超级用户"栏设置"True"时，表示该员工具有什么权限

如需将员工权限设置为"True"可按哪个字母？设置权限为"False"可按哪个字母？

5. 在 SAP Business One 软件中，你作为销售部门的销售人员之一，请创建个人的员工主记录

（1）从 SAP Business One 主菜单中选择"人力资源"下的"员工主数据"。单击"添加"按钮，在"一般范围"字段中，指定所需的一般信息。你也可以插入图片。

（2）完成以下选项：

① 在"地址"选项卡中，指定员工的工作地址和家庭地址；

② 在"员工身份"选项卡中，指定员工在公司中的角色以及员工所属的团队；

③ 在"行政"选项卡中,指定员工的雇用期间和状态,以及有关缺勤、教育、考评和工作经历的信息;

④ 在"个人信息"选项卡中,指定诸如出生日期、婚姻状态和身份证号码之类的信息;

⑤ 在"财务"选项卡中,指定员工的工资、成本和必要的银行明细;

⑥ 在"备注"选项卡中,可在需要时添加注释;

⑦ 在"附件"选项卡中,可链接有关员工的单据和文件。

(3) 单击"添加"按钮。

📖 案例分析

以客户需求为核心的顺丰

顺丰一直以客户需求为核心,提升员工的业务技能和素质,谨守服务承诺,建设快速反应的服务团队,努力为客户提供更优质的服务,全天候不间断提供亲切和即时的领先服务。从客户预约下单到顺丰收派员上门收取快件,1小时内完成;快件到达顺丰营业网点至收派员上门为客户派送,2小时内完成,实现快件"今天收明天到"(偏远区域将增加相应工作日),尽量缩短客户的贸易周期,降低其经营成本,提高市场竞争力。

问题:通过阅读本案例,结合网上数据调查,谈谈你对客户关系管理的理解。

📖 即测即练

第 2 章

客户关系管理战略规划

学习目标

（1）掌握客户关系管理战略规划的基本知识；

（2）熟悉客户满意度与忠诚度的内容和要求；

（3）学会编制客户关系管理营销计划；

（4）能进行客户关系管理软件的产品（样品）配置。

2.1　客户关系管理规划设计

任务引入

苹果公司的客户观念

在苹果公司看来，主导市场才是最重要的事。为了实现这一目标，苹果产品的战略核心理念就是用户体验至上。乔布斯的理念是，苹果的产品是个人工具，帮助个人解决问题，这使苹果公司专注于个人用户的体验。

用户体验被理解为三部分：首先是产品的性能和实用性。苹果公司在产品设计时就专注于顾客的想法和需求，以及顾客如何与产品互动。例如 iPod、iPhone、iPad 的操作均极为简单，以至销售的产品中不附带产品说明书。与此同时，苹果公司遵循"简单即终极复杂"的逻辑，简单对于苹果公司而言，意味着高度的完美和精细。在产品系统设计、外观设计及工业设计中，乔布斯和他的团队追求每个步骤、每个细节的精准，做事有条不紊、细心谨慎、尽善尽美。人们之所以喜欢苹果公司产品，这是其中的原因之一。其次是产品的更新换代。苹果公司几乎每年都有新的产品问世，即使在产品非常畅销的时候，苹果公司也依然推陈出新，而且每一款产品都能给客户以最新的体验，引领着时代的潮流。最后是产品带给人的审美体验和心理需求。苹果公司极力宣扬一种理念，即苹果公司销售的是梦想，而不仅仅是产品。这点使全球的苹果公司支持者感到与众不同，购买和使用苹果公司最新产品的用户购买的不是苹果公司产品本身，而是产品的象征意义。

本节需要完成以下两个子任务。

任务 1：规划客户关系管理战略及组织架构。

任务 2：设计客户关系管理流程。

任务分析

很多商家通过市场调查的方式获取信息来了解客户需求,而苹果公司却与众不同,它并不是消极地等待消费者的信息回馈,而是主动告诉消费者他们需要什么,然后运用技术将其转化为普通消费者所渴望的产品,并通过各种市场营销手段刺激消费者成为苹果公司产品粉丝。

苹果公司无论是在企业文化建设上,还是在团队打造以及内部管理流程和经营策略上,无一不体现"用户至上"的理念,并将人文精神赋予产品之中。"在苹果公司,我们遇到任何事情都会问:它对用户来讲是不是很方便? 它对用户来讲是不是很棒? 每个人都在大谈特谈'噢,用户至上',但其他人都没有像我们这样真正做到这一点。"乔布斯骄傲地说。

2012 年 8 月 21 日,苹果公司成为世界上市值第一的上市公司。

假设作为一家公司管理的高层,你正负责公司的客户关系管理战略规划,你需要从企业文化、组织架构、管理流程、资源配置等方面进行筹划,将企业打造成顾客导向型的组织,以使企业在当今的经营环境中保持竞争优势。

知识链接

2.1.1　CRM 战略的内容

1. CRM 的愿景和目标

愿景是人们永远为之奋斗希望达到的图景,它是一种意愿的表达。愿景概括了未来目标、使命及核心价值,是管理哲学中最核心的内容,是最终希望实现的图景。

(1) 亚马逊公司。

理念:敏锐把握客户希望、需要什么,并迅速实现。

目标:备齐最多的商品、最佳的商品信息、最迅速的递送等。

(2) 通用汽车(OnStar 服务)。

理念:提供不论到哪里都有人陪伴、乐意援助的安全感。

目标:全体从业人员每月和客户通话 1 小时、和客户交流成为可能、使服务更个性化。

2. 客户战略

所谓客户战略,就是企业对建立和管理客户关系的目标及目标实现途径的整体性把握。一般来说,战略是指重大、带有全局性或决定全局的谋划。

一项客户战略至少应该包括以下四个核心要素。

(1) 客户理解。客户战略的重心在于把客户细分为可以有效管理的客户群体,进而形成合理的客户关系组合结构。对于每一种客户细分,企业都应该考虑客户对产品和服务需求的共性,再细分为对于每一种产品和服务的需求。

(2) 客户竞争。在一个竞争激烈的市场环境中,有效的客户战略必须服务于竞争。

企业竞争力应该体现在：既能保持原有的客户份额，又可以获得一些新客户，同时能够对客户的结构进行优化，淘汰不合格的劣质客户群，赢得和挽留优质客户群。

（3）客户吸引力。培育客户忠诚和建立牢固的情感纽带，形成直接吸引力，同时形成口碑式的间接吸引力也是非常关键的，因为这将是企业通过交叉销售和升级销售来保持与提取更大客户价值的重要因素之一，也是尽可能发掘优质客户和吸引有利可图的其他企业的优质客户的重要因素。

（4）客户管理能力。企业的每一位员工都应该积极地为客户提供服务，而不是仅仅将其归为客户服务部门的责任对象。企业作为一个有机整体，必须构建强大、全面的客户服务和管理体系。

3．CRM 战略实施基础

1）建设顾客导向型企业文化

随着生产技术与信息的高速发展，竞争也在不断加剧，在目前社会的经营活动中，顾客取得了控制权，顾客关系直接影响着经营业绩，顾客经验在交易活动中显示出至关重要的作用，为适应发展的需要，顾客导向型企业文化也应渗透到各个企业。

（1）顾客导向型企业文化建设重点。

① 企业战略的制定必须以顾客为导向。

② 企业内外部管理流程关注于为客户提供价值。

③ 企业产品设计开发、采购制造、销售分销、售后服务必须紧贴顾客需求，在产品的全生命周期管理中强调顾客的作用。

④ 企业员工主动将顾客导向作为工作的基本指导原则之一。

（2）顾客导向型企业文化建设方法。

① 重申企业所重视的价值观。企业价值观的形成，与经营者个人的价值观或企业的策略有关。实证数据显示，组织的价值观越清晰、越一致，则绩效越好，并让企业所有人知道什么是企业认为重要的事。表 2-1 列举了价值观及其意义。

表 2-1　价值观及其意义

价　值　观	意　义
（1）贴近顾客，接近市场	顾客与我们越亲密，我们会越成功。只要是顾客的意见，就值得聆听
（2）有始有终，结果导向	做事与沟通，都必须有确定预期效果已达成才松手的态度
（3）团队合作，勇于负责	愿意与同事合作、为企业多想一步、多承担责任的人，将会得到奖励，即使在过程中犯了错

价值观（1）直接强调客户在企业策略中的中心地位，价值观（2）、（3）则确保客户的需求不会在企业体制的运作中被冷落。

② 列举企业目前需改变的行为。错误的行为来自对环境错误的认知。在一个尚未建立起客户导向文化的企业，常可见到员工有以下的错误认知。

错误认知一：与客户的互动是业务的工作，客户不会、也不应与其他部门直接接触。

真实情况一：客户很多时候评价的不只是既有的产品、服务,而是整体的体验。企业全员必须有与客户接触的心理准备,并视此为建立企业声誉的机会。

错误认知二：我们比客户更懂产品、更懂技术、更懂生产。

真实情况二：我们或许比客户更懂产品、更懂技术、更懂生产,但客户比我们更懂市场,市场最大。

错误认知三：事情交代完,我的责任就结束了。若最后出了什么错,那也是对方的错,主管也不会怪我。

真实情况三：公司会奖励把事情做好的员工,而不是只做事的员工。若出了什么错,只做事却不能保证结果的人将不能免除责任。

错误认知四：只要尽到本分,公司就会保障工作,给薪水。而所谓本分,就是明文规定应该做的事。

真实情况四：公司永远期待员工比该做的再多做一点,而这样的行为最终将会被奖励。

错误认知五：不能让公司知道犯了错,否则会被处罚。比起那些多做多错的同事,只要不犯错,我会得到更多。

真实情况五：公司允许员工犯错,只要出发点是为了企业,而且在错误发生时及时正确地处理,这样的员工最后会比不做不错的员工得到更多奖励。

企业要利用机会,在各种适当的场合提醒员工真实的情况是什么。

列举基于企业价值观、企业期待员工的具体行为模式,见表 2-2。

表 2-2　基于企业价值观需改变的行为

基于价值观"贴近顾客,接近市场",需改变的行为	
过　去	未　来
顾客意见太多了。我们得有自己的标准流程	谢谢顾客给我们这么多意见,其中一定有些是很宝贵的、可参考的
客户的品质要求不合理。我们的品质就是这样,没办法更好了	客户的品质要求的确很高,让我们再和他们沟通,定出明确可行的标准
做我们可以做的事	做顾客期待我们做的事
基于价值观"有始有终,结果导向",需改变的行为	
过　去	未　来
我都交代了,应该没事了	让我再次确认对方已清楚地知道我的想法,并会再和他确认结果无误
客户(或其他部门)没再说什么,问题应该已经解决了	除非得到客户(或其他部门)的确认,否则事情不算完成
我尽快给你答复	我会在某月某日之前给你答复。若发现来不及,会在那之前再通知你

续表

基于价值观"团队合作,勇于负责",需改变的行为	
过　　去	未　　来
我已按规定完成该做的事	我已完成客户(或其他部门)需要我做的事
虽然你说得没错,但依据现有公司流程,这事是不可行的	只要这个需求是合理的,让我们看看现有程序有无需要修改的
公司规定不能这样做。要我做,请找人签名画押,这样出了事就没我的责任。不画押,自己想办法	对企业现有的规定不太清楚,我们找双方的主管谈一下,应该有更合理的解决方法

2) 组织结构

公司组织结构是否合理,对于公司的生存与发展起着至关重要的作用,建立适当的组织结构,可以使公司的各项业务活动顺利进行,可以减少矛盾与摩擦的产生,避免无休止、不必要的协调,才能提高公司的工作效率。有人曾这样说,公司组织结构的重要性仅次于公司最高领导人的挑选。对于各层管理人员来说,在一个结构设计良好的公司中工作,能保持较高的工作效率,并且能够充分显其才能。

3) CRM 流程

在网络营销的环境下,对大多数企业而言,客户关系管理系统的一般实施流程主要包括客户信息收集、客户细分、客户价值分析与数据挖掘、营销策划与关系管理、客户体验、销售及服务,如图 2-1 所示。

图 2-1　CRM 实施流程

CRM 是一个不断加强与顾客交流,不断了解顾客需求,并不断对产品及服务进行改进和提高以满足顾客需求的连续的过程。其内涵是企业利用信息技术和互联网技术实现对客户的整合营销,是以客户为核心的企业营销技术和管理技术的运用过程。客户关系管理注重的是与客户的交流,企业的经营是以客户为中心,而不是传统的以产品或以市场为中心。

随着 5G 移动网络的部署,CRM 已经进入移动时代。移动 CRM 系统就是一个集5G、智能移动终端、VPN(虚拟专用网络)、身份认证、地理信息系统(GIS)、Web Service、商业智能等技术于一体的移动客户关系管理产品。数码星辰的 CRM 产品就是典型的移动 CRM 产品。移动 CRM 将原有 CRM 系统上的客户资源管理、销售管理、客户服务管理、日常事务管理等功能迁移到手机,它既可以像一般的 CRM 产品一样,在公司的局域网里进行操作,也可以在员工外出时,通过手机进行操作。移动端 CRM 主要实现出差或通勤时可随时随地查询和掌握由公司内部提供的客户信息的功能,用户只需下载手机版软件,然后安装在手机上就可以直接使用了,使用同一组织名和账户名可与电脑端同步登录。这样用户不仅可以随时查看信息,而且可以通过手机给公司内部人员下达工作指示,同时也可以使用平台所提供的所有功能。

云计算的全球化使得传统 CRM 软件逐渐被 WebCRM(又称在线 CRM、托管型 CRM 和按需 CRM)超越。美国知名在线 CRM 厂商 Salesforce 和国内云计算的倡导者 CloudCC CRM、用友、金蝶都是现在 CRM 的杰出代表。越来越多的客户倾向于采用 Web 来管理 CRM 等业务应用程序。

作为解决方案的 CRM,集合了当今最新的信息技术,包括 Internet 和电子商务、多媒体技术、数据仓库和数据挖掘、专家系统和人工智能、呼叫中心等。作为一个应用软件的 CRM,凝聚了市场营销的管理理念。市场营销、销售管理、客户关怀、服务和支持构成了 CRM 软件的基石。

4．CRM 战略评价

除了需要建设客户导向的企业文化,还要有客户导向的绩效考核制度。企业至少要营造一种气氛,让员工清楚地了解、真诚地关心客户的感受,最终会有回报。在正式的定期绩效考核中,企业必须尽可能将客户的反应与员工奖惩相连,除了第一线直接面对客户的业务部门,对研发、采购、生产、质量、物流、财务、行政等部门也需纳入绩效考核的范围,让客户的悲喜与员工的悲喜同步的理念贯穿公司的各部门、各流程。

衡量客户关系管理的绩效至少应包括如下几方面:

(1) 客户利润贡献度;

(2) 客户终身价值;

(3) 客户保留率;

(4) 客户满意度;

(5) 客户忠诚度。

案例 2-1

不察言观色

日本企业家森川亮在《简单思考》中提出不察言观色,如果认为上司的目标方向有误,就毫不怯弱地提出自己的意见,因为他们从骨子里了解市场的严酷性,在制造产品时,如果和用户要求哪怕偏差"1毫米",用户也不会接受,他们经过反复思考,确信"用户需要的是什么"后,就绝不会再妥协。当然,他们会听取各方面人士的意见,进一步打造自己的产品形象,但不会做出迎合职场氛围的含糊举动,因为比起在职场上受到批评,他们更害怕偏离用户的需求。如今实施客户关系管理战略的企业需要更多的这种"不察言观色"的文化。

资料来源:森川亮.简单思考[M].张舟,译.北京:北京联合出版公司,2016.

2.1.2　客户关系管理战略的类型

1. 斯托巴卡的 CRM 战略分类

斯托巴卡(Storbacka)把 CRM 战略分为三种,见表 2-3。

表 2-3　CRM 战略类型

战 略 类 型	战 略 特 点
扣钩战略 (clasp strategy)	企业与客户接触点(时空点或时段)相对分散,所以企业与客户间的合作并不完全同步、吻合 采用扣钩战略,企业与客户建立的关系接触程度主要是行为层面 这种战略,从某种意义上讲需要客户去适应企业的行为
拉链战略 (zipper strategy)	与扣钩战略相比,这一战略要求企业与客户之间互动性更强,接触频率较高,接触点与接触点之间几乎不存在空隙 企业与客户之间需要吻合、同步 这是一种双方相互适应的关系战略 该战略重点关注双方所构建的长期合作关系,对相互之间的关系收益有着深刻的认识,并愿意为之持续地付出努力,以便保持双方业务的相互适应
维可牢战略 (Velcro strategy)	其核心是企业精心设计与客户间的接触过程,以便尽可能适应与不同客户的接触过程 它要求企业有足够高的柔性,以适应不同客户的不同需求

2. CRM 战略分类矩阵及转化

CRM 战略分类矩阵及转化如图 2-2 所示。

图 2-2　CRM 战略分类矩阵及转化

2.1.3　CRM 战略成功的关键因素

客户关系管理的实施项目是一个周期长、投资大、涉及企业经营各个方面的大项目,客户关系管理系统实施项目同样需要完善、有效的项目管理。CRM 项目是一项系统工程,是综合性的企业应用系统。在确定 CRM 系统目标时,必须根据企业目前的实际需求以及实施能力,分阶段确定工作实施目标,做到阶段实施、阶段突破,从而保证 CRM 工作能够长久、顺利地开展。

美国研究机构 Frost & Sullivan 的研究报告表明,客户关系管理的实施缺乏企业级 CRM 战略设计,技术未能很好地与清晰的企业级战略相结合,导致了 CRM 实施的成功率降低。CRM 不仅是一种单纯的信息技术或管理技术,还是一种涉及整个企业运作、关乎企业长远利益的战略,是一个综合的战略和流程。因此,CRM 系统的实施不只是管理层面或技术层面的实施,CRM 的战略地位要求企业的高层领导在战略的高度去实施 CRM 系统。从国内外大量的文献资料及案例中我们不难发现,CRM 战略成功的关键因素主要包括以下几个方面。

(1) 企业文化。实施 CRM 不可避免地要求企业对组织管理进行变革,特别是在观念、习惯、方式等企业文化方面的变革,企业是人的组织,只有企业的价值观和行为方式改变了,企业才能实现真正的变革创新,才能生存并获取竞争优势。客户是企业的一项重要资产,客户关怀是 CRM 的中心,客户关怀的目的是与所选客户建立长期、有效的业务关系,在与客户的每一个"接触点"上都更加接近客户、了解客户,最大限度地增加利润和提高利润占有率。可以说,"以客户为中心"的企业文化是 CRM 成功实施的前提条件。

(2) 业务流程。CRM 要求企业将市场营销、研发、采购、生产、物流、财务、内部管理等方面的工作全部围绕客户资源来展开。企业主要的流程必须从客户战略的角度来重新定位与再造,流程要确定是否能够及如何满足客户需求的基本问题。

(3) 组织架构。业务流程的重新定位与再造必定需要重新设计合理的组织架构。组织架构设计的焦点集中在企业与客户的关系上,以知识信息资源的共享和技术优势为依托,具有开放性、实时性和主动性的特点,强调分权与扁平式组织,所构建的层级组织具有扩展性。

(4) 资源技术。在一个 CRM 项目中,新的硬件设备、操作系统和操作人员是决定物质资源与人力资源投入的重要因素。因此,在具体制定 CRM 战略时,企业必须仔细考虑技术设计,包括硬件、软件和人员。

(5) 数据仓库。对于 CRM 战略,需要收集大量的数据,然后对数据进行加工与处理,数据仓库是 CRM 的核心,它把 CRM 流程的所有相关数据都集中于此,可以使市场分析人员从数据库中的数据分析细化目标市场、决定促销活动;呼叫中心可以得到呼叫客户的相关信息、购买意图、交易记录、投诉记录;销售人员可以及时了解客户的详细信息以作为销售力量自动化系统的一部分,使决策者能够基于客户细分作出正确的决定,把正确的产品提供给正确的人。

(6) 硬件设备。客户所访问部门的位置对客户感知有着深远的影响,客户接触中心的设施和网站也会对客户产生间接影响。

2.2 客户关系营销方案设计

任 务 引 入

小公司业务经理的营销计划

作为一家小软件公司的业务经理,你正负责公司新产品的推广应用。因公司规模较小、推广费用有限,你在较详细了解产品特性的基础上,决定从你附近的个体户等小老板这些潜在客户开始,开展软件产品营销……

由于你个人经验不足,要开展软件产品营销,需要制订一个简要的营销计划……

本节需完成以下两个子任务。

任务 1:客户关系营销方案设计。

任务 2:以各种方式努力实现这个方案。

任务分析

本节任务引入内容或背景,可由学员根据兴趣爱好自己设计,不同学员可模仿以上内容,设计自己感兴趣的产品营销方案,然后以各种方式努力实现这个方案,就像杰克·韦尔奇(Jack Welch)在《赢》的战略章中曾写到的:"在真实的生活中,战略其实是非常直截了当的——你选准一个努力的方向,然后不顾一切地实现它罢了。"

本节主要是由引入项目计划需要而产生的,对于客户关系管理的营销,它是营销计划的一种,通用的营销计划模板是可以借鉴与参考的,要点是找到你所在地区的市场需求信息。在找到市场需求信息的基础上,重点考虑你所推广的产品或服务的优势、劣势,也就是进行简要的 SWOT 分析(见"知识链接"中的 2.2.3),再考虑适合产品或服务的推广应用思路。这就构成了产品或服务的营销方案。当然,如果你没有或不便自己寻找这种产品或服务,本节也推荐将源海客户关系管理软件产品作为你所推广应用的产品,因为你正在使用、了解与学习它,如此能更便于制订产品营销方案,也能促进对该产品的深入学习。

关于客户关系管理营销方案特别突出的方面,主要是看在客户关系管理营销方案中能否体现这个方案是如何通过服务或客户体验过程让客户满意,进而实现客户的长期价值及提升客户的忠诚度的,这也是客户关系管理的核心知识内容与操作技能。因此,本节的知识点主要体现在客户满意与满意度、客户忠诚与忠诚度及 SWOT 分析三个方面。

知识链接

2.2.1　客户满意与满意度

1. 客户满意的理解

随着国际市场经济一体化的进展,许多著名的跨国公司纷纷意识到,谁要在 21 世纪抢占市场制高点,谁就要首先在中国驻足。在国内医药市场上,国外独资与合资企业产品所占份额连年上升,对旧的市场格局形成了强烈冲击,使相当一批医药企业面临"内忧外患"及"生死存亡"的考验。商家历来视商场如战场,市场竞争与军事战争具有诸多共性,都可以说是"死生之地,存亡之道"。市场竞争与"春秋无义战"一样"弱肉强食"。竞争对手之间不是争夺市场份额,而是争夺"死生""存亡"。一些企业的兴盛,必然伴随着另一些企业的破产。在这样的语境下,作为核心竞争要素的客户满意度,在市场竞争中的重要性是不言而喻的。正如我们所熟知的,客户满意度是 CRM 中的一个核心概念,什么是客户满意、什么是客户满意度,是其中两个重要的问题。

（1）什么是客户满意？客户满意又称顾客满意。在《ISO 9000：2015 质量管理体系——基础和术语》中，"顾客满意"被定义为："顾客对其期望已被满足程度的感受。"[①]可见，所谓客户满意，就是客户的感觉状况水平，这种水平是客户对企业的产品或服务所预期的绩效和客户的期望进行比较的结果。如果所预期的绩效不及期望，那么客户就不满意；如果所预期的绩效与期望相称，那么客户就满意；如果所预期的绩效超过期望，那么客户就十分满意。

（2）什么是客户满意度？客户满意度就是对客户满意的一种度量或评价指标。

2．客户满意的实例分析

案例 2-2

一个来自公交车的启示

设想一下，烈日炎炎的夏日，当你经过一路狂奔，气喘吁吁地在车门关上的最后一刹那登上一辆早已拥挤不堪的公交车时，洋溢在你心里的是何等的庆幸和满足！而在秋高气爽的秋日，当你悠闲地等了十多分钟，却没有在起始站"争先恐后"的战斗中抢到一个意想之中的座位时，又是何等的失落和沮丧！

问题：

同样的结果——都是搭上没有座位的公交车，却因为过程不同，在你心里的满意度大不一样，这到底是为什么？

分析：

问题的答案在于你的期望不一样，在奔跑追赶中，你的期望仅在于能"搭"上车，如果有座位那是意外之喜；而在起始站等待，你的期望却是要"坐"上车，而且最好是比较好的座位。同样的结果，不同的期望值，满意度自然不同。

由上述例子，至少可以得出以下三点结论。

（1）客户满意度是一个相对的概念，是客户期望值与最终获得值之间的匹配程度。

（2）客户的期望值与其付出的成本相关，付出的成本越高，期望值越高。公交车的例子中付出的主要是时间成本。

（3）客户参与程度越高，付出的努力越多，客户满意度越高。

所谓越难得到的便会越珍惜，因为你一路狂奔，因为你气喘吁吁，所以你知道"搭"上这趟车有多么不容易，而静静地等待却是非常容易做到的。

3．客户满意的模型

日本管理学家狩野纪昭（Noriaki Kano）教授有一个客户感知模型，该模型将可能导致客户产生不满意、满意和高兴几种心理状态的客户感知特性分成以下三类。

（1）必须具备的因素。它指的是顾客期望存在并认为理所当然的那些特性。例如，顾客购买桶装水，肯定希望水是纯净的、水桶是清洁的、送到家门口等。由于这些都是顾

---

①　顾客抱怨是一种满意程度低的最常见的表达方式，但没有抱怨并不一定表明顾客很满意。即使规定的顾客要求符合顾客的愿望并得到满足，也不一定确保顾客很满意。

客预期它应该有的,因此当没有时,顾客就会特别注意它,就会感到恼火和不满意。而即使这些都有了,甚至更好,顾客也只有中性的感觉。

(2) 越舒适、越快、越好的因素。顾客对于这种因素有一个较大的感觉范围。如果顾客的需求没有得到满足,就会感到失望;如果得到合理的满足,顾客不会有什么感觉;但如果我们做得更好,顾客会增加满意度。例如,顾客打电话订购桶装水,通常是 6 个小时后送到,如果我们拖延太久,就会遭抱怨;如果我们不快不慢,顾客不会有什么反应;如果我们反应迅速,在很短的时间内送达,顾客就会高兴。

(3) 期望之外的因素。它指的是顾客未曾期望,以至会感到喜出望外的那些特性。因为是期望之外,所以缺少了,不会引起任何消极反应,但如果具备,就会产生积极效果,提高顾客满意度。例如,为长期订户定期免费清洗饮水机、给饮水机消毒,为行动不便的顾客安装水桶等。

这些因素直接影响到顾客满意与否的情绪,而且这三类可以说是层层提高的。底层是必须具备的因素;第二层是越舒适、越快、越好的因素;顶层是期望之外的因素。

底层是顾客最基本的要求,是不会令顾客转身就走的一个主要因素,假如连顾客最基本的要求都达不到,很明显,顾客就会考虑是否有继续合作下去的必要。这个因素所包含的条件都是缺一不可的,只要缺少任何一项,顾客就会感觉对方办事不力、没有合作诚意。

第二层是顾客没有要求的因素,但是假如这些因素没有被满足的话,顾客会感觉到失望,那么下次的合作伙伴就需要另行斟酌了。因为在市场竞争环境下,这些都是留住顾客的主要手段,如果 A 制造商没有提供这项服务,B 制造商有提供,那么下次合作的话,无疑是先考虑 B 制造商。这层因素越多越好。大部分的顾客都是处于中间位置,即处于满意与不满意之间,但假如提供的这层因素足够多,让顾客感觉到方便,顾客的满意度就会随之提升。

顶层是一个令人特别高兴的因素,或者说这是一个令人兴奋的因素。这层因素对让顾客满意并成为长期顾客有十分重要的影响。当顾客向你购买一种商品时,很多时候他已经对他付出这个价格所能得到的商品或者服务有一个大概的印象,大概会知道自己要什么,而且大概只能达到某种程度。但假如能提供顾客想都没有想过的东西,无疑会为顾客的满意增加砝码,并且很可能会因为你所特别提供的这些服务同行没有提供,当顾客再需要此类商品的时候首先会联想到你。但这并不是一成不变的,当 A 商家的此项技能被 B 商家学习到的时候,那么大家就又回到同一起跑线上。这种情况往往会发生,或者是从顾客的口中得知对手的竞争手段,或者是对手得到提高而自己想到这些因素,都是有可能的。这个本来有的因素在经过对手掌握以后,就会降低成第二层因素,所以要保持竞争力,就必须在这个因素上不断进步,不断推陈出新。

顾客的满意并不只是对单次服务或者商品的满意,很大一部分还是对商家的满意,因此,这个因素是企业运作一个十分重要的因素。

4．如何提升客户满意度

那么,我们要怎样才能做到让客户满意呢?

企业创造顾客的过程一般包括两个方面：一是开发新客户；二是不断地去维持老客户。"猴子掰玉米"式地创造客户可谓国内很多企业的一大弊病。换句话说,企业每天都将自己的主要精力放在新客户的开发上,而疏于对老客户的管理,结果客户队伍的建设并没有像企业想象的那么景气。辛辛苦苦忙活了一年,销售业绩却是有减无增。经验告诉我们,获取一个新客户的成本是保留一个老客户的5倍。这当然不是让企业一味地"守江山"而不去"打江山",只是告诫企业管理者仅有开发新客户的技能是不行的,还必须下大力气去留住已有客户。留住自己的客户可以为企业创造更多的财富。

现在很多企业往往连自己都不清楚是什么原因引发了客户的不满意,而使其一走了之,这是很可怕的。所以,时刻走到市场的前沿去聆听客户的声音、进行客户满意度调查是十分必要的。企业只有不断地去改善自己的客户满意策略,增加自身的产品价值、形象价值、服务价值和人员价值,减少客户的货币成本、体力成本、时间成本和精力成本,才能真正使客户满意,创造更大的客户队伍。

但是,一味地通过降低价格和增加服务来制造高度的客户满意,对企业来说可能是难以忍受的,因为其带来的高成本会降低公司的利润。所以,企业还应遵循这样一种理念,即在资金、规模、人力等资源一定的限度内,企业只需在自己的员工、股东、供应商、客户等利益关系方能接受的前提下,尽力达到高水平的客户满意度,而不必去追求客户满意的最大化。

为了保证"客户满意"工程的顺利实施,还要求领导职工正确处理好两个方面的关系：一是"客户满意"工程与各种现代化管理方法及企业各项规章制度的关系。现代化管理方法及规章制度是经过长期实践检验的宝贵管理成果,我们应当积极推行并认真遵守,这是对各项工作的基本要求,而实施"客户满意"工程,则是将这些工作与市场要求更好地联结起来,赋予其不同于以往的目的和功能,可以给某些管理方法和制度注入新的内容,是对它们的完善补充,两者是包容与被包容的关系。二是"客户满意"工程与本职工作的关系。由于企业内部各项工作存在很大差别,部分员工认为该项工作与其无关。为澄清这种模糊认识,我们特别指出,"客户"不是一个凝固不变的概念,有些人的工作虽与厂外客户无直接关系,但与厂内"客户"有关,车间是科室的"客户",下道工序是上道工序的"客户",工人是管理者的"客户",实际上既没有无"客户"的工作,也没有无要求的"客户",只要你按照统一要求做好本职工作,也就是做好了"客户满意"工作,两者具有本质上的一致性。由于我们在"客户满意"工作中有针对性地加以指导和控制,从而有效地保证了该项工作的健康发展。

总之,重视客户满意、有效实施创造客户满意营销是企业生存之本。

2.2.2　客户忠诚与忠诚度

1. 客户忠诚的理解

目前还没有一个统一的标准来描述客户忠诚是什么,以及忠诚的客户究竟是谁。简单来说,一般认为"客户忠诚"是某个客户愿意继续购买该企业产品或服务的倾向。客户忠诚往往通过以下行为模式表现出来。

(1) 再购买的意向。再购买的意向是指客户对某一产品或服务的未来购买意向,尽管这只是客户将来行为的预示,并不具有确定性,但客户的再购买周期仍可起到反映客户将来行为的指示器的作用,企业可以将客户购买意向和客户满意联系起来,作为制定客户战略的依据。

（2）实际再购买行为。实际再购买行为可以分为近期购买、频繁购买、大量购买、固定购买和长期购买五种,其中近期购买、频繁购买和大量购买是衡量客户忠诚度较好的标志。客户实际再购买行为为企业提供了反映整个市场份额的个别信息,可以用来预示企业的长期变化。

（3）从属行为。从属行为是指客户的选择、认可和口碑,即"是否将该产品或服务推荐给别人"和"是否会再次购买该产品或服务",其中口碑是大多数产品或服务赢取新客户的最重要的因素之一。从属行为将极大地影响单个客户的积极体验。

（4）排他行为。排他行为是指对竞争对手的吸引视而不见。

（5）超强的信任关系。超强的信任关系是指能够在服务中容忍企业的一些偶尔失误。

2．客户忠诚度的实例分析

下面用东京迪士尼成功案例来说明如何建立客户的忠诚度。

案例 2-3

东京迪士尼引客回头

世界上有 6 个很大的迪士尼乐园,在美国的佛罗里达州和加利福尼亚州的两个迪士尼营业都有一段历史了,并创造了很好的业绩。不过全世界开得最成功、生意最好的,却是日本东京迪士尼。美国加利福尼亚州迪士尼营业了 25 年,有两亿人参观;东京迪士尼,最高纪录一年参观人数达到 1 700 万人。东京迪士尼并不是希望客人只来一次。如果今天一对夫妇带孩子来逛乐园,这孩子长大了以后会再来吗?他会带他的女朋友或其他朋友再来吗?将来他生了孩子,他的孩子还会来吗?如果回答是肯定的,这才叫作回头客,这才是真正的忠诚的客户。东京迪士尼使用以下几点去训练员工,因而有了数以千万的忠实客户。

到东京迪士尼去游玩,人们不大可能碰到迪士尼的经理,门口卖票和检票的也许只会碰到一次,碰到最多的还是清洁员工。所以东京迪士尼对清洁员工非常重视,将更多的训练和教育集中在他们的身上。

1．学扫地

第一天上午培训如何扫地。扫地有三种扫把:一种是用来扒树叶的,一种是用来刮纸屑的,一种是用来掸灰尘的。这三种扫把的形状都不一样。怎样扒树叶,才不会让树叶飞起来?怎样刮纸屑,才能把纸屑刮干净?怎样掸灰尘,才不会让灰尘飘起来?这些看似简单的动作却都要严格培训。而且扫地时另有规定:开门时、关门时、中午吃饭时、距离客人 15 米以内等情况下都不能扫。这些规范都要认真培训、严格遵守。

2．学照相

第一天下午学照相。十几台世界上最先进的数码相机摆在一起,各种不同的品牌,每台都要学,因为客人会叫员工帮忙照相,可能会带世界上最新的照相机来这里度蜜月、旅行。如果员工不会照相,不知道这是什么东西,就不能照顾好顾客,所以学照相要学一个下午。

3. 学换尿布

第二天上午学怎么给小孩换尿布。小孩的妈妈可能会让员工帮忙抱一下小孩,但如果员工不会抱小孩,动作不规范,伤到小孩,不但不能给顾客帮忙,反而增添顾客的麻烦。员工不但要会抱小孩,还要会给小孩换尿布,然后包好。这些都要认真培训、严格规范。

4. 学辨识方向

第二天下午学辨识方向。有人要上洗手间,"右前方,约50米,第三号景点东,那个红色的房子";有人要喝可乐,"左前方,约150米,第七号景点东,那个灰色的房子";有人要买邮票,"前面约20米,第十一号景点,那个蓝条相间的房子"……顾客会问各种各样的问题,所以每一名员工要把整个迪士尼的地图都熟记在脑子里,对迪士尼的每一个方向和位置都要非常明确。

5. 会计人员也要直接面对顾客

有一种员工是不太接触顾客的,就是会计人员。迪士尼规定:会计人员在前两三个月中,每天上班时,要站在大门口,对所有进来的客人鞠躬、道谢,因为顾客是员工的"衣食父母",员工的薪水是顾客掏出来的。感受到什么是顾客后,再回到会计室中去做会计工作。迪士尼这样做,就是为了让会计人员充分了解顾客。

6. 怎样与小孩讲话

游迪士尼的客人很多是小孩,这些小孩要跟大人讲话。迪士尼的员工碰到小孩问话时,统统要蹲下,蹲下后员工的眼睛和小孩的眼睛要保持一个高度,不要让小孩抬着头和员工讲话。因为那是未来的顾客,将来都会再回来的,所以要特别重视。

7. 怎样对待丢失的小孩

从开业到现在的十几年里,东京迪士尼曾丢失过两万多名小孩,但都找到了。重要的不是找到,而是在小孩走丢后从来不广播。如果这样广播:"全体妈妈请注意,全体妈妈请注意,这边有一个小孩子,穿着黑裙子、白衬衫,不知道是谁家的小孩子,哭得半死……"所有妈妈都会吓一跳。既然叫作乐园,就不能这样广播,一家乐园一天到晚丢小孩,谁还敢来?所以东京迪士尼设下了10个托儿中心,只要看到小孩走丢了,就用最快的速度把他送到托儿中心。从小孩衣服、背包来判断其大概是哪里人,还要看衣服上有没有绣他们家族的姓氏;再问小孩,有没有哥哥、姐姐、弟弟、妹妹,来判断父母的年龄;有的小孩小得连妈妈的样子都描述不出来,就要想办法在网上开始寻找,尽量用最快的方法找到父母,然后用电车把父母立刻接到托儿中心,这时小孩正在喝可乐、吃薯条、啃汉堡,过得挺快乐,这才叫乐园。

8. 怎样送货

迪士尼乐园里面有喝不完的可乐、吃不完的汉堡、享受不完的三明治、买不完的糖果,但从来看不到送货的,因为迪士尼规定在客人游玩的地区是不准送货的,迪士尼的地下有一个隧道网,一切食物、饮料统统从围墙的外面下地道,在地道中搬运,然后再从地道里面用电梯送上来,所以客人永远有吃不完的东西。由此可以看出,迪士尼多么重视顾客,所以客人就不断去迪士尼。去迪士尼玩 10 次，大概也看不到一次经理，但是只要去一次，就看得到他的员工在做什么。这就是前面讲的，顾客站在最上面，员工去面对顾客，经理人站在员工的底下来支持员工，这个观念，人们应该建立起来。

资料来源：案例分析：东京迪斯尼乐园员工培训［EB/OL］.（2021-01-27）. https://wenku. baidu. com/view/df2d1ae7b6daa58da0116c175f0e7cd184251887? aggId = 613b1715f48a6529647d27284b73f242336c318f&fr = catalogMain_text_ernie_recall_backup_new％3Awk_recommend_main_graph&_wkts_=1730192083444&bdQuery=％E4％B8％9C％E4％BA％AC％E8％BF％AA％E5％A3％AB％E5％B0％BC％E5％9F％B9％E8％AE％AD％E6％B8％85％E6％B4％81％E5％B7％A5％E7％9A％84％E7％BB％8F％E9％AA％8C&needWelcomeRecommand=1.

分析：

以客为尊，把客户当作上帝，但今天很多公司都没有尽力维护和发展与长期客户的关系。它们几乎集中了全部精力和资金用来寻求新的客户，在低价位和介绍费上作出承诺、签订奖励协议，新客户的获得成本远高于老客户的维护成本，这样使以获得新客户为目的的市场营销和广告宣传方面的费用激增，且客户保持率和盈利效果并不理想。

如果在保证能发展一个忠实客户群的基础上去发展新的客户，绝对是事半功倍。

如果一家企业拥有大量忠诚的客户，那么这家企业一定会有很好的效益，客户忠诚度可以增强企业员工和投资者的自豪感与满意度，进而提高员工和股东的保持率。如果企业没有稳定的股东，那么这家企业只会是过眼云烟，有了稳定的经济基础，企业才能更好地发展下去。但如果这家企业的客户忠诚度和潜在效益不理想，将会大大影响股东的投资意愿。一家资金不稳定的企业，很难使自己的员工生起信心，员工对自己的前途感到希望渺茫。在这样的企业里，员工是很难百分之百地发挥出自己的热情的，甚至有可能消极地对待工作。相反，忠诚的员工可以更好地为客户提供产品和服务，而忠诚的股东也不会为了短期利益而做出损害长远价值的行为，从而进一步加强客户忠诚，如此形成一个良性循环，最终可实现企业总成本的收缩和生产力的提高。

当客户对企业为自己提供的服务感到满意时，会再次选择这家企业，并且会有意无意地向其他人推荐，这种行为就相当于免费为企业做广告，其效果要远远好于那些电视或街头的广告。随着客户频繁选择这家企业，忠诚的客户与企业内部的忠诚员工逐渐建立良好的工作关系，双方的信任和亲密大大降低了合作的成本。

忠诚的客户给企业带来了稳定的业绩增长，除了给企业带来更大的利润，更重要的是使员工产生了自豪感和满足感，员工会对自己在企业的前途产生美好的憧憬，愿意并自觉地待在企业且为企业贡献一分力量，流动率也开始下降。忠诚的员工在长时间创造价值的过程中不断学习，积累了大量经验，其关于客户的知识越来越丰富，为客户提供的服务质量也越来越高。

随着企业成本的降低和收入的增加，利润不断增长，这样就为提高员工报酬提供了有力的资金保障，员工对企业产生了热情，会更好地为企业作出贡献，同时企业还可以进一步投资于各项提升客户价值的活动，而利润的增长也会使股东持续投入资金，从而可以进一步提升企业交付价值的能力。

3. 客户满意度、忠诚度关系分析

客户满意与客户忠诚是紧密相关的。一方面,客户满意是实现客户忠诚的有效途径,从理论上讲,只有满意的客户才会"忠诚"于企业;另一方面,客户满意是以客户忠诚为支点的。忠诚的客户是企业最宝贵的资源。并且,相对于企业而言,守住一个老客户比赢得一个新客户所需成本要低得多。

要想提高客户忠诚度,必须提高客户满意度。

客户满意并不完全等同于客户忠诚。客户满意与客户忠诚的关键性区别可用这样一个事实来说明:没有一家被调查的通信行业企业能保证自己的客户哪怕只有一半是忠诚的,但几乎所有通信行业的企业都声称自己的客户满意度至少达到75%。

对企业来说,客户满意只是一个较低的门槛,它为忠诚度营销提供起码的支持。但客户满意与客户忠诚还有一个巨大的差距,企业如果仅仅以客户满意为营销目标,就难以了解到更多客户深层次的需求(如他们的意图和将来的行为等),而这些因素无疑会影响客户的忠诚度。营销学的一个公认原理是,忠诚的客户才能给企业带来更大价值,这就要求企业在客户满意的基础上建立客户忠诚度。

1) 客户满意度与客户忠诚度的关系

(1) 客户满意度与客户忠诚度的关系比较密切,一般来说,只有客户对企业的满意程度达到一定水平时,客户才会有忠诚于企业的意愿;当这种满意程度得到进一步提升时,客户才会产生忠诚于企业的行为。另外,如果一家企业提升了客户满意度,却没有改变客户的忠诚度,那么这种客户满意度的提升是没有意义的。

(2) 不同的客户对企业的产品和服务的感觉不同,行动也不同,其忠诚度也不同。例如,一个客户对某个企业的产品和服务很满意,愿意再次购买,因为到目前为止这个企业满足了这个客户不断增进的期望。该客户对该企业是忠诚的。另一个客户对这个企业的产品和服务觉得很一般,是否再次购买还不太确定,要看看有没有更好的。该客户对该企业是一般忠诚的。还有一个客户对这个企业的产品和服务很不满意,不会再次购买,因为这个企业还没有满足这个客户的需要。该客户对该企业是不忠诚的。

(3) 客户满意度与忠诚度紧密相关、相互联系。保持客户忠诚的关键在于客户满意,客户的忠诚源于客户满意度,要想提高客户忠诚度,必须提高客户满意度。如果客户对企业的产品和服务很满意,他将会再次购买这个产品和服务,并愿意跟别人分享及推荐这个企业产品及服务,较少跟别的品牌产品做比较,而且会购买该企业的其他商品。相反,客户对企业的产品和服务不满意,他可能购买别的企业品牌产品和服务,或许告诉其他人不要购买该企业的劣质商品,或许对劣质服务进行投诉,责备提供劣质服务的售货人员。如果提供劣质服务和劣质商品而造成客户不满,那么该企业将会失去客户忠诚度,所以客户满意度与忠诚度紧密相关、相互联系。

(4) 客户满意度的提高不一定使得客户忠诚度提高,客户满意度是保持较高忠诚度的必要条件。例如,美国汽车制造业的客户满意率为85%~95%,而其再购买率仅有40%。这些离开的客户中有65%~85%对目前的供应商都很满意甚至非常满意。这表明客户满意度并不等于客户忠诚度。

2）客户满意度和忠诚度的曲线

我们可以通过客户调查、客户的反馈、市场调查等来测量客户的满意度和忠诚度。对测量的数据按指标进行归类划分,得出客户满意度和忠诚度的曲线(图 2-3)。

图 2-3　客户满意度和忠诚度的曲线

一些企业的产品几乎垄断了整个市场,具有优势的品牌价值、高昂的转换成本、强有力的顾客忠诚计划和特殊专有的技术,它们的客户满意度和忠诚度的曲线与图 2-3 中的曲线 *a* 相近,而在高度竞争领域中的企业,由于商品化或差别化、消费者的不在意、其他竞争对手的大量的替代品和低廉的转换成本等原因,客户满意度和忠诚度停留在图 2-3 中的曲线 *b* 和曲线 *c* 上。

因此可以看出,只有真正满意的客户才会保持其对企业的忠诚。

根据单个客户的行为特征、忠诚或不忠诚的程度以及他们对自身满意或不满意所作出的反应,可分为忠诚型客户、流失型客户、图利型客户和人质型客户,见表 2-4。

表 2-4　单个客户的满意度、忠诚度和行为特征

客 户 类 型	满　意　度	忠　诚　度	行　为　特　征
忠诚型	高	高	长期停留并积极支持
流失型	低于中等水平	低于中等水平	即将离开或已经离开且不高兴
图利型	高	低于中等水平	会为谋求低价格而转换服务提供商
人质型	低于中等水平	高	对产品或服务不满意,但却没有或很少有其他选择

(1)忠诚型客户。大多数情况下,忠诚型客户就是指对企业完全满意并不断重复购买的那些客户。忠诚型客户对企业提供的产品与服务很满意,会给企业带来很大的利益。所以企业要把忠诚型客户作为最热切的对象,不断增加能使客户更满意的特色。当客户体会到的价值远远超过预先期望,对企业相当满意并感到兴奋时,他们不仅会对企业充满信任和支付可能的最大交易份额,还会自动将企业的产品或服务分享给别人,可以使别人

更关注企业的产品或服务。这样,忠诚型客户把企业的产品或服务宣传开了,成了企业销售员的延伸,这样的客户叫作企业的"信徒"。

要想将忠诚型客户发展成为企业的"信徒",就要在满足客户基本需求的基础上,针对客户的特点,提供额外的个性化服务。而当客户对某次提供的产品或服务与期望不符而发生态度上的转变时,应该注意客户的心态,马上做出相应的行动来恢复且进一步加深客户对企业的信任。这样,这些高度满意的客户才会成为企业的"信徒",且乐于向其他用户进行宣传。

(2) 流失型客户。流失型客户不仅指那些极度不满、十分不满和持一般态度的客户,也包括极度满意但因为期望变化而从企业流失的客户。客户流失会给企业带来巨大的损失,企业要努力减少流失型客户的数量。这就要求企业在问题出现时,更好地理解这些客户的需求,并对此加以留心和关注,只有这样,才能维系住客户,并使他们再次成为高满意度的客户。然而,维系客户需要付出代价,所以并非所有的流失型客户都值得挽留,挽留那些由于需求与企业能力不符而对企业不满的客户,不但会浪费企业资源,而且会挫败员工士气。所以,企业应该及时"解雇"这种会耗蚀企业精力的客户。

(3) 图利型客户。图利型客户只关心价格,他们的满意度可能很高,但他们的忠诚度却很低,当他们遇到更低的价格时,会立刻转向其他供应商。

(4) 人质型客户。人质型客户对产品或服务极不满意,保持关系仅仅是因为他们没有更好的选择。

4. 客户忠诚度实现方法

要想做好客户忠诚这个工作,在脑海中要形成思路,把它理顺之后,再把它应用到实践中。构建思路首先就是要以利益为基本着眼点。其次倾听客户的意见,这是企业不可缺少的重要工作。企业里的所有员工都有责任把客户的需求信息反馈到生产、服务、设计等各个部门中去。最后,企业关注的重点要从一些有形的东西逐步转移到无形的东西上来,如对特殊客户的了解、时间概念、对客户的敏感性、与客户构建融洽关系等。总之,企业要吸引客户、留住客户,就必须重视每个客户的价值,认真对待每个客户,直到客户认为企业是在为拓展和提高他们的生活方式与生活品质的目标而奋斗的,这时客户对企业的忠诚才是长期和牢固的。

思路明晰之后才有具体的方法,培养客户的高忠诚度主要有以下九种方法。

(1) 培养员工忠诚度。客户忠诚度的培养与维持,关键在于员工忠诚度的培养,员工如果不满意企业的所作所为,就不会有激情和活力投入工作中去,甚至不可能对其工作尽职尽责,尤其是其员工直接面向客户提供产品与服务的商业流通企业。只有忠诚的员工才能带来忠诚的客户,一家经常让员工跳槽的公司几乎不可能培养出较高的客户忠诚度,因为客户希望从熟悉的销售人员那里购买产品,与企业员工之间形成一种默契的关系,而不愿意和他打交道的人在经常变化,这样会给客户带来一种不稳定感和不信任感。所以先让你的员工满意,建立一个强有力的销售和服务团队,这样才能留住你的客户。

(2) 实施80/20法则。"管理大师"彼得·德鲁克(Peter Drucker)说:顾客是唯一的利润中心。帕累托的80/20法则指企业营业收入的80%来自20%的顾客,而其他80%的客户只能带来20%的收入。不同的客户对公司的贡献是不一样的,有些客户可以给公司带来长期丰厚的价值,有些客户则只是短期交易,所以,聪明的公司会区别对待不同的客户。众所周知,客户忠诚度的培养是需要付出成本的,所以公司必须分析投入产出比,对那些能够和公司长期合作的高价值型的客户应该给予更多的关注与帮助,而对于一般性的客户则适当减少维护成本。这类客户也可分为两类:一类可以继续挖掘潜力,培养成重点客户;而另一类则视情况而定。这样做可以有效分配公司的资源,避免资源浪费。各行各业都已开始意识到培养顾客忠诚度的重要性,据 MBA 智库对忠诚营销的介绍,保持一个消费者的营销费用仅仅是吸引一个新消费者的营销费用的 1/5。[①]

① 向现有客户销售的概率是 50%,而向一个新客户销售产品的概率仅有 15%。

② 客户忠诚度下降 5%,则企业利润就会下降 25%。

③ 如果将每年的客户关系保持率增加 5 个百分点,则可能使利润增长 85%。

④ 企业 60% 的新客户来自现有客户的推荐⋯⋯

（3）了解你的客户所处的阶段。一个忠诚客户的形成会经历六个阶段:第一阶段,对公司的产品和服务持怀疑态度,持币待购;第二阶段,对公司产品有一定了解,可能会购买公司产品,处于犹豫不决中;第三阶段,公司的产品成为客户的第一选择,客户对产品和公司有了一定的信任度;第四阶段,进入购后体验满意、重复购买阶段;第五阶段,成为公司的客户,与公司形成了相对稳定的合作关系;第六阶段,成为公司产品的拥护者和宣传者,与公司建立了长期的伙伴关系。要了解你的客户,使之成为忠诚客户,首先就应了解你的客户处在哪个阶段,针对不同阶段的客户制定不同的策略来促使客户逐步转换阶段,直至进入第六阶段。

（4）先提供服务,再开始推销产品。大多数客户都很聪明而且见多识广,有时也很挑剔,他们讨厌强迫式的推销。他们所期望的交易是公司能够尽可能让他们感到愉快和满足。如果他们曾经在和其他公司的交易中得到了比较好的服务体验,他们会要求你们公司也这么做,如果你们做不到的话,客户可能就会感到不满,甚至离开。客户会想,别人能做到的,你们为什么做不到?

（5）深入了解客户心中的价值定义。忠诚的密码是价值,了解你的客户价值体验并准确地加以定义,然后在你的产品中体现出来,就能够建立强有力的客户忠诚度。但这并非易事,因为客户对价值的定义在经常变化,所以公司必须投资于客户忠诚度调研,从客户那里发掘出他们所看重的价值。不同的客户对公司的要求是不同的,有的客户认为,节约了交易时间,就是提供了高价值的服务,公司就应该简化交易程序,节省客户的交易成本。

（6）主动寻找客户抱怨。对于大多数公司而言,只有 10% 的客户能够明确地向公司宣泄出他们的不满和抱怨。对于这些意见,公司只要妥善处理,便能留住客户,毕竟挑货人才是买货人。可其他 90% 的客户并没有主动地向公司提出抱怨,而是以其他方式表达出来,如延迟付款、向其他的客户说公司的坏话、在网上发布不利于公司的消息等。公司应该在这些负面消息泛滥以前加以阻止,最好的方法是设置更多、更方便的渠道接受客户

---

① 忠诚营销[EB/OL]. https://wiki.mbalib.com/wiki/%E5%BF%A0%E8%AF%9A%E8%90%A5%E9%94%80.

的抱怨,并对客户的抱怨给予及时、有效的反馈。

(7)赢回失去的客户。由于失去的客户对公司的制度及产品还是熟悉的,向一个曾经的客户销售商品的难度可能低于向一个新客户销售,所以赢回失去的客户还是值得的,然而对于大多数公司而言,它们忽略了去争取失去的客户的工作,据刘文良《顾客关系管理:新时代的决胜关键》(第二版)介绍,平均每年每个公司都有 20%～40% 的客户流失,而这些客户曾为公司贡献了利润。因此对于公司来说,重新赢得这些客户,尤其是高价值客户,是一项艰巨且重要的任务,可以说赢回失去的客户是培养客户忠诚度的保险。

(8)与渠道伙伴合作。要想在非常复杂的市场环境中取得成功,公司需要得到渠道伙伴的支持和合作。通过公司的供应链向最终客户提供更好的产品。例如,欧洲的一家汽车生产厂商将它的所有客户资料与渠道成员共享,而不私藏任何信息,从而得到了渠道成员的广泛支持,也最终建立了更高的客户忠诚度。

(9)建立集中的客户数据库。许多公司建立了客户数据库,但是里面的客户信息却是不完整的和分散的,没有将客户的信息很好地整合,就无法对客户进行全方位的评价,对客户没有一个全面的概念,因而也就无法有效地实施客户忠诚度的培养计划。

此外,还应该使用多种方式,随时随地与客户沟通,及时答复客户各种各样的问题,即使不能马上解决,也要对客户作出合理的解释。

当然,客户忠诚度的培养不能只靠这些具体的方法,还需要有完整、清晰的计划和方方面面的支持,且要与企业的整体营销策略和长远计划相适应。

2.2.3　SWOT 分析

1. SWOT 分析模型简介

在现在的战略规划报告里,SWOT 分析应该算是一个众所周知的工具。来自麦肯锡咨询公司的 SWOT 分析,包括分析企业的优势(strength)、劣势(weakness)、机会(opportunity)和威胁(threats)。因此,SWOT 分析实际上是对企业内外部条件各方面内容进行综合和概括,进而分析组织的优劣势、面临的机会和威胁的一种方法。

通过 SWOT 分析,可以帮助企业把资源和行动聚集在自己的强项与有最多机会的地方。

2. SWOT 模型含义介绍

优劣势分析主要着眼于企业自身的实力及其与竞争对手的比较,而机会和威胁分析将注意力放在外部环境的变化及对企业的可能影响上。在分析时,应把所有的内部因素(优劣势)集中在一起,然后用外部力量对这些因素进行评估。

(1)机会与威胁分析(OT)。随着经济、社会、科技等诸多方面的迅速发展,特别是经济全球化、一体化过程的加快,全球信息网络的建立和消费需求的多样化,使企业所处的环境更为开放和动荡。这种变化几乎对所有企业都产生了深刻的影响。正因如此,环境分析成为一种日益重要的企业职能。

环境发展趋势分为两大类:一类表示环境威胁,另一类表示环境机会。环境威胁指的是环境中一种不利的发展趋势所形成的挑战,如果不采取果断的战略行为,这种不利趋势将使公司的竞争地位受到削弱。环境机会就是对公司行为富有吸引力的领域,在这一领域中，该公司将拥有竞争优势。

对环境的分析也可以有不同的角度。例如，一种简明扼要的方法就是 PEST 分析（PEST analysis），另一种比较常见的方法就是波特的"五力"分析（Porter's five-forces analysis）。

（2）优势与劣势分析（SW）。识别环境中有吸引力的机会是一回事，拥有在机会中成功所必需的竞争能力是另一回事。每家企业都要定期检查自己的优势与劣势，这可以通过"企业经营管理检核表"的方式进行。企业或企业外的咨询机构都可利用这一方式检查企业的营销、财务、制造和组织能力。每一要素都要按照特强、稍强、中等、稍弱或特弱划分等级。

当两家企业处在同一市场或者说它们都有能力向同一顾客群体提供产品和服务时，如果其中一家企业有更高的盈利率或盈利潜力，那么，我们就认为这家企业比另一家企业更具有竞争优势。换句话说，所谓竞争优势，就是指一家企业超越其竞争对手的能力，这种能力有助于实现企业的主要目标——盈利。但值得注意的是，竞争优势并不一定完全体现在较高的盈利率上，因为有时企业更希望增加市场份额，或者多奖励管理人员或雇员。

竞争优势可以指消费者眼中一家企业或它的产品有别于其竞争对手的任何优越的方面，它可以是产品线的宽度，产品的大小、质量、可靠性、适用性、风格和形象以及服务的及时性，态度的热情感等。虽然竞争优势实际上指的是一家企业比其竞争对手有较强的综合优势，但是明确企业究竟在哪一个方面具有优势更有意义，因为只有这样，才可以扬长避短，或者以实击虚。

由于企业是一个整体，而且竞争性优势来源十分广泛，所以在做优劣势分析时必须从整条价值链的每个环节，将企业与竞争对手做详细的对比，如产品是否新颖、制造工艺是否复杂、销售渠道是否畅通，以及价格是否具有竞争力等。如果一家企业在某一方面或几个方面的优势正是该行业中企业应具备的关键成功因素，那么，该企业的综合竞争优势也许就强一些。需要指出的是，衡量一家企业及其产品是否具有竞争优势，只能从现有潜在用户的角度，而不能从企业的角度。

企业在维持竞争优势的过程中，必须深刻认识自身的资源和能力，采取适当的措施。因为一家企业一旦在某一方面具有竞争优势，势必引起竞争对手的注意。一般来说，企业经过一段时期的努力，建立某种竞争优势，然后就处于维持这种竞争优势的态势，竞争对手逐渐作出反应，而后，如果竞争对手直接进攻企业的优势所在，或采取其他更为有力的策略，就会使这种优势被削弱。

影响企业竞争优势的持续时间，主要包括三个关键因素。

（1）建立这种优势要多长时间？

（2）能够获得的优势有多大？

（3）竞争对手作出有力反应需要多长时间？

如果企业分析清楚了这三个因素，就会明确自己在建立和维持竞争优势中的地位了。

显然，公司不应去纠正它的所有劣势，也不是对其优势不加利用，主要的问题是研究公司应满足于当下的优势机会，还是去获取和发展一些其他优势以找到更好的机会。有时，企业发展慢并非因为其各部门缺乏优势，而是因为它们不能很好地协调配合。例如，有一家大电子公司，工程师轻视推销员，视其为"不懂技术的工程师"；而推销员则瞧不起服务部门的人员，视其为"不会做生意的推销员"。因此，评估内部各部门的工作关系作为一项内部审计工作是非常重要的。

波士顿咨询公司提出,能获胜的公司是取得内部优势的公司,而不仅仅是抓住公司核心能力的公司。每一家公司都必须管好某些基本程序,如新产品开发、原材料采购、对订单的销售引导、对客户订单的现金实现、顾客问题的解决时间等。每个程序都创造价值和需要内部部门协同工作。虽然每个部门都可以拥有一个核心能力,但如何管理这些优势能力开发仍是企业面临的一个挑战。

3．SWOT 分析步骤

（1）确认当前的战略是什么。

（2）确认企业外部环境的变化(用波特的"五力"分析或者 PEST 分析)。

（3）根据企业资源组合情况,确认企业的关键能力和关键限制(表 2-5)。

表 2-5　企业的关键能力和关键限制

潜在资源优势	潜在资源劣势	公司潜在机会	外部潜在威胁
有力的战略 有利的金融环境 有力的品牌形象和商誉 被广泛认可的市场领导地位 专利技术 成本优势 强势广告 产品创新技能 优质客户服务 优质产品质量 战略联盟与并购	没有明确的战略导向 陈旧的设备 超额负债与恐怖的资产负债表 超越竞争对手的高额成本 缺少关键技能和资格能力 利润的损失部分 内在的运作困境 落后的 R&D(研究与开发)能力 过分狭窄的产品组合 市场规划能力的缺乏	服务独特的客户群体 新的地理区域扩张 产品组合的扩张 核心技能向产品组合的转化 垂直整合的战略形式 分享竞争对手的市场资源 竞争对手的支持 战略联盟与并购带来的超额覆盖 新技术开发通路 品牌形象拓展的道路	强势竞争者的进入 替代品引起的销售下降 市场增长的减缓 交换率和贸易政策的不利转换 由新规则引起的成本增加 商业周期的影响 客户和供应商的杠杆作用的加强 消费者购买需求的下降 人口与环境的变化

（4）按照通用矩阵或类似的方式打分评价。把识别出的所有优势分成两组,分组的依据是：它们是与行业中潜在的机会有关,还是与潜在的威胁有关。用同样的方法把所有的劣势分成两组：一组与机会有关,另一组与威胁有关。

（5）将结果在 SWOT 分析图上定位(图 2-4)。或者用 SWOT 分析表,将刚才的优势和劣势按机会与威胁分别填入表格,见表 2-6。

图 2-4　SWOT 定位

表 2-6　SWOT 分析表

内部因素

外部因素	利用这些	改进这些	机会
	监视这些	消除这些	威胁
	优势	劣势	

（6）战略分析。对邮政物流进行 SWOT 分析，见表 2-7。

表 2-7　科尔尼 SWOT 分析得出的战略

			内部因素	
			优势	劣势
			• 作为国家机关，拥有公众的信任 • 顾客对邮政服务的高度信任感与亲近感 • 拥有全国范围的物流网（几万家邮政局） • 具有众多的人力资源 • 具有创造邮政/金融的可能性	• 上门取件相关人力及车辆不足 • 市场及物流专家不足 • 组织、预算、费用等方面灵活性不足 • 包裹破损的可能性很大 • 追踪查询服务不够完善
外部因素	机会	• 随着电子商务的普及，寄件需求不断增加 • 能够确保应对市场开放的事业自由度 • 物流及 IT 等关键技术的飞跃性发展	• 以邮政网络为基础，积极进入宅送市场 • 进入 shopping mall 配送市场 • ePOST 活性化 • 开发灵活运用关键技术的多样化的邮政服务	• 构成邮寄包裹专门组织 • 对实物与信息的统一化进行实时的追踪及物流控制 • 再整理增值服务及一般服务差别化的价格体系的制定及服务内容
	威胁	• 通信技术发展后，对邮政的需求可能减小 • 现有宅送企业的设备投资及代理增多 • WTO（世界贸易组织）邮政服务市场开放带来压力 • 国外宅送企业进入国内市场	• 灵活运用范围宽广的邮政物流网络，建立积极的市场战略 • 与全球性的物流企业进行战略联盟 • 提高国外邮件的收益性及服务水平 • 确保客户满意，树立积极市场战略	• 根据服务特性，对包裹详情单与包裹运送网进行分别运营 • 对已经确定的邮政物流运营提高效率，由此提高市场竞争力

4．成功应用 SWOT 分析法的简单规则

（1）进行 SWOT 分析时必须对公司的优势与劣势有客观的认识。

（2）进行 SWOT 分析时必须区分公司的现状与前景。

（3）进行 SWOT 分析时必须考虑全面。

（4）进行 SWOT 分析时必须与竞争对手进行比较，如优于或是劣于你的竞争对手。

(5) 保持 SWOT 分析法的简洁化,避免复杂化与过度分析。

(6) SWOT 分析法因人而异。

一旦使用 SWOT 分析法决定了关键问题,也就确定了市场营销的目标。SWOT 分析法可与 PEST 分析和波特的"五力"分析等工具一起使用。市场营销专业的学生之所以热衷于 SWOT 分析法,是因为它的易学性与易用性。运用 SWOT 分析法时,只要将不同的要素列入相关的表格中就可以了,很容易操作。

5. SWOT 模型的局限性

与很多其他的战略模型一样,SWOT 模型已由麦肯锡提出很久了,带有时代的局限性。以前的企业可能比较关注成本、质量,现在的企业可能更强调组织流程。例如,以前的电动打字机被印表机取代,该怎样转型?是应该做印表机还是做其他与机电有关的产品?从 SWOT 分析来看,电动打字机厂商的优势在机电,但是发展印表机又显得比较有机会。结果有的朝印表机发展,死得很惨;有的朝剃须刀生产发展,很成功。这就要看你是采取以机会为主的成长策略,还是采取以能力为主的成长策略。SWOT 模型没有考虑到企业改变现状的主动性,但企业可以通过寻找新的资源来创造企业所需的优势,从而实现过去无法实现的战略目标。

在运用 SWOT 分析法的过程中,你或许会碰到一些问题,这些问题涉及它的适应性。因为有太多的场合可以运用 SWOT 分析法,所以它必须具有适应性。然而这也会导致反常现象的产生。基础的 SWOT 分析法所产生的问题可以由更高级的 POWER SWOT 分析法解决。

2.3　客户资源软件管理

任务引入

小微贸易公司产品数字化管理

北京恒悦融升国际商贸咨询有限责任公司(以下简称"恒悦融升")位于北京市朝阳区吉里国际艺术区,是一家经营卫浴产品批发和零售的企业,主要代理品牌有汉斯格雅、Fantini、Agape 等,主要包括龙头、花洒、浴缸、浴室柜、镜子等卫浴产品类别。

恒悦融升业务数字化需求

(1) 恒悦融升采用手写单据结合 Excel 表格的方式来管理进销存业务,产品种类繁多,超过 700 种卫浴产品。卫浴产品批次和保质期的管理不完善,无法迅速通过批号定位问题产品,同时也无法对即将过期的产品进行提前预警,造成了产品积压和损耗。

(2) 恒悦融升在手工库存盘点时需要投入大量的人员和时间,从卫浴产品的逐一清点到将数据手动录入 Excel 表格,整个流程都依赖人工操作,不仅耗时耗力,而且库存盘点效率低,盘点不清楚。

（3）销售人员在客户拜访时，需要查询某一种产品库存数量，就要打电话给库管，返回公司手工开单后，库管再根据单据发货。整个流程周期长，沟通成本高。

进销存数字化解决方案

1. 批次和保质期管理，避免积压

通过批次和保质期管理，可以在产品即将过期时收到保质期预警提醒，对临期产品进行及时处理。在销售开单时，能够带出最早批次的产品进行销售出库。还可以随时查看产品的批次保质期清单和批次跟踪等库存报表，产品信息一目了然。企业实现了卫浴产品库存的高效管理，减少了损失和积压现象。

2. 智能库存盘点，高效精准

能够灵活依据日期、仓库、类别及商品等条件对卫浴产品进行库存盘点，自动生成盘盈盘亏单据，简化了盘点流程。还可以通过精斗云 App 的盘点，扫码识别产品信息，实现卫浴产品的快速和精准库存盘点，解决了之前手工盘点库存所带来的不便与盘不清的问题。

3. 手机销售开单，仓库快速发货

通过使用精斗云 App，销售人员能够随时随地便捷地查看卫浴产品的库存数量及客户历史价格信息，实现快速下单。库管可以在异地打印销售单后快速拣货发货。智能化流程大幅减少了内部人员之间的沟通成本，使得整体协同效率提高了 60%。

资料来源："恒悦融升"卫浴代理批次保质期管理，智能盘点手机开单高效发货［EB/OL］.（2024-10-23）.https://www.erpjdy.cn/1634.html.

本节有以下两个主要任务需要完成。

任务 1：供应商实训。

任务 2：产品（服务）项目实训。

任务分析

为了有效完成本节的两个子任务，建议以真实的产品（服务）及真实的供应商开展活动，如果没有合适的供应商及产品，可参考将源海软件作为供应商，将源海客户关系管理软件作为营销服务的产品，具体操作时可参考本节的实训项目。

知识链接

2.3.1　供应商管理

1. 供应商管理概述

供应商管理是对供应商的了解、选择、开发、使用和控制等综合性管理工作的总称。

一般来说，供应商开发包括的内容有：供应市场竞争分析，寻找合格供应商，潜在供应商的评估，询价和报价，合同条款的谈判，最终供应商的选择。

在大多数的跨国公司中,供应商开发的基本准则是 QCDS 原则,也就是质量、成本、交付与服务并重的原则。综合考虑供应商的业绩、设备管理、人力资源开发、质量控制、成本控制、技术开发、客户满意度、交货协议等可能影响供应链合作关系的方面。

公司的采购部可以建立初步的供应商数据库并作出相应的产品分类。

2. 供应商管理的目标

1) 质量水平

(1) 物料来件的优良品率。

(2) 质量保证体系。

(3) 样品质量。

(4) 对质量问题的处理。

2) 交货能力

(1) 交货的及时性。

(2) 扩大供货的弹性。

(3) 样品的及时性。

(4) 增、减订货的供应能力。

3) 价格水平

(1) 优惠程度。

(2) 消化涨价的能力。

(3) 成本下降空间。

4) 技术能力

(1) 工艺技术的先进性。

(2) 后续研发能力。

(3) 产品设计能力。

(4) 技术问题处理的反应能力。

5) 后援服务

(1) 零星订货保证。

(2) 配套售后服务能力。

6) 人力资源

(1) 经营团队。

(2) 员工素质。

7) 现有合作状况

(1) 合同履约率。

(2) 年均供货额外负担和所占比例。

(3) 合作年限。

(4) 合作融洽关系。

3. 供应商管理流程

供应商管理流程如图 2-5 所示。

图 2-5　供应商管理流程

2.3.2　样品管理

　　源海客户关系管理中的样品管理,可以详细地记录样品的基本信息、图片信息,系统可以将样品的图片关联到样品资料中,并且可以进行放大、缩小、全屏预览,从而直观、一目了然地查看样品。样品管理主要是通过建立样品资料库来体现的,可方便业务人员了解企业产品,准确、方便地同客户进行业务沟通。其主要流程包括样品种类设置、资料库录入及管理、样品导入、样品导入图片处理、样品查询及输出等。下面主要介绍样品资料库的建立步骤及更新样品图片的操作步骤。

　　1. 样品资料库的建立步骤

　　(1)系统操作员对样品资料录入员授权。

　　(2)单击桌面"样品资料"快捷方式,进入"样品资料库"窗口,如图 2-6 所示。

　　(3)单击"增加"按钮,在弹出的"产品增加"窗口(图 2-7)中录入相关资料。

　　(4)单击"插入图片"按钮,弹出文件选择框,单击相应的样品图片后保存。

　　2. 更新样品图片的操作步骤

　　(1)在桌面上单击"样品资料"快捷方式,进入"样品资料库"窗口。

　　(2)单击"修改"按钮,然后在样品信息中"图片"栏,将光标移至需修改的图片标识
`(BLOB)` 位置,单击或右击,在弹出的"请选择一个图片文件"窗口中,选择与产品规格型号相符的图片即可。

图 2-6　样品资料库

图 2-7　产品增加

思考与讨论

1. 判断题

(1) 客户没有抱怨一定表明客户很满意。　　　　　　　　　　　　　　　　　(　　)

(2) 如果客户满意了,客户一定会忠诚。　　　　　　　　　　　　　　　　　(　　)

2．选择题

（1）客户满意度模型提出的影响客户满意的三个因素中最能提高客户满意度的是
（　　）。

　　　A．必须具备的因素　　　　　　　　B．越舒适、越快、越好的因素

　　　C．期望之外的因素　　　　　　　　D．生活水平提高的因素

（2）网络营销客户中，客户忠诚度最高的是（　　）。

　　　A．一次购买物品数量最多的客户

　　　B．一次购买物品金额最多的客户

　　　C．已购买一次企业产品，下次还想再购买本企业产品的客户

　　　D．多次购买过企业产品而且想再继续购买本企业产品的客户

3．以下案例有什么启发？说明什么问题？

弗雷德里克·雷奇汉（Frederick Reichheld）的一项调查发现：在美国，声称对公司产
品满意甚至十分满意的客户中有 65%～85% 会转向其他公司的产品。其中，在汽车业满
意率为 85%～90% 的客户中，再次购买的比例只有 40%。而在餐饮业中，品牌转换者的
比例则是 60%～65%。

📖实训题

实训 2-1　供应商管理

主题：供应商管理

完成这些练习后，学员将能够：

（1）阐述供应商记录是如何构建的；

（2）创建所提供的产品（服务）的主记录。

请使用客户关系管理软件完成下列三项实训。

1．定义供应商组

（1）创建名称为"常规供应商"的客户分类。

（2）创建名称为"主供应商"的客户分类。

2．创建供应商主记录

（1）在客户信息下创建代码为"S00001"的源海软件常规供应商，"NO"号由计算机自
动创建，根据自己收集到的信息填写其余字段。

（2）在客户信息下创建代码为"S00002"的其他常规供应商，"NO"号由计算机自动创
建，根据自己收集到的信息填写其余字段。

3．单页显示供应商的记录

如需单页显示某供应商的记录，需先按"客户信息"下的菜单键，然后双击所要显示的
供应商的任一字段。

实训 2-2 产品(服务)项目

主题：产品(服务)项目

完成这些练习后,学员将能够：

(1) 创建和维护产品或服务项；

(2) 阐述产品或服务主记录是如何构建的；

(3) 查找产品或服务主记录。

将供应商的产品或服务添加到它的样品系列中,产品(服务)可能是组合式的,同时还可能提供图形展示。采购这些物料,然后把它们销售给客户。

1. 定义产品种类

(1) 在"基本资料"中定义单机版软件的产品种类。

(2) 在"基本资料"中定义网络版软件的产品种类,单位为"套"。

(3) 在"基本资料"中定义其他产品种类,单位为"套"。

2. 创建产品(样品)主记录(在"样品资料"中进行)

(1) 创建产品名称为"客户关系管理"、规格型号为"V5.0"、单价为500元的单机版软件,图片可从软件的封面中截取,其他内容自己完善。

(2) 创建产品名称为"客户关系管理"、规格型号为"V5.0"、单价为8 000元的网络版软件,图片可从软件的封面中截取,其他内容自己完善。

(3) 仿照上面的要求,创建你所需要的其他产品名称。

📖 案例分析

对忠诚客户的营销

假定企业知道张三是一个绝对"忠诚"的客户：他绝不愿意选择另一个企业的产品,那么企业最可能采取的营销决定是什么？

(1) 什么也不做。

(2) 给张三一定的"忠诚"回扣。因为这些年张三的"忠诚",企业从张三那里得到的利润要远远高于从其他顾客身上得到的利润。

(3) 把卖给张三的产品再加价50%。因为企业明确地知道即使加价50%,张三也仍然会购买该企业的产品。

问题：如果是你,你会作出什么样的决定？ 你觉得一般的企业会作出怎样的决定？

📖 即测即练

潜在客户管理

(1) 通过对市场信息的了解和分析,确定目标市场的潜在客户;

(2) 进行市场调查,了解挖掘潜在客户的方法和渠道;

(3) 掌握接近客户的技巧;

(4) 能够分析谁是潜在客户;

(5) 能够灵活运用寻找潜在客户的方法;

(6) 能够巧妙化解接近客户中的困难。

3.1 谁是你的潜在客户

任务引入

中国老胶鞋在欧美市场走出时尚舞步

中国既"古老"又"大众"的品牌正在欧美市场成为时尚流行品。继回力鞋之后,解放鞋、飞跃鞋完完全全 made in China(中国制造),保留着 20 世纪"中国味"的鞋子,而今已作为"很中国"元素的时髦商品,不仅售价翻了几十倍,而且登上了欧美时尚界的大雅之堂。

飞跃鞋在国外走红,与欧洲时尚界热衷复古潮流、中国元素有关。住在上海的法国人帕特里斯·巴斯蒂安对"板鞋"的追求异常执着。2005 年,他不经意间发现了中国这个名叫"飞跃"的胶鞋,正中他在 Sneaker——板鞋方面的复古情怀。于是,他与自己的好友、设计师查尔斯·穆卡一道成立了新的"飞跃"创意小组。法国人为它建立了一个英法双语的国际网站,称其为"Feiyue",还特别对品牌含义做了解释——flying forward(向前飞)。

法国设计师对飞跃鞋重新包装,每款鞋子都拥有个性鲜明的名字,其中一双针对女性消费者的粉红色款型,被命名为"甜蜜的风"。设计者还专门制作了与消费者互动的飞跃网站,网站上别出心裁地记录着飞跃鞋的"个人档案"——出生地:上海;状况:单身;星座:天蝎……现在,"飞跃"的专柜已经在欧美发散开来,更有日本代理商加入销售行列。

如果你不知道"飞跃",那么总该知道军绿色的解放鞋,这款在 30 多年前的中国几乎人脚一双的胶鞋,如今在欧美市场上名为"Ospop"。该品牌的创始人是来自美国新泽西州的班·沃特斯,他在上海售货亭买了一双中国人俗称的"解放鞋",这款鞋子装在纸袋里出售,每双售价不到两美元。他注意到,中国矿工、工厂劳工和农民大多穿这种设计简单、印有一个"工"字的胶底鞋。Ospop 的灵感便是来自中国工人,沃特斯说:"这些人,正是把事情搞定的人。"于是有了 Ospop——"one small point of pride"(一丁点儿骄傲)的缩写。Ospop 牌子的解放鞋目前有两个系列,分别是 Skywolf(天狼)和 Departure(启程)。

就在这些"名牌""大众"鞋几乎要在中国销声匿迹的时候,却被外国人彻底改变了。经过策划和包装、面向欧美市场的新"飞跃"系列鞋,一双的价格从 50 欧元到 120 欧元不等(折合人民币 385～925 元/双),而目前在网络中搜索到的飞跃鞋在国内的售价却只有 20～50 元人民币;根据中国劳工穿的解放鞋而设计的、本来每双售价不到两美元的鞋子,改良后变成每双 75 美元。

回力鞋、解放鞋、飞跃鞋,这些地道的中国货在国内几乎销声匿迹,沦为地摊货,可为什么在外国人手中却变得如此时髦和畅销呢?创意、包装和运作!创意是品牌的灵魂,包装为品牌增添附加值,品牌的运作则是核心竞争力。

河南焦作市温县生产胶鞋已有 50 多年历史,法国飞跃鞋公司规模远不如"飞跃"的原产地——上海大博文鞋业有限公司。可即使这样,如果不是外国人运作,中国这些名牌"大众"鞋还在国内市场不断萎缩,哪里会想到在欧美市场成为时尚流行品!同样的市场,截然相反的结果,最大的问题在于看事物的角度和高度不同。外国人带给我们的启发是:成功的客户开发要依据产品或服务的特征进行准确的客户群定位,并对潜在客户进行分析。

资料来源:"解放鞋"重回大众视野,成为国外时尚新宠,售价 65 美元[EB/OL].(2021-12-09). https://www.163.com/dy/article/GQOC5OQM05524KKQ.html.

本节需完成以下两个子任务。

任务 1:客户需求分析报告。

在推销之前对客户的消费心理、消费方式、消费习惯、消费需求等进行分析,形成客户需求分析报告。

任务 2:依据产品或服务的特征进行准确的客户群定位。

你的安防产品是定位在楼盘、景点,还是奥运场馆、地铁站?你的酒店是五星级还是七天连锁?在营销中,产品客户群定位非常关键,只有明确自己产品所适合的消费群体,才能有针对性地推销自己的产品。

任务分析

1. 客户需求分析

当一个客户在询问企业的业务、表现出对该业务的兴趣时,他就成了该企业的潜在客户。潜在客户的特征是询问。

当客户产生对某种产品或服务的需求意识之后(图 3-1),就会对有关这种产品或服务的各种信息感兴趣,会通过媒体的广告、商品的展示、他人的推荐、本人的经历等多种途径去收集信息,为自己的购买决策提供依据;然后对收集到的各种信息进行处理,包括对不同企业生产或提供的同类产品或服务进行相互对比、分析和评估,有时这种对比、分析、评估会反复进行。

图 3-1　客户需求结构

潜在客户最需要的就是建立对企业服务或产品的信心,他对服务或产品的信任度或认可度决定了他上升为新客户的可能性,但也可能就此丧失信心,从而让企业失去这个客户。以下一些因素对潜在客户上升为新客户有一定影响。

(1) 外界评价。对该企业业务评价的高低将会影响客户对企业业务的信心和兴趣。

(2) 客户的层次。客户所属的层次越高,对企业业务了解得越多,就越能明白自己的行为,受到外界的影响就越小,更易在询问之后确定使用。

(3) 客户所属的行业。客户所属的行业与企业业务有联系,将有助于他所选的业务,有助于客户得出结论。

2．分析成为潜在客户的条件

潜在客户是营销人员的最大资产,他们是营销人员赖以生存并得以发展的根本。你打算把你的产品或者服务销售给谁,谁有可能购买你的产品,谁就是你的潜在客户。潜在客户具备两个要素:用得着和买得起。

首先要用得着,或者说是需要这样的消费。不是所有人都需要你的产品,需要的人一定是一个具有一定特性的群体。例如,大型交换机的用户对象是集团、社团、企业等组织,有谁会去买一台大型交换机放在家里呢?其次是买得起,对于一个想要又掏不出钱的潜在客户,你付出再多的努力也不能最后成交。例如,在保险业,人人都希望买保险,但保险销售人员却在从事最辛苦的寻找潜在客户的工作,购买保险的群体必定具有一个共同的特征——买得起。如把保险销售给一个维持最低生活标准的家庭,按理说他们太需要保险了,但无论你的技巧有多高明,你的结局一般都是否定的。

定位潜在客户,可以参考“MAN”原则。

M(money),代表“金钱”。这是最为重要的一点,所选择的对象必须有一定的购买能力。营销人员找到准客户就要想:他有支付能力吗?他买得起这些东西吗?一个月收入2 000 元的上班族,你向他推销一部奔驰车则是徒劳的。

A(authority),代表"购买决定权"。它指购买对象对购买行为有决定、建议或反对的权利。他有购买决定权吗?很多营销人员未能成交的原因就是找错了人,找的是没有购买决定权的人。有这样一个例子,小张在广告公司做广告业务,与一家啤酒公司副总谈了两个月广告业务,彼此都非常认同,但总经理最终否决了刊登广告的提案。

N(need),代表"需求"。它指购买对象有这方面(产品、服务)的需求,推销的对象除了购买能力和购买决定权,还要看他有没有需求。例如,刘先生刚买了一台空调,你再向他推销空调,尽管他具备购买能力和购买决定权,但他没有那样的需求,自然不是你要寻找的人。

潜在客户应该具备以上特征,但在实际操作中会碰到以下情况,应根据具体状况采取具体对策(表 3-1)。

表 3-1　字母代表的含义

购 买 能 力	购 买 决 定 权	需　　求
M(有)	A(有)	N(有)
m(无)	a(无)	n(无)

(1) M+A+N:有望客户,理想的销售对象;

(2) M+A+n:可以接触,配上熟练的销售技巧,有成功的希望;

(3) M+a+N:可以接触,并设法找到具有决定权的人;

(4) m+A+N:可以接触,需调查其业务状况、信用条件等给予融资;

(5) m+a+N:可以接触,应长期观察、培养,使之具备另一条件;

(6) m+A+n:可以接触,应长期观察、培养,使之具备另一条件;

(7) M+a+n:可以接触,应长期观察、培养,使之具备另一条件;

(8) m+a+n:非客户,停止接触。

由此可见,潜在客户有时欠缺某一条件(如购买能力、购买决定权或需求),仍然可以开发,只要应用适当的策略,便能使其成为企业的新客户。

3. 精准定位产品客户群

作为营销人员,首先应该问问自己:是否知道自己的客户群体是哪类人,也就是说,是否合理定位了自己的产品客户群。不知道你是否留意过,在儿童节目频道或者儿童节目播出前后,插播的都是什么广告?它们是儿童食品、儿童玩具、儿童用品等相关广告。其实,这就是商家对客户群的定位。产品客户群定位不准确是营销中最不该犯的错误,找不对客户群,产品自然不会销售出去,或者说销售效果会很差。那么,如何定位客户群,为自己创造有利的营销环境呢?

首先,要了解客户自身的消费属性,即客户性别、年龄、宗教信仰、家庭收入、社会地位、消费价值观等因素。营销人员可以根据产品的特点,结合客户的自身属性,来合理定位自己的客户群。

其次,要了解影响客户消费的外在属性。客户消费的外在属性是影响其消费的重要组成部分,如客户所在地域、客户所拥有的产品现状和客户的组织归属。对于客户的外在属性,概况性的数据比较容易调查,对于其消费层次可以做一个大概的了解,但是要想掌握较为详细的情况,还需要营销人员多做工作,进行大量的资料收集和调查。

对于处在大众营销阶段的企业,客户定位通常较为简单。但是,随着营销精准化的日趋盛行,客户群定位的方法也变得多样化,要通过长时间的市场营销实践研究和总结才能得出较为准确的具体定位。

案例 3-1

蜜雪冰城是怎么"火"起来的

蜜雪冰城始创于 1997 年,是集投资、连锁运营、品牌管理于一体的多元化全国型饮品连锁机构。在众多茶饮品牌当中,其以价格实惠为特色脱颖而出,旨在用低价、平价为年轻人打造新鲜美味茶饮的全国连锁品牌。

蜜雪冰城成长史

1996 年,蜜雪冰城创始人张红超来到郑州,时值炎热的夏天,张红超突发奇想把大块的冰块刨成雪花状,然后把糖浆之类的浇上去,点缀一些葡萄干、碎花生和山楂条之类的干货,再糖渍一些时令水果,又能喝又能吃,还特别冰爽。而这在当时张红超的老家郑州并不是很多,这也让他心中有了想法。后来利用毕业实习的机会,他来到商丘的刨冰一条街观摩。从小喜欢钻研的张红超沿着街喝了几家,并且一家一家地仔细观察,暗自记下配方和流程。回到家,他趁着记忆赶紧熬了糖浆浇在自己冻的冰块上,佐上新鲜水果,给奶奶做了一杯。老太太喝了赞不绝口。张红超决定,要试一试。张红超便在老家郑州当地最大的城中村开起了刨冰店——"寒流刨冰"。

在当时的社会条件下,刨冰机没有现成的卖,所以张红超只得自己买来零件组装。冰块无法自制,他就去附近的肉联厂买,但由于天气炎热,以及冰块自身的重量,往往在途中,就已经化掉了 1/3,赚取的费用却微乎其微。一年间,张红超换着方法尝试了三次,可是都以失败告终。

开在城中村的第一家店,人流虽密,但是消费能力不佳,人们尝过鲜后生意渐渐冷落下来;第二家店没开多久就赶上修路被封;第三家店张红超跟人合伙,他管销售,合伙人管账,一年下来,张红超感觉生意红火,可合伙人竟以生意不佳为由没分给张红超多少钱,两人遂不欢而散。

1999 年的春天,尝试无果的张红超又在郑州重操冷饮店旧业,并改名为"蜜雪冰城"。这次张红超考虑得十分周到,考虑到冬天没人吃冰,就做起了家常菜,价格经济实惠,生意十分火爆。哪知好景不长,当年的暑假还没过一半,市政就发了拆迁通知。到 2003 年的 4 年间,张红超先后被拆了 4 家店,往往是上一家店的废墟还没被拆迁队清理干净,张红超已经在盘算着下一家店的地址了。

2006 年,20 元一支的火炬冰激凌火爆市场,看到商机的张红超迅速加入其中,售价却仅仅两元,"极致"的价格,让蜜雪冰城爆火。2007 年,在弟弟张红甫加入蜜雪冰城后,开了第一家加盟店。到年底,蜜雪冰城加盟店达到了 36 家。

2008 年,张红超正式注册蜜雪冰城商贸有限公司,全国各地已有 180 家门店,时至今日,蜜雪冰城门店数量已突破 2 万家。

蜜雪冰城为何"出圈"

蜜雪冰城品牌有几大优势,其中之一便是其精准的定位。蜜雪冰城的目标用户是以大学生为代表的年轻消费群体,市场定位于三、四线城市,所以蜜雪冰城的门店多分布于三、四线城市的学校周边、商业步行街、城中村、车站等客流量较大的区域,这更利于品牌曝光并稳定消费者的复购率。

在业内人士看来,蜜雪冰城上市,最根本的优势在于其完备的供应链。与传统加盟模式相比,蜜雪冰城选择以原材料供应而非加盟费和经营返点作为主要营收渠道。近年来,蜜雪冰城在供应链建设上持续发力,目前已在河南、广东、辽宁等22个省份设立了仓储物流基地,并建立了基本覆盖全国的物流运输网络,未来还将构建四川成都CDC(中央仓配中心)等大型仓储系统。

对餐饮品牌而言,线上平台集聚流量,再导向线下门店是常态。但蜜雪冰城刚好反过来,其策略是将线下流量集中引向线上,实现两者的强力互补。能够这样做,旗下拥有的近万家实体门店是不容忽视的因素。与此同时,3元冰淇淋、4元柠檬水、8元霸霸奶茶……基于超低客单价商品的薄利多销策略也为它带来了更多的复购。而庞大的门店规模和高频的用户复购,让门店无形中成为可以反复触达目标消费者的空间媒体。

在蜜雪冰城内部,不同的线上平台被分为三类:一类账号包括双微、抖音、快手、视频号,团队会安排专人运营和制作内容;二类账号保持账号日常同步传送,但没有专职人员维护;三类账号仅保证在平台上有官方认证账号即可。在所有平台中,抖音被选定为主要的流量收口。从某种程度上说,蜜雪冰城在抖音上获得的超高流量并非一时崛起,而是长期运营的结果。虽然中间走了不少弯路,但结合新品上市、节点营销、抖音挑战赛等玩法,先后发起的"摇奶茶赢福袋""蜜雪冰城情侣证""万家蜜雪广告屏帮你告白"等活动,积累了近200万粉丝。长期经营积攒下的粉丝,也成了这次爆款发酵初期的杠杆。

资料来源:名创启示|蜜雪冰城是怎么"火"起来的?[EB/OL].(2023-04-14).https://mp.weixin.qq.com/s/gWo821doIz_uG1KOOg-hnw.

知识链接

3.1.1　客户生命周期

客户关系发展的阶段划分是客户生命周期研究的基础。目前这方面已有较多的研究,以Dwyer、Schurr和Oh的研究最具代表性。他们提出了买卖关系发展的五阶段模型,并首次明确强调,买卖关系的发展是一个具有明显阶段特征的过程。这一观点被广泛接受,取代了当时盛行的交易完全被看作离散事件的观点。以五阶段模型为基础,将客户关系的发展划分为考察期、形成期、稳定期、退化期四个阶段,称为四阶段模型。其中,考察期是客户关系的探索和试验阶段,形成期是客户关系的快速发展阶段,稳定期是客户关系发展的最高阶段,退化期是客户关系发展过程中关系水平发生逆转的阶段。考察期、形成期、稳定期的客户关系水平依次提高,稳定期是供应商期望达到的理想阶段,但客户关系的发展具有不可跳跃性,客户关系必须经过考察期、形成期才能进入稳定期。各阶段特征的简要描述如下。

1. 考察期

在这一阶段,双方需要考察和测试目标的相容性、对方的诚意、对方的绩效,考虑如果建立长期关系双方潜在的职责、权利和义务。双方相互了解不足、不确定性是考察期的基本特征,评估对方的潜在价值和降低不确定性是这一阶段的中心目标。在这一阶段,客户会下一些尝试性的订单。

2. 形成期

双方关系能进入这一阶段,表明在考察期双方相互满意,并建立了一定的相互信任和相互依赖。在这一阶段,双方从关系中获得的回报日趋增多,相互依赖的范围和深度也日益增加,逐渐意识到对方有能力提供令自己满意的价值(或利益)和履行其在关系中担负的职责,因此愿意承诺一种长期关系。在这一阶段,随着双方了解和信任的不断加深,关系日趋成熟,双方的风险承受意愿增强,由此双方的交易也在不断增加。

3. 稳定期

在这一阶段,双方或含蓄、或明确地对持续长期关系做了保证。这一阶段有以下明显特征:双方对对方提供的价值高度满意;为长期维持稳定的关系,双方都做了大量有形、无形投入及大量交易。因此,在这一阶段,双方的相互依赖水平达到整个关系发展过程中的最高点,双方关系处于一种相对稳定的状态。

4. 退化期

关系的退化并不总是发生在稳定期后,实际上,在任何一个阶段,关系都可能退化,有些关系可能永远越不过考察期,有些关系可能在形成期退化,有些关系则经过考察期、形成期而进入稳定期,并在稳定期维持较长时间后退化。引起关系退化的原因很多,如一方或双方经历了一些不满意、发现了更合适的关系伙伴、需求发生变化等。退化期的主要特征有:交易量下降,一方或双方正在考虑结束关系甚至物色候选关系伙伴(供应商或客户),开始交流结束关系的意图等。

3.1.2　马斯洛需求层次理论

马斯洛需求层次理论(Maslow's Hierarchy of Needs),亦称"基本需求层次理论",是行为科学的理论之一。其是由美国心理学家、人本主义心理学的创立者亚伯拉罕·马斯洛(Abraham Maslow)于 1943 年在《人类激励理论》论文中所提出的。

该理论将人类的需求分为五种,并对五种需求进行了等级的划分,即生理需求、安全需求、社交需求、尊重需求、自我实现需求,由较低层次到较高层次排列(图 3-2)。马斯洛认为,当人的低层次需求被满足之后,会转而寻求实现更高层次的需求。

(1) 五种需求像阶梯一样从低到高,按层次递升,但这种次序不是完全固定的,可以变化,也有种种例外情况。

(2) 需求层次理论有两个基本出发点:一是人人都有需求,某层需求获得满足后,另一层需求才会出现;二是在多种需求获得满足前,首先满足迫切需求,迫切需求满足后,后面的需求才显示出其激励作用。

(3) 一般来说,某一层次的需求相对满足了,就会

图 3-2　马斯洛需求层次理论

向高一层次发展,追求更高层次的需求就成为驱使行为的动力。相应地,获得基本满足的需求就不再是一股激励力量。

(4) 五种需求可以分为两级,其中生理需求、安全需求和社交需求都属于低一级的需求,这些需求通过外部条件就可以满足;而尊重需求和自我实现需求是高级需求,它们是通过内部因素才能满足的,而且一个人的尊重需求和自我实现需求是无止境的。同一时期,一个人可能有几种需求,但每一时期总有一种需求占支配地位,对行为起决定作用。任何一种需求都不会因为更高层次需求的发展而消失。各层次的需求相互依赖和重叠,高层次的需求发展后,低层次的需求仍然存在,只是对行为影响的程度会大大减小。

根据五种需求层次,可以划分出五个消费者市场。

(1) 生理需求:满足最低需求层次的市场,消费者只要求产品具有一般功能。

(2) 安全需求:满足对"安全"有要求的市场,消费者关注产品对身体的影响。

(3) 社交需求:满足对"交际"有要求的市场,消费者关注产品是否有助于提升自己的交际形象。

(4) 尊重需求:满足对产品有与众不同要求的市场,消费者关注产品的象征意义。

(5) 自我实现需求:满足对产品有自己判断标准的市场,消费者拥有自己固定的品牌,需求层次越高,消费者就越不容易被满足。

经济学上,"消费者愿意支付的价格≌消费者获得的满意度",也就是说,同样的洗衣粉,满足消费者需求层次越高,消费者能接受的产品定价也就越高。市场的竞争,总是越低端越激烈,价格竞争显然是将"需求层次"降到最低,消费者感觉不到其他层次的"满意",愿意支付的价格当然也较低。

3.2　寻找潜在客户的基本方法

任务引入

百度让销售业绩1年内增长了200%

江西本草天工科技有限责任公司在行业内非常知名,在中药及植物提纯、高纯度植物单体等专业领域很有优势。公司的研发和销售负责人王少军说:"这种背景决定了我们的客户多是在高等院校的研发机构、制药厂采购部等单位工作,这部分人群具有相当的专业知识,而且学历较高,研究生、教授比比皆是,他们在信息采集上对网络的依赖性非常强。因此,我们决定在网络营销上增加投入、多下功夫。"

在百度做推广之后,几天之内电话咨询量就多了起来,短短半年内,通过邮件往来、实地考察以及细致的商务谈判,公司成功地发展了中国台湾、美国和韩国等国内外市场的总代理商。王少军说:"以往,我们大多采用直销或是邮寄资料等营销方式。使用百度后,我们的销售额增长了200%,现在70%的业务来自百度,是百度发掘出了企业的销售潜力。"

相对于谷歌中国、雅虎中国、搜狗搜索、中国搜索、爱问等其他同行,百度是目前全球最大的中文搜索引擎,也许是因为更了解中国人的搜索习惯,其更熟悉和更能把握中国市场的趋势。

对于中小企业或是初入新市场的企业,网络推广也许是一种战略上的有效补充和完善。网络营销的优势主要表现在以下几点。

(1) 性价比高。在信息化时代,网络营销是企业推广的有效手段。

(2) 服务及时。全球经济一体化,无论是国内客户还是国外合作伙伴,通过网络都能及时交流。

(3) 网络营销符合企业对推广的直达要求。

找到客户并不是一件容易的事,它是一种需要知识、技术和持久耐心的艺术。只有通过知识的不断更新、经验的不断积累,并富有积极、坚定、恒久的信念,才能最终赢得客户的心。这就要求每一位营销人员必须掌握寻找潜在客户的知识和艺术。

本节需完成以下两个子任务。

任务 1:打造电子商务营销网络推广平台,在行业信息发布网站发布企业信息,让客户找到你。

任务 2:充分利用搜索引擎,寻找和挖掘客户,整理出某一企业的潜在客户名单。

任务分析

1. 搜索引擎优化

搜索引擎优化,又称 SEO,即 search engine optimization,它是一种通过分析搜索引擎的排名规律,了解各种搜索引擎怎样进行搜索、怎样抓取互联网页面、怎样确定特定关键词的搜索结果排名的技术。

"搜索引擎优化"是针对搜索引擎对网页的检索特点,让网站建设各项基本要素符合搜索引擎的检索原则,从而使搜索引擎收录尽可能多的网页,并在搜索引擎自然检索结果中排名靠前,最终达到网站推广的目的。

"搜索引擎优化"的主要工作是通过了解各类搜索引擎如何抓取互联网页面、如何进行索引以及如何确定其对某一特定关键词的搜索结果排名等,来对网页内容进行相关的优化,使其符合用户浏览习惯,在不损害用户体验的情况下提高搜索引擎排名,从而提高网站访问量,最终提升网站的销售能力或宣传能力。所谓"针对搜索引擎优化处理",是为了让网站更容易被搜索引擎接受。搜索引擎会将网站彼此的内容做一些相关性的资料比对,然后再由浏览器将这些内容以最快速且接近最完整的方式呈现给搜寻者。由于不少研究发现,搜索引擎的用户往往只会留意搜索结果最开始的几项条目,所以不少商业网站都希望通过各种形式来干扰搜索引擎的排序,以各种依靠广告为生的网站为甚。目前,很多目光短浅的人用一些 SEO 作弊的不正当手段,牺牲用户体验、一味迎合搜索引擎的缺陷来提高排名,这种方法是不可取的。

在国外,SEO 开展较早,那些专门从事 SEO 的技术人员被 Google(谷歌)称为 search engine optimizers,简称 SEOs。由于 Google 是目前世界上最大的搜索引擎提供商,所以 Google 也成了全世界 SEOs 的主要研究对象,为此 Google 官方网站专门有一页介绍 SEO,并表明 Google 对 SEO 的态度。

对于任何一家网站来说,要想在网站推广中取得成功,"搜索引擎优化"都是至为关键的一项任务。同时,随着搜索引擎不断变换它们的排名算法规则,每次算法上的改变都会让一些原本排名很好的网站在一夜之间名落孙山,而失去排名的直接后果就是失去网站原有的可观的访问量。所以,每次搜索引擎算法的改变都会在网站中引起不小的骚动和焦虑。我们可以说,"搜索引擎优化"也成了一个越来越复杂的任务。

搜索离不开搜索引擎,Google 的蜘蛛再厉害,也有爬不到的地方,因此多掌握一些搜索引擎就会多一分找到资源的可能。图 3-3 所示为根据 https://gs.statcounter.com/网站收集到截至 2024 年 9 月国际知名搜索引擎份额,供大家参考。

Google	bing	YANDEX	Yahoo!	Baidu	DuckDuckGo
90%	3.96%	2.35%	1.35%	0.81%	0.65%

Search Engine Market Share Worldwide - September 2024

图 3-3 搜索引擎份额

2. 利用互联网寻找潜在客户

我们通常会利用 Google、Alibaba、Baidu 这样的搜索引擎查询我们需要的相关信息。如果简单地输入关键字,搜索引擎就会给出很多网站,我们肯定是没有办法一一看完的,而且和我们要找的客户的相关性太低。

那么,应该怎样有效地使用搜索引擎寻找客户呢?随着类似 Google、Alibaba、Baidu 这样的搜索引擎明察秋毫的搜索能力和性能的不断改善,搜索引擎几乎能搜索到任何已经上网的目标客户。

下面介绍常用的查询方法。

(1) 原则上每种产品都有在销售上的相关产品。例如,你经营的产品是"监控摄像头",如果某商户采购"监控摄像头",那么很大程度上其还会采购"可视对讲"或者"数字记录设备",我们称"可视对讲"和"数字记录设备"为"监控摄像头"的紧密相关产品。那么尝试在搜索引擎中输入"可视对讲、监控摄像头",这时的结果相关性往往大大增强,而且能发现目标客户。

(2) 输入"监控摄像头",结果显示的网页通常就是某个经营者的产品网页(图 3-4 和图 3-5),如果他们卖"监控摄像头",并且他们不是生产商,那么极有可能就是一个目标客户。

图 3-4　产品网页

图 3-5　产品网页搜索

（3）在 B2B（企业对企业）网站上，通常能找到很多客户要求供应商报价的信息（图 3-6），顺着这个信息也能发现潜在客户。

图 3-6　供应商报价信息

3.2.1　寻找潜在客户的原则

没有任何通用的原则可供指导所有公司或所有销售人员寻找潜在客户。以下提出一些共性的原则,在具体销售过程中应结合实际情况灵活使用。

(1) 量身定制的原则。量身定制的原则,也就是选择或定制一个满足你自己公司具体需要的寻找潜在客户的原则。不同的公司,对寻找潜在客户的要求也不同。因此,销售人员必须结合自己公司的具体需要,灵活应对。任何拘泥于形式或条款的原则都可能有悖公司的发展方向。

(2) 重点关注的原则。重点关注的原则,即 80/20 法则,该法则指导我们事先确定寻找客户的轻重缓急,首要的是把重点放在具有高潜力的潜在客户身上,把潜力低的潜在客户放在后边。

(3) 循序渐进的原则。循序渐进的原则,即对具有潜力的潜在客户进行访问,最初的访问可能只是交换一下名片,随着访问次数的增加,可以增加访问的深度。

3.2.2　寻找潜在客户的通用方法

1. 地毯式搜索法

所谓地毯式搜索法,就是指营销人员在事先约定的范围内挨家挨户访问的方法,又称逐户访问法、上门推销法。这种方法的优点是访问范围广、涉及顾客多、无遗漏,但是这种方法也具有一定的盲目性,对于没有涉足过营销工作的人来说,运用此法最大的障碍是如何接近客户,即在客户购买商品或者接受服务之前,营销人员努力获得客户的接见并相互了解的过程。接近客户可采用如下几种方法:①派发宣传资料。营销人员直接向客户派发宣传资料,介绍公司产品或服务,引起客户的注意力和兴趣,从而接近客户。②馈赠。这是现代营销常用的接近法。营销人员利用赠送小礼品等方式引起顾客兴趣,进而接近客户。③调查。营销人员可以利用调查的机会接近客户,而且此法隐藏了直接营销的目的,易被客户接受。④利益引导。营销人员通过简单说明商品或服务的优点以及将给客户带来的利益而引起客户注意,从而转入面谈。⑤赞美接近。营销人员利用人们渴望被尊敬的心理需求,引起交谈的兴趣。需要注意的是,赞美一定要出自真心,而且要讲究技巧,否则会弄巧成拙。⑥求教接近。对于虚心求教的人,人们一般不会拒绝。但营销人员在使用此法时,应认真策划、讲究策略。

2. 中心开花法

所谓中心开花法,就是指在某一特定的区域内选择一些有影响的人物,使其成为产品或服务的消费者,并尽可能取得其帮助或协作的方法。这种方法的关键在于"有影响的人物",即那些因其地位、职务、成就或人格等而对周围的人有影响力的人物。这些人具有相当强的说服力,他们的影响能够辐射到四面八方,对广大客户具有示范效应,因而较易取得其他客户的信赖。而且这些有影响的人物经常活跃在商业、社会、政治和宗教等领域,他们可能会因为资深的财务背景或德高望重的品行而备受他人尊敬,因此如果能够得到他们的推荐,效果尤其明显。但是,在使用该法时,应注意同有影响的人物保持联系,而且当他们把你推荐给他人之后,不管交易是否成功,一定要向他们表示感谢。

3. 连锁关系链法

所谓连锁关系链法,就是指通过老客户的介绍来寻找其他客户的方法。它是有效开发市场的方法之一,而且费时不多。营销人员只要在每次访问客户之后,问有无其他可能对该产品或服务感兴趣的人就可以了。第一次访问产生两个客户,这两个客户又带来4个客户,4个又产生8个,无穷的关系链可持续发展下去,营销人员最终可能因此建立起一个自己的潜在顾客群。这种方法尤其适合保险或证券等一些服务性行业,而且这种方法最大的优点在于其能够降低营销过程中的盲目性。但是在使用该方法时需要提及推荐人,以便取得潜在客户的信任,从而提高成功率。

4. 讨论会法

所谓讨论会法,就是指利用专题讨论会的形式来挖掘潜在客户的方法。这也是越来越多的公司寻找潜在客户的方法之一。参加讨论会的听众基本上是合格的潜在客户,因为来参加的必定是感兴趣的。但是在使用讨论会法时,应注意以下几点:①地点的选择。要想最大限度增加到会人数,应选择诸如饭店、宾馆或大学等恰当地点。②时间的选择。时间的选择应注意适当原则,不宜过长,也不宜过短,以连续两天为宜,因为第一天没有时间到会的潜在客户可以在第二天赶来。③讨论会上的发言应具备专业水平,且需要布置良好的视觉环境、装备高质量的听觉设备。④与会者的详细资料要进行备案。个人资料可以通过一份简短的问卷调查获得。

5. 会议找寻法

所谓会议找寻法,就是指营销人员利用参加各种会议的机会,和其他与会者建立联系,并从中寻找潜在客户的方法。这种方法比较节约成本,但在实际运用时需要注意技巧,暂时不提或委婉提出营销意图,以免对方对你产生反感情绪。

6. 电话找寻法

所谓电话找寻法,就是指营销人员利用打电话的方式寻找潜在客户的方法。它是一种重要的营销手段,这种方法的最大优点是速度快,但是采用这种方法时一定要注意谈话技巧,要抓住对方的注意力,继而引发其兴趣,否则很容易遭到拒绝。而且通话的时机要把握一定的分寸。虽然电话营销是一种与大众接触的重要方式,但是由于它是通过非形体的声音工作的,很难有较强的说服力,因此成功率相对传统的面对面销售方式要低。

7. 函件找寻法

所谓函件找寻法,就是指以直接邮寄函件的方式来寻找潜在客户的方法,它是一种比较有效的营销方式。采用函件找寻法应注意:①最好以私人名义撰写信函,最重要的是弄清楚潜在客户的姓名。②最好在信件结尾亲笔签名,以表示对对方的尊重和重视。③重要的卖点或信息列于信尾"附言"中,因为这是被阅频率最高的地方。④尽可能说服客户立即采取行动,如某个日期前发订货享有折扣或优惠,前 100 个回信人有奖励及礼品,提供送货日期的保证、免费试用等都是有效策略。这种方法的优点是覆盖范围广、涉及客户数量大,但是由于回函率低,其成本相对较高,而且等待时间较长。

8. 资料查询法

所谓资料查询法,就是指通过查阅各种资料来获取潜在客户的方法。这些可供查阅的资料有报纸、名录和电话簿等。报纸是挖掘潜在客户信息的重要线索源之一。例如,一个新公司的开业为办公设备和家具的销售提供了机会;出生或结婚为保险提供了可能的需求等。报纸提供的销售线索无穷无尽,关键在于营销人员能挖掘出信息背后的销售机会。名录和电话簿是提供潜在客户信息的又一重要来源。还有各种各样可供查询的公开资料也都能为营销人员提供一定的有关潜在客户的线索。虽然这种方法能较快地获得有关市场容量和潜在客户的信息,而且成本较低,但时效性较差。

9. 观察法

所谓观察法,就是指营销人员通过自己对周围环境的分析和判断来寻找潜在客户的方法。例如,房地产代理商可以亲自出门寻找门前挂有"出售"字样的人家,卖天花板的营销人员可以沿街观察谁家的顶棚坏了等。同时,作为营销人员,应该随时对无意中听到的信息保持一定的敏感度,特别是在一些公共场所,如吃饭、购物和休闲场所。这种方法具有成本低等优点,但是它对营销人员的观察能力和分析判断能力的要求较高,而且要求判断尽可能客观。

挖掘潜在客户的方法除了上述的九种方法,还可以从朋友和熟人以及没有竞争关系的其他营销人员中获取相关信息,也可以通过商业展览获得资料。总之,寻找潜在客户是一项艰巨的工作任务,需要营销人员综合运用以上各种方法与技巧,才能取得最终的成功。

3.2.3 客户名单创建

运用各种方法,得到了许多客户信息。但是很明显,并不是每个人都会成为你的现实客户。因此,我们就需要对这些客户资料进行分析和研究,这就是对客户信息的整理。

通过对信息的整理和分析,你才能发现最有可能成为现实客户的潜在客户,而且会创造性地发现一些市场空白点,找到新的寻找潜在客户的途径。

整理客户信息、创建客户名单也是以客户为中心的销售方式的体现,是为以客户为中心进行销售服务的。谨记:要始终以客户为导向!

1. 名单分类

名单首先要制成卡片,然后对其分类,并区分层次。虽然每个企业所使用的方法各有不同,但一般情况下,依据性别、年龄、职业、收入阶层、商品、地区来划分,是最普遍而常用的方法。

之所以要对卡片进行分类,原因就在于要进行市场细分,针对不同的客户发出最合适的广告。例如,一般以妇女为对象的妇女用品广告,最好选出年龄为 20～30 岁的女性客户名单,发出适合该年龄段女性使用的商品广告,可以收到比较好的效果。以上班族为对象发出的鼓励储蓄的直邮广告,可以以公司为单位向其职工发送直接邮件广告,这样比较有亲切感,从而给人留下好印象。

可见,要进行成功的市场细分,就要先对名单加以分类与管理。只有进行了有效的分类,才能根据不同类别客户的消费特性、购买习惯和方式,与之进行最适宜的沟通。例如,眼镜行的客户名单上有一栏记录,表明该客户在某年某月某日配了什么样的眼镜,可根据这项资料适时发出一些信息:"对于新配的眼镜感觉如何?""你所配的眼镜已满一周年了,请让我们为你做一周年的售后服务。"这时候,如果建议客户更换新眼镜,则较易被客户接受。此外,如果是汽车销售公司,就可以按照汽车卖出的日期来分类,如此一来,在车辆检验到期的时候,就可以发出直邮广告或与车主用电话联系。

2. 名单的修整

已经制好的名单卡片,会因为客户的某些变化而失效,所以有必要不断对名单加以追加、订正、删除。从工作的难度来看,追加客户轻松而容易,而订正及删除客户的工作则较为困难,因此容易被忽略。

要将客户从名单上删除,到底应该依照什么样的标准,实在很难把握。以某女性鞋店为例,鞋店营销人员在联系不上的客户的资料卡上每 6 个月画 1 条红杠,画满 5 条红杠,也就是两年半的时间,就删除该资料卡。该鞋店的客户多半是年轻女性,经常因结婚等因素而变更住址,而因住址不详退回的邮件每年高达 12%,所以需要将这样的资料卡删除。实践表明,经常修整的名单较之漫不经心的名单回应率要高出 24%。

有时候,即使企业的客户名单上有 5 万人,但因企业的营销预算与其他因素的限制只能给其中的 2 万人发出营销广告。这时,如果在建立卡片时加上等级分类,按照客户购买可能性的大小,将其分成几个等级,把广告发给那些最有可能购买的人,对他们进行广告宣传,营销会取得更好的效果。

需要说明的是,在删除资料卡时,除了住址不详而退回的资料一概删除之外,因为效率差而删除的卡片不必急着丢弃,可以把它们保管起来以备将来使用。

案例 **3-2**

吉列公司市场调查

男人长胡子,因而要刮胡子;女人不长胡子,自然也就不必刮胡子。然而,美国的吉列公司却把"剃须刀"推销给女人,居然大获成功。

吉列公司创建于 1901 年,其产品因使男人刮胡子变得方便、舒适、安全而大受欢迎。进入 20 世纪 70 年代,吉列公司的销售额已达 20 亿美元,成为世界著名的跨国公司。然而吉列公司的领导者并不满足,想方设法继续拓展市场,争取更多用户。就在 1974 年,公司推出了面向妇女的专用"刮毛刀"。

这一决策看似荒谬,却是建立在坚实可靠的市场调查的基础之上的。吉列公司先用一年的时间进行了周密的市场调查,发现在美国 30 岁以上的妇女中,有 65% 的人为保持美好形象,要定期刮除腿毛和腋毛。这些妇女之中,除使用电动剃须刀和脱毛剂之外,主要靠购买各种男用剃须刀来满足此项需要,一年在这方面的花费高达 7 500 万美元。相比之下,美国妇女一年花在眉笔和眼影上的钱仅有 6 300 万美元,染发剂 5 500 万美元。毫无疑问,这是一个极有潜力的市场。

根据市场调查结果,吉列公司精心设计了新产品,它的刀头部分和男用剃须刀并无两样,采用一次性使用的双层刀片,但是刀架则选用了色彩鲜艳的塑料,并将握柄改为弧形以利于妇女使用,握柄上还印压了一朵雏菊图案。这样一来,新产品立即显示了女性的特点。

为了使雏菊刮毛刀迅速占领市场,吉列公司还拟定几种不同的"定位观念"到消费者之中征求意见。这些定位观念包括:突出刮毛刀的"双刀刮毛",突出其创造性的"完全适合女性需求",强调价格的"不到 50 美分",以及表明产品使用安全的"不伤腿"等。

最后,公司根据多数妇女的意见,选择了"不伤腿"作为推销时突出的重点,刊登广告进行刻意宣传。结果,雏菊刮毛刀一炮打响,迅速畅销全球。

资料来源:美国吉列:把"刮胡刀"推销给女人,逆向思维居然大获成功![EB/OL].(2020-03-25). https://www.163.com/dy/article/F8J3UO6405169V47.html.

吉列公司市场调查这个案例说明,市场调查研究是经营决策的前提,只有充分认识市场,了解市场需求,对市场作出科学的分析和判断,决策才具有针对性,从而拓展市场,使企业兴旺发达。如果寻找潜在客户群的较详细需求,需要对潜在客户市场进行调查,为开展市场调查,需先设计调查表并开展调查行动,在调查的基础上进行资料整理与分析。

3.3 接近潜在客户

任务引入

接近潜在客户情景

销售人员:您好,麻烦您接总务处陈处长。

总务处:你好,请问你找哪位?

销售人员:麻烦请陈处长听电话。

总务处:请问你是……

销售人员:我是大华公司业务主管王维正,我要和陈处长讨论有关提高文书归档效率的事情。

陈处长：你好。

销售人员：陈处长，您好。我是大华公司业务主管王维正，本公司是文书归档处理的专业厂商，我们开发出一项产品，能让用户在 10 秒钟内找出档案内的任何资料，相信将使贵公司的工作效率大幅提升。

陈处长：10 秒钟，很快呀！

销售人员：处长的时间非常宝贵，不知道您下星期二或星期三哪一天方便，让我向您说明这项产品。

陈处长：下星期三下午两点好了。

销售人员：谢谢陈处长，下星期三下午两点的时候准时拜访您。

开发新客户的关键是将"潜在客户"提升为"客户"。电子邮件、销售信函或展会的邀请函等，都是销售人员接近潜在客户的手段，都是赢得面谈机会的方法。

对善于利用电话的销售人员而言，电话是一件犀利的武器，通过电话能赢得与客户见面的机会。我们要善于通过电话获得与客户面谈的机会。

本节需完成以下两个子任务。

任务 1：电话接近客户，争取见面的机会。

获得与客户的面谈机会是取得客户订单的关键。通过打电话与客户建立联系，进而获得面谈的机会是很重要的。

任务 2：直接拜访客户，巧妙化解第一次与客户见面时遇到的困难。

在面谈中，你一定要既迅速又明确地把"我能够给你带来好处"或"我能够替你解决难题"的信息传达给客户。

任务分析

1. 电话接近客户

大多数销售员总想在极短的时间内推销出自己的产品，但是缺乏必要的准备。在和客户第一次接触时，尤其是在电话接触时，销售员必须有充分的心理准备，也应该准备好简练而精彩的产品介绍。与客户初次接触，准备得是否充分，结果将会大不一样。然而，大多数的销售员总想在很短的时间内打出尽可能多的陌生拜访电话，为此往往缺乏准备而盲目地打电话，而这正是寻找潜在客户最坏的方法（图 3-7）。以客户为中心的销售方式需要销售员在打电话之前花费更多的精力，更积极地去准备。

图 3-7　提醒

　　(1) 克服紧张感。克服打电话时的紧张感,要做到两个方面。一是真正抱着以客户为中心的态度。在打电话时要记住:你不是在向客户推销产品,而是在努力地帮助他们,帮助他们找到解决问题的方案。二是成批成批地打拜访电话。一次给几个潜在的客户打电话,不要有间歇。这样,紧张情绪会得到缓和,因为会有一种心理暗示:即使第一个电话不成功,后面仍然有好几个电话可以打。

　　(2) 克服挫折感。做销售工作的人随时随地都面临挫败感的袭击,但是要想成功就必须克服这种感觉,缓解自己的心理压力。如果第一次的电话没有给你下一步面谈的机会,就把这次电话忘了,轻松地去打下一个电话。

　　(3) 注意语调和语速。开始说话时,语调和语速往往比话语本身更重要,要特别注意语调和语速,应该说得慢而清楚。还要注意自己的声音是不是令人愉快,声音要自信,语速要合适,这样客户才不容易产生拒绝心理。

　　(4) 尽快做一段简短而精彩的产品陈述。打销售电话时,在保证语调和语速的前提下,尽快做一段简短而精彩的产品陈述。要将自己的产品、项目或活动等方面的情况阐述清楚,让客户明白,这样客户才有可能对你的推销产生兴趣(图 3-8)。

引起客户兴趣的陈述方式:
➤ 通过提及介绍人引起客户兴趣
➤ 通过提到客户所得到的利益建立信任
➤ 依靠共同性引起兴趣
➤ 通过特别关注引起兴趣
➤ 通过潜在客户所认识的名字引起兴趣
➤ 通过成功的故事引起兴趣

图 3-8　引起客户兴趣的陈述方式

　　(5) 坚持自己的目标,不要太早结束。在电话拜访中,客户往往会更容易发出拒绝的信号,而这未必是真意。销售员在打电话之前要准备好多种尝试。在客户表示拒绝时要坚持自己的目标,不要结束得太早,尽量将自己的尝试付诸实施。

　　情景片段

　　陈树:您好,捷迅彩印中心的李主管吗?(声音自信,语速合适)

　　李主管(忙着别的事情):是,你哪里?

　　陈树(富有感染力的声音说):我是奥迅打印机公司的。现在我们公司研制出一种打印速度和效果都比市场上同类产品要好的打印机。为了做好新产品宣传,我们开展了一个活动,就是以八折价优惠,并且可以实行分期付款。

　　李主管(停下手里的工作,表示感兴趣):是这样啊,我们正需要打印机,但是我们有固定的供应商。

　　陈树:那没有关系,我可以把打印样品带给您看看,买不买都没有关系,我们希望更多的人知道我们的产品。

　　李主管:那……好吧,明天下午 3 点可以吗?

陈树(脸上露出笑容):当然好,明天见。

点评:在这个事例中,陈树在打销售电话时注意了语调、语速,而且做了很好的产品陈述,还准备了多种尝试,能够坚持自己的目标,所以赢得了一次机会。

请将下面左边的陈述内容和右边相应的陈述方式用线连起来。

A. 是叶先生建议我打电话给您,他对我们的产品非常喜欢,而且对我们的售后服务很满意。听说您也需要一些耳机,他就让我和您直接联系。

B. 客户使用我们的发动机,在两年里都不需要维修,5 年内也不会有大的质量问题,所以用得都非常放心。

C. 我知道您属于南方城市的企业协会,我去年搬到这座城市后也加入了这个协会。

D. 针对您这样有特殊需要的顾客,我们专门有一套特殊的售后服务系统,完全可以满足您的购后服务需要……

E. 我们的零件供应商是著名的安特公司,它提供给我们的发动机零件质量都是非常过硬的,我们的供应商都是这么著名的企业,您应该能信任我们发动机的品质。

F. 在短短一个月里,惊涛公司因为使用了我们的打印机,图片销售量就增加了 30%。

依靠共同性引起兴趣

通过潜在客户所认识的名字引起兴趣

通过提及介绍人引起客户兴趣

通过成功的故事引起兴趣

通过特别关注引起兴趣

通过提到客户所得到的利益建立信任

2. 电话拜访应避免的行为

在利用电话获取面谈机会时,目的明确、语言简练是十分重要的原则。以下两种做法往往会导致拜访的失败。

(1)讨论商业细节。商业细节应在与客户面谈时讨论,要避免在电话中与客户讨论细节问题。如果客户提出了如产品报价之类的细节问题必须要回答,也要尽量简练。

(2)向关键人物询问琐碎的信息。向关键人物询问琐碎的信息往往容易引起对方的反感,导致拜访失败。例如,需要向对方邮寄一些资料时,向关键负责人问一些地址、电话等琐碎的信息是不明智的。如果确实需要此类信息,可以通过其他方式得到,如通过客户的前台。

3. 直接拜访客户

直接拜访有两种形态:一种是事先和客户约好会面的时间,这种拜访是有计划性的。拜访前因为已经确定要和谁见面,所以,能充分地准备好拜访客户的有关资料。另一种是预先没有通知客户,直接到客户处进行拜访,这种方法就是"扫街"。

初次拜访客户有以下九大注意事项。

(1)外观形象是一张通行证。人的外观也会给人暗示的效果,因此,要尽量使自己的外观给初次会面的客户留下一个好印象。

一个人面部的眼、鼻、嘴及头发都会给人以深刻的印象,虽然每个人的长相都是天生的,但是你也能做相当程度的修饰。例如,有些人的眼神冷峻或双眼大小不一,会给人不愉快的观感,此时,可以利用眼镜把这些不好的地方修饰好。洁白的牙齿能给人开朗、纯净的好感,鼻毛露出鼻孔给人不洁的感觉,头发散乱让人感到落魄。其他如穿着打扮也是影响第一印象的主要因素,特别是衬衫的第一颗纽扣一定要扣牢,领带才不会歪斜、松脱。一个衣着不整的人,怎么能获得别人的信任呢?或许有人认为这些都是小节,觉得自己超强的专业知识能带给客户最大的利益,客户应该重视的是自己的内涵,而不应以貌取人。话虽这么说,但客户购物的决定往往受感观因素左右。而且,销售员良好的外观形象是他的一张通行证,没有这张通行证,客户甚至连与他沟通的机会都不会给,又怎么去了解他"超强的专业知识"呢?

(2)礼貌能换回尊重。好的装扮,若能加上好的礼仪,将更能赢得客户的好印象。礼貌表示对客户的尊重,你能尊重客户,客户也必能尊重你。销售员出门前,要养成检查名片夹内是否有名片的习惯。名片的递交方法是,将各个手指并拢,大拇指轻夹着名片的右下角,递交于对方的胸前,拿取名片时要用双手。拿到对方名片后,要轻轻地念出对方的名字,以让对方确认无误,然后放置于自己的名片夹内。握手能表达你的自信和能力。当然,有的人或有的场合不适合握手,也有些人不愿意握手。握手在大多数场合都是合适的,但要正确掌握其要点。在握手过程中,你能感受到对方的态度。

(3)选好拜访时间。优秀的销售员应选择什么时间作为拜访客户的最佳时机呢?如从事青菜和鲜鱼的零售业者,一大早必须到市场去进货,回来后又要准备展示及出售,所以上午不适合前往访问此类客户;而到了黄昏时刻,顾客不断增加,这是他们一天之中最忙碌的时候。因此,销售员应选择中午或晚饭之后去拜访,才不会引起客户的反感。假如访问对象是医院,则午休时间及晚上诊疗结束后是最适当的访问时间。销售员若不考虑客户是否方便就贸然前去拜访,通常会遭遇失败。

曾有一位销售员到某家饮食店拜访,他前往数次,那位老板不是避而不见就是告诉他:"现在很忙,请改天再来。"如此一而再、再而三地找各种借口推却。有一天,销售员对老板说道:"老板,不管你多么忙碌,晚上总能抽出时间吧?"老板回答说:"晚上是有一点时间。"于是这位销售员便告诉他:"好,那么我晚上再来。"怀着半信半疑的心理,他在深夜12点再度来到这家饮食店,结果发现那位老板果然在等他,于是商谈顺利地展开。由此可见,如果想获得客户的好感,千万不能仅以自己的工作方便来考虑,必须配合客户的时间去拜访。

(4)用赞美架通桥梁,让客户产生优越感。赞美别人也是一种美德,但最好不要说那些不是出于内心的话。当你认为这样赞美最恰当时,那就赞美他几句,这就是所谓极好的赞美时机。如果你的赞美有根据、发自内心,对方的自尊心被你所承认,那么他一定会非常高兴。每个人都有虚荣心,让人满足虚荣心的最好方法就是让其产生优越感。但并不是每个人都能功成名就,相反地,大部分人都过着平凡的日子。每个人平常都承受着不同的压力,处处听命于人。虽说常态如此,但是绝大多数人都想尝试一下优于别人的滋味。因此,这些人会比较喜欢那些能满足自己优越感的人。

巧妙地恭维固然能满足一些人的优越感,但也有弄巧成拙的时候。让人产生优越感最有效的方法是对于他自傲的事情加以赞美。若客户穿着讲究,你可向他请教如何搭配衣服;若客户是知名公司的员工,你可表示羡慕他能在这么好的公司上班。

客户的优越感被满足了,初次见面的警戒心自然也消失了,彼此的距离也拉近了,双方的好感便向前迈进了一大步。

（5）记住客户的名字和称谓。销售员在面对客户时,若能流利、持续地以尊重的方式称呼客户,客户对你的好感也将越来越浓。专业的销售员会密切注意潜在客户的名字有没有被报刊报道,若你能带着有潜在客户报道的剪报拜访初次见面的他,他能不被你感动吗？能不对你心怀好感吗？

（6）塑造专业形象。一位有数十年教学经验的老师面对一群新学生时,往往会情不自禁地联想到他曾经教过的学生；刑警对人的判断,往往把以往接触过的犯罪者当作衡量的尺度；银行家会依据以往接触客户的经验而判断初次见面人的信用好坏。虽然都知道凭印象判断是不客观的,但很少有人完全不受影响。因此,塑造专业销售员的可信赖印象是让客户产生好感的一种方式。专业销售员的形象在初次见面前就可营造,如初次见面前电话约定时表现出的专业技巧；电话约定日期若间隔 3 天以上,可先发一份销售邮件,在见面前再确认见面时间及感谢客户抽时间见面；也可寄上一份公司简介让客户先了解你的公司。这些都能让客户感受到你是非常专业的销售员。

（7）注意客户的情绪。生理周期、感情、工作压力都会影响一个人的情绪。人的情绪都有高潮期和低潮期,客户情绪的变化是你无法事先拿捏的。因此,当初次面对客户时,如果察觉到客户陷入情绪低潮,注意力无法集中,你最好体谅客户的心境,约好下次会面的时间后,迅速、礼貌地告退。

（8）替客户解决问题。几年前许多文书都是大八开尺寸的,一般复印机复印这种文书时,只能用 A3 纸复印后再裁剪,非常不方便。各家复印机厂商的销售员都很清楚这个问题,但复印机都是进口的,国外没有大八开的需求,因此没有大八开的纸供复印用。

某复印机厂商的一位销售员知道上述问题后,他在拜访某公司负责复印的主管前,去找本技术部的人员,询问是否能修改机器,使机器复印大八开的文书。技术人员知道了这个问题,略微研究后,发现某种型号的复印机只要稍做修改即可复印大八开纸。销售员得到这个信息后,见了那些分管此事的客户,表示特别愿意替他们解决大八开的复印问题。客户听到后对那家厂商产生了好感,在极短的时间内,这种型号的复印机就成了这家公司的主要产品。

销售员在与准客户见面前,最好能事先知道客户面临哪些问题,有哪些不利因素在困扰着他。销售员如能以关切的态度站在客户的立场,表达对客户的关心,让客户感受到愿意与他共同解决问题,必定会赢得客户的好感。

（9）利用小赠品赢得客户的好感。一些儿科的名医都有一个特性,他们除了医术好以外,还懂得与小朋友沟通。要做有效的沟通,他们第一步是要赢得小朋友的好感。如何迅速地获得小朋友的好感呢？大多数医生准备了许多送给看病小朋友的新奇贴纸。这样一来,医生就不再是打针的叔叔阿姨,而是送贴纸的叔叔阿姨。小赠品的价值虽不高,却能发挥很大的效力。同样地,不管拿到赠品的客户喜欢与否,至少表达了对客户的一种感谢接见的心意和尊重。相信每个人受到别人尊重时,内心的好感一定会油然而生。这会让初次见面的客户对你产生良好的第一印象。

上述九大注意事项的出发点不外乎"尊重、体谅、令别人快乐"——只要你从这三个出发点思考,相信你会发现并拥有更多让客户对你产生好感的方法。

🔍 **知识链接**

3.3.1　潜在客户评估

大量的潜在客户并不能转变为目标客户。获得潜在客户名单仅仅是营销人员销售过程的开始阶段,因此,需要对潜在客户进行及时、客观的评估,以便从众多的潜在客户名单中筛选出目标客户。作为优秀的营销人员,需要掌握潜在客户评估的一些常用方法,这些方法可以帮助营销人员事半功倍地完成销售任务。

在挑选、评估潜在客户之前,营销人员需要弄清楚三个问题:一是你是否能够满足潜在客户的需求;二是在你满足其需求之后,这些潜在客户是否具有提供适当回报的能力;三是你所在公司是否具有或能够培养出比其他公司更能满足这些潜在客户需求的能力。

1. 帕累托法则

帕累托法则,即 80/20 法则,这是意大利经济学家帕累托于 1897 年发现的一个极其重要的社会学法则。该法则具有广泛的社会适用性,如 20％的富人拥有整个社会 80％的财富,20％的客户给公司带来 80％的利润。帕累托法则要求营销人员分清主次,锁定重要的潜在客户。

2. MAN 法则

MAN 法则在前面已提到,它对于引导营销人员如何去发现潜在客户的购买能力、购买决定权以及需求至关重要。营销人员可以从三个方面来判断某个人或组织是否为潜在客户:一是该潜在客户是否有购买资金(M),也就是有没有购买力或筹措资金的能力;二是该潜在客户是否有购买决定权(A),即你所极力说服的对象是否有购买决定权;三是该潜在客户是否有购买需要(N),在这里还包括需求。普通的营销人员总是去满足需求,而优秀的营销人员则是去发现需求、创造需求。

3.3.2　潜在客户的管理

优秀的营销人员懂得如何管理好潜在的客户资源,他们既不会在永远无望的客户身上浪费时间,也不会放过任何一个捕捉重要客户的机会。营销实践表明,营销人员对潜在客户的管理主要从紧迫性和重要性两个方面入手。

1. 紧迫性

紧迫性描述潜在客户在多长的时间内作出对公司的产品或服务的购买决定。客户决定的时间根据行业的不同存在较大差异,在一些行业,在 1 个月内能作出购买决定的潜在客户,称为渴望型客户;在两个月内能作出购买决定的潜在客户,称为有望型客户;在 3 个月内能作出购买决定的潜在客户,则称为观望型客户。优秀的营销人员会根据客户的不同类型,安排不同的拜访频次和拜访深度。

2. 重要性

重要性描述潜在客户可能购买公司产品或服务的数量的多少。虽然每个潜在客户对营销人员来说都是非常重要的,但根据 80/20 法则,优秀的营销人员更应该关注能带来 80％利润的 20％的关键客户。为此,可以根据公司的业务情况,将客户分为三类:首先是关键客户,这类客户需要营销人员投入更多的时间和精力增加访问频次,提升访问深度;

其次是重要客户,这类客户应该安排合适的访问频次和内容;最后是一般客户,这类客户维持正常的访问频次与内容即可。

3.3.3　把线索客户变为真正的客户

状态的变化是企业不断了解并力求控制的,线索状态的合理变化和合理引导,是提升销售能力的关键点。

很多企业都存在一个共性问题,即没有一个有效的工具系统地管理企业有价值的线索客户,没有把线索客户变为实际客户的能力。每家公司都有自己的活动和宣传,市场部门所做的工作就是通过宣传,尽可能地去寻找更多的潜在客户,接下来如何对这么多的线索客户进行甄别跟进,如何把这么多的线索客户尽可能地转变为实际客户,成为企业不可或缺的资源等,大多数企业没有切实可行的办法,更多的是依靠销售人员自己的能力和经验。

潜在客户是客户的一种状态,CRM 一般使用客户类型来区分潜在客户、意向客户和购买客户等状态。对于潜在客户为什么单独拿出来进行管理?因为潜在客户是客户挖掘、客户获得、客户细分和市场活动的主要目标受众,企业的市场活动首先要确定目标潜在客户群体,其次通过市场活动产生一批线索客户,将这些线索客户分配到销售部门继续进行跟踪、跟进,从而使企业对市场活动进行闭环管理。线索客户从哪里来?怎么变化?变化成什么状态?这些问题都是 CRM 对线索客户进行管理过程中所体现出的关键点。

在潜在客户管理中,我们首先要识别潜在客户,通过潜在客户产生线索,跟踪捕捉潜在客户的详细信息,其次要对线索质量进行评估,在时机成熟的时候将线索分配给相关部门(如销售部),把潜在客户变为可销售的线索客户,由销售部门进行销售机会的跟踪与管理,最后通过销售机会的结果对线索的反馈效果进行管理。当然,销售人员也是可以从多个市场活动过滤、筛选线索作为产生销售机会的来源。就 CRM 系统功能而言,线索的分配就是通过线索自动产生联系人(客户)或者销售机会,在分配过程中选择客户的所有者权限,后台将建立该联系人或销售机会与线索的关联关系。记录线索客户的响应时间和每一次的交往过程是关键环节。对响应状况和交往过程的评估意味着什么?它意味着有些响应和交往过程是有效果的,而有些则是无效的。许多问题的分析将有助于销售线索转变为销售订单。

总之,业务活动的状态可以分为两类:静态的和动态的。作为市场和销售的连接环节,线索的状态也是动态的。在市场活动开始的时候,产生了线索,而这时候线索的状态是未经整理的;在市场活动结束或者销售部门进行抽取分析之后,线索的状态是可使用的;在跟踪线索并产生销售机会时,线索的状态就已经结束,转换为联系人或销售机会了。

案例 3-3

通过顾客体验提升顾客服务

Westin 酒店在住客信息数据中发现 80% 的住客均为住宿 1~2 晚的商务人士。面对酒店行业日益激烈的存量竞争,Westin 酒店运用客户体验管理(customer experience management,CEM)系统,通过 8 个场景,如入住、客房体验、餐饮、设施、SPA 健身等,以及 24 个题组随机发送顾客体验反馈和数据建模分析,结果发现有两项服务内容与顾客满意度具有真正高度相关的因果关系。Westin 酒店通过改善这两项服务,整体满意度从 7.25 增长为 8.6,NPS(净推荐值)提升 12%,成为万豪系酒店中复购率最高、顾客忠诚度最稳定的子品牌。

梳理企业业务流程,搭建完整的顾客体验管理指标体系,是顾客体验管理的第一步也是最重要的一步。应基于企业业务流程,以"定性+定量"方法等将测量误差降至最低,为企业搭建覆盖顾客全生命周期的测量体系,帮助企业找到提升顾客服务的重点突破口。

资料来源:4 个小故事告诉你如何提供良好顾客服务[EB/OL].(2020-12-04). https://baijiahao.baidu.com/s? id=1685150931320770220&wfr=spider&for=pc.

📖 思考与讨论

1. 我做电子半成品业务,已经收集到了很多客户邮箱,每隔半个月群发一次客户开发信,大多数客户会有阅读回执,但是都没有任何附加邮件。很多大客户差不多有稳定长期的供应商,也有客户回复我,"下一次不要在向别家下了订单后再来报价"。发展潜在客户真的很难!

分组讨论:怎样才能更好地筛选潜在客户?

2. 前述几种挖掘潜在客户的方法可能仍有不足,根据本公司具体产品特性和经营形式,开发其他寻找潜在客户的渠道。

📖 实训题

实训 3-1　客户需求调查表设计与分析

主题:客户需求调查表设计与分析

完成这些练习后,学员将能够:

(1) 根据所学知识设置调查表;

(2) 对客户消费行为和需求偏好深入了解并制作分析报告。

第 2 章你已制订了一个简要的产品(服务)营销计划,但还不能十分确定你的潜在客户群的较详细需求,于是你决定对你附近的个体户等小老板进行有关产品(服务)的市场调查。先设置调查表,然后进行市场调查,你可设置桌面调查(线上)与实地调查(线下)两种方式进行。

请在开展详细调查后列出客户需要的分析报告。

1. 客户需求调查表的设计

(1) 认真分析你所制订的营销计划,你的客户所在行业是什么?

(2) 客户针对你所提供的产品(服务)的主要需求有哪些?

(3) 你的行动区域包括哪些地区?

2. 客户需求调查

(1) 在完成相应调查表后,在你的行动区域开展调查。

（2）对回收的调查表进行整理。

3. 根据以下市场基础信息，提交你所做的客户关系管理项目的客户需求分析报告

市场基础信息如表 3-2 所示。

表 3-2　市场基础信息

购买者信息	竞　争　信　息	产品或服务信息
年龄		优势
收入		价格
性别	市场份额	服务
职业	广告计划	设计特点
偏爱的媒介	定价策略	何处卖过
何时购买	分配	包装
怎样购买	经营时间	怎样使用
购买什么		使用量
习惯、爱好		做何改进

实训 3-2　做一次电话拜访

主题：做一次电话拜访

完成这些练习后，学员将能够：

（1）了解电话沟通常识；

（2）了解电话接近客户应注意的问题；

（3）提升通过电话接近客户的技巧。

许多公司会通过电话拜访来筛选潜在客户，如受访者一听是要做电话访问，不是把电话挂掉，便是推说没空。电话拜访人员不可因被挂几次电话而沮丧，当碰到受访者语气不好时，更应耐心、和气，不要受这种情绪波动的影响，礼貌性地将电话挂掉，并重新拟定下一次电话拜访日。遇到滔滔不绝的受访者，切记不要与对方扯远，应尽快切入访谈重点，婉转暗示对方此次电话拜访的目的，并适时结束通话。

案例分析

如何跟进大的潜在客户

这个客户是我在展会上认识的，当时他对我们的产品表示了浓厚的兴趣，并下了12 个样品订单，这在我们公司还是第一次。这个客户很大，在美国有 1 000 多家店，很多大公司都是他的客户，如果这个订单可以谈下来的话，就是好几百万美元的生意呢。

展会结束后，我马上把在展会上的谈话、报价等资料整理好，发给客户，第三天收到了回信。客户收到样品后，要求我给他一个正式报价（formal quotation）。我感到很困惑，因为报价一开始就发给他了，但当时发的是平常的报价。由于当时他说要做独家代理，我就在想是不是要按这个条件来发报价呢？大家都知道做独家代理是有很多东西要谈的，不是只有价格这一项。于是我又把之前给他的报价发给了他，并告诉他这个是按照我们

的 MOQ(最小起订量)来报的。关于独家代理,我们还有很多要谈,所以到时候再来协商价格,并信心满满地告诉他,我们一定在价格、质量、交货期上支持他,并且顺便问了一下,大概有个什么样的量。于是客户回复我说他一定在量上面支持我,还说一定会有个相当大的数量(significant quantity)。

由于老板说我们的产品在客户那里是有竞争力的,要摆高姿态,于是我稍微吹嘘了我们的产品,说跟那些国际大品牌的质量是一样好的。然后客户有力地回击了我,说我们的质量很不好,还列出了几个毛病,并要求我们给出一个好的价格。不过,我知道产品并没有客户说的那么糟糕,对于产品我一直都很有信心。相信客户说那些缺点,应该就是为了得到一个好的价格。于是我跟老板说,开始跟客户谈独家代理的事情,谈合作方式、时间、数量、价格等。老板说先不要谈,让客户给出一个数量再来谈。我只能在产品上跟客户纠缠了,可后面发给客户的邮件,他都没有回复我。

我真的很困惑,我自己感觉这个客户是很有质量的。可是当所有的样品都寄出去之后,竟然没了回音。哪里出了错呢? 我现在该怎么跟这个客户联系呢? 客户现在最关注的到底是什么? 质量已经知道了,是价格吗? 花了这么多精力跟进的客户,不希望就这样没了音信。

问题:如果是你,会如何跟进大的潜在客户?

即测即练

第 **4** 章

客户信息管理

学习目标

（1）熟悉客户信息采集和建立客户档案的方法与步骤；

（2）熟悉客户资料分析的内容；

（3）掌握客户细分方法；

（4）掌握获取客户信息的途径，及时在CRM中建立、更新客户档案；

（5）能够对客户资料进行分析，针对不同客户采取不同的管理方式；

（6）能够在CRM中实现客户细分操作。

4.1　建立客户档案

任务引入

知彼知己——设立客户档案卡

庄学忠先生是南洋商贸公司的总裁。因为业务关系，他经常到苏州出差。每次到苏州，他必定下榻蓝天大酒店。这一点颇令他的朋友们纳闷：凭庄先生的财力和身份，完全可以入住四、五星级的高档酒店，为何独钟情于三星级的蓝天大酒店？其实庄先生只是蓝天大酒店庞大的客户网络中的一员。自5年前开业至今，几乎每一个入住、光临过蓝天大酒店的顾客都很快成为蓝天大酒店的忠实拥护者。庄先生预备来苏州时，一个预订电话，报上姓名，一切手续就都已安排妥帖，而且会有意想不到的特殊安排在等候着他。蓝天大酒店的奇特现象引起了人们的关注，作为苏州酒店的佼佼者，它成功的奥妙何在呢？

蓝天大酒店的营销总监梁先生为公众揭开了谜底：顾客是酒店的客户，也是活生生的有七情六欲的人。酒店与客人之间不能只是一种商业交往的经营行为，更重要的是人与人之间的情感沟通，要真正做到宾至如归，必须对客人的喜好、习惯、消费需求等特殊的个性化信息了如指掌，在此基础上提供的产品和服务就有明显的针对性，从而获得顾客的好感。每一个入住"蓝天大酒店"的客人，尤其是那些入住次数较多的熟客，在我们营销部都有一份详细的资料档案卡。档案卡上记载着顾客的国籍、职业、地址、特别要求、个人爱好、喜欢什么样的娱乐活动、饮食口味和最喜欢的菜肴、酒水等。对于入住频繁的客户，甚至连他喜欢什么样的香波、摆什么样的花、看什么报纸都有专门的记载。

　　庄学忠先生是酒店的老客户,每次他预订房间后,酒店就根据他的资料卡显示的情况,为他安排靠近西村公园的房间,号码是他的幸运数字 16;再在房间里摆上总经理亲笔签名的欢迎信,旁边摆着他最喜欢的康乃馨鲜花篮。他听力不好,电话铃声需调大,卫生间里换上茉莉花型的沐浴液,浴巾要用加大型的。他是一个保龄球迷,每逢酒店有保龄球晚会,绝对不会忘记通知他。

　　对客人情况的收集,来源于全体员工细致投入的服务。例如,餐厅服务员发现某位客人特别喜欢吃桂林腐乳,就将这个信息传递给营销部,存入资料库;下次该客人再来时,计算机里便会显示出这一点,餐厅就可以迅速作出反应。所有这些,都无须客人特别叮嘱,当他再次光临时,他便能惊喜地发现,蓝天大酒店这么神通,什么都替他想到了。久而久之,他也就成了酒店的常客。

　　酒店就是一个浓缩的小社会。在这个小社会里,所有光顾消费的客人既有共同的特性和需求,又各有特点;他们对于酒店提供的服务既有相同的要求(服务热情、周到、规范),又有不同的个性化要求,这是由他们不同的个性特点决定的。要想超越服务的现有水平,提供富有针对性的服务,就必须深入了解每位客户的需求特点。

　　了解客户的需求特点,是提供个性化服务的基础。在实践中,我们往往发现,由于企业客户数量很多,而他们的要求和特点又五花八门,客户服务人员感到千头万绪,能按程序和规范要求做好分内工作就已经不错了,如果还要充分照顾到客户的个性化要求,则心有余而力不足。

　　解决这个问题的最好办法就是建立客户信息档案,将日常工作中收集到的有关客户的资料全部以信息的形式、制度化的规范文本记载下来。对于那些力图做好市场营销、使服务工作更有成效的企业来说,客户信息档案是一个珍贵的工具。同时,建立客户信息档案,拥有全面、详尽的客户资料有助于提升企业经营决策的科学性。具体到操作上来说,各部门、各工种的服务人员将对某位客户的认识集中汇报给营销中心,营销中心再将所有关于该客户的信息资料汇总到其档案卡上,备录下来,并输入客户资料库。在以前,这类工作大都是通过手工操作来完成的,速度慢、工作量大、管理困难、调用不方便,随着计算机和信息技术的普及与应用,这个难题已经得到了极大的改善。无论是从竞争的需要来看,还是从现实的硬件条件来看,建立客户信息档案都是十分必要而又力所能及的。

　　本节需完成以下两个子任务。

　　任务 1:采集客户信息。

　　充分收集客户资料之后,营销人员才能了解客户的基本需求,才可以进行销售。例如我们要了解:客户是什么样的客户? 规模有多大? 员工有多少? 一年内采购类似产品的预算是多少? 这些都是客户背景资料。

　　客户背景资料包括以下几个方面的内容:

　　(1) 客户组织机构;

　　(2) 各种形式的通信方式;

　　(3) 区分客户的使用部门、采购部门、支持部门;

　　(4) 具体使用产品(或服务)的维护人员、管理层和高层;

　　(5) 同类产品的使用情况;

　　(6) 客户的业务状况;

　　（7）客户所在行业的基本状况；

　　……

　　任务 2：建立客户档案。

　　建立客户档案是将客户的各项资料加以系统记录、保存，并分析、整理、应用，以巩固双方的关系，从而提升销售业绩。其中，客户资料卡是一种很重要的工具。

　　建立客户资料卡的用途及好处如下：

　　（1）了解客户关系发展阶段；

　　（2）便于寄发广告信函；

　　（3）安排收款、付款的顺序与计划；

　　（4）了解客户的销售状况及交易习惯；

　　（5）订立有效的访问计划；

　　（6）了解客户跟踪情况与交易状况，争取进一步的合作；

　　（7）为本企业相关人员与客户交往提供有价值的资料；

　　（8）了解客户信用度，便于制定具体的销售政策。

任 务 分 析

1. 设计客户跟踪记录表

　　请看生动的统计数据：2％的销售在第 1 次接洽后完成，3％的销售在第 1 次跟踪后完成，5％的销售在第 2 次跟踪后完成，10％的销售在第 3 次跟踪后完成，80％的销售在第 4 次到第 11 次跟踪后完成！

　　跟踪客户的目的是达成销售，除了技巧（如特殊的方式、漂亮的借口、恰当的时间间隔等），跟踪工作必须保持系统连续，每次跟客户打交道后要注意整理客户跟踪记录。

　　确定某一企业及产品（或服务），可以是你熟悉的，如实习过的单位，也可以是你感兴趣的，或者虚拟企业。根据你的企业和产品的经营情况，有针对性地设计一份客户跟踪记录表，具体请参考表 4-1。

表 4-1　××公司客户跟踪记录表

客户编号		负责人		成立日期		年　月　日
客户名称				资本额		
地址				电话		
营业类型				传真		
主要往来银行						
其他投资事业			平均每日营业额			
主要业务往来			付款方式		□现金　□支票　□汇票　□其他	
与本公司往来	自　年　月　日起		收款记录		□优秀　□良好　□一般　□很差	
最近与本公司往来重要记录						
最近交易数据跟踪						
客户意见						
信用评定						

除了"客户跟踪记录表",我们调查企业客户,可能还需要填报"客户资料卡"、"企业基本情况调查表"(表 4-2)、"人脉关系表"等。每家企业都要根据自身具体情况设计表格。表格要精练、涵盖重要信息,但不必面面俱到,如果多个表格类似信息重复,就会对业务人员造成不必要的困扰。

表 4-2 企业基本情况调查表

单位			电话		地址			
人员情况	负责人:		电话		年龄		性格	
	总经理:		电话		年龄		性格	
	接洽人:		电话		职位		负责事项	
经营状况	经营方式		□积极 □保守 □踏实 □不定 □投机					
	业　务		□兴隆 □成长 □稳定 □衰退 □不定					
	业务范围							
	销货对象							
	价　格		□合理 □偏高 □偏低 □削价					
	业务金额		每年_____,月销量_____,淡季_____,旺季_____					
	组　织		□股份有限公司 □有限责任公司 □合伙店铺 □独资					
	员工人数		管理人员____人,技术人员____人,工人____人,合计____人					
	同业地位		□领导者 □有影响 □一级 □二级 □三级					
付款方式	态　度							
	付款期							
	方　式							
	手　续							
与本公司往来	年　度		主要采购产品		金额	旺季/每月	淡季/每月	

2. 跟踪客户,收集客户信息

通常我们在开发新客户的时候,需要对潜在客户进行多次的跟踪回访,问题是,如果整天不停地打电话给客户,客户会非常反感,但如果间隔较长时间才回访客户,客户往往就会把我们忘了,所以,怎样抓住客户回访的时机成了有效跟踪客户的一个非常重要的问题。图 4-1 所示为客户跟踪曲线。

将心理学上提出的人类记忆储能曲线形成客户跟踪曲线,以自动提醒的方式帮助销售人员把握回访客户的最佳时机,争取用最少的联系次数取得商机或获得订单,有效地缩短成交客户的开发周期,从而最有成效地处理大批量的客户跟进,并以最简便的方式作出联系记录。

图 4-1　客户跟踪曲线

每次与客户接触,不管是电话联系、上门拜访还是其他沟通方式,尽量了解客户信息。客户信息一般分为两部分:一部分为基本信息,另一部分为特别信息。基于充分的客户资料,营销人员才能了解客户的基本需求,在开展业务过程中加以充分利用,有效地提升业绩。客户资料的基本内容可参考表 4-3。

表 4-3　客户资料的基本内容

类　别	详　细　内　容
基础资料	客户姓名、地址、电话、所有者及个人性格、爱好、家庭、学历、年龄、创业时间、与本公司的起始交易时间、企业组织形式、业种、资产等
客户特征	服务区域、销售能力、发展潜力、经营理念、经营方向、经营政策、企业规模、经营特点等
业务状况	销售实绩、经营管理者和销售人员的素质、与其他竞争对手之间的关系、与本公司的业务关系及合作态度等
交易现状	客户的销售活动现状、存在的问题、保持的优势、未来的对策、企业形象、声誉、信用状况、交易条件以及出现的信用问题等

3. 填写客户信息,建立客户档案

如果问任何一家对 CRM 感兴趣的企业,它希望 CRM 系统最能够帮助它解决的问题是什么,它最先想到的答案十之八九是要有效地管理好它最宝贵的财富——客户的资料。

现在越来越多的企业管理者已经了解,对客户信息的管理貌似简单,实际情况却复杂得多。以国内某著名计算机制造厂商为例,它的客户相关资料与以下部门有关:①渠道发展部,负责发展渠道商完成中低端产品的销售,客户信息主要来自渠道商的反馈;②大客户部,负责对集团客户等大客户的直接销售,客户信息直接由大客户部向客户收集;③在27 个省份的办事处,设渠道经理及行业经理,分别负责各省份的渠道商及行业客户;④在大的省份下设立的区域办事机构,负责该区域里的各类客户……

　　上述纷繁复杂的情况,在大多数企业中都不同程度地存在着。这种由多个部门来接触客户的现实,使客户资料被割裂存放在不同的系统中,通常具有不同格式,也可能会重复出现,无法实现真正的信息共享,从而无法以真实、完整、统一、实时的客户相关信息来为营销、销售及服务的各个环节提供有效支持。

　　如何才能保存最完整、真实有效的客户信息? 一个有效的 CRM 系统能按照信息各种内在的真实逻辑并考虑到不同数据之间的联系,对客户信息进行有效的、有条不紊的管理。

　　一种比较好的做法就是建立客户档案: 第一次接触客户后,就为其在 CRM 系统中建立档案。输入相关信息,如联系人、公司名称、联系方式等,系统自动为客户生成一个编号(图 4-2)。

图 4-2　建立客户档案

　　以后,只要我们与该客户发生任何业务往来或其他联系,在进行系统记录时,首先要在系统中通过客户名称、代码或其他搜索条件找到此客户(客户编号),然后为其创建各个业务记录(活动),如电话沟通、电子邮件以及其他项目等,这样就可以很方便地对其业务数据进行记录及便于以后的使用。具体内容可参考本节中的任务 1 及任务 2。

　　不管什么时候,如果此客户的信息发生变化,都可以直接在系统中进行修改,从而保证数据的一致性,同时也不会影响到与此客户相关的业务记录。

　　在 CRM 系统中,可以创建多种不同的角色,除了客户,还有经销商、流失客户、供应商等(图 4-3),系统中的客户都可以分配到这些角色的一个或者多个,这样就可以基于角色来对客户的业务操作权限进行授权控制。

图 4-3 创建客户角色

知识链接

4.1.1 获取客户信息十大渠道

客户信息可以为我们提供很多有价值的内容,从而有效地指导我们的销售工作。但市场处处存在竞争,信息变得隐蔽、不完整,如何才能获取我们所需要的信息呢?

(1)搜索。动动你的手指,信息尽在指尖;网上信息任你搜——企业网站、新闻报道、行业评论等。优点:信息量大,覆盖面广。缺点:准确性、可参考性不高,需要经过筛选方可放心使用。

(2)权威数据库。国家或者国际上对行业信息或者企业信息有权威的统计和分析,是可供参考的重点,对企业销售具有重要的指导作用。优点:内容具有权威性和准确性。缺点:不易获得。

(3)专业网站。各行业内部或者行业之间为了促进发展和交流,往往设立行业网站,或者该方面技术的专业网站。优点:以专业的眼光看待行业,具有借鉴性,企业间可做对比。缺点:不包含深层次的信息。

(4)展览。展览是值得去的地方,各行业或者地区定期或不定期会有展览,而且会有很多企业参展。优点:信息更丰富、具体。缺点:展览时间不确定。

(5)老客户。你的老客户同你的新的大客户之间会有一定的相同之处,而同行业之间会有更多的相似之处。因此,你的老客户也会很了解其他客户的信息。销售企业可根据同老客户的关系,获得行业内部的一些信息。优点:信息的针对性、具体性和可参考性较高。缺点:容易带主观思想色彩。

(6)竞争对手。让对手开口告诉你客户信息。

(7)客户企业。其会提供一些相应的必要信息。

(8)市场考察。想畅销就得做市场考察。

(9)会议与论坛。注意那些领导者的观点,这些观点对行业的发展会产生深远的影响。

(10)专业机构。其为你提供专业信息。

从多个渠道收集我们所需要的信息,是保证信息全面的有效方法,因为客户信息对我们的专业判断影响甚大,所以要严格、认真地对待。

在获取客户信息时,要充分明确自身的信息需求,积极汇聚潜在客户信息,要以敏锐的触觉感知市场,洞悉自己的竞争对手,实时跟踪动态信息的流变,要对行业市场全貌有所了解。

信息收集后要进行归类、整理,便于及时回复和节省时间。要学会挖掘、提炼信息价值,使收集的各类资料最大限度地服务于企业销售。

4.1.2 如何建立高质量的客户信息档案

客户信息的质量决定了客户关系管理的质量,因此,建立高质量的客户信息档案是客户关系管理成功实施的支柱,是我们做好日常工作、更好地做好客户服务的重要基础。那么,如何才能建立高质量的客户信息档案呢?

(1) 公司领导高度重视在客户信息上的建设,采取先进的办公平台系统,极大地方便业务人员进行客户信息的采集和管理。

(2) 各部门通力协作。单个部门的力量有限,也许并不能面面俱到,这就需要市场、营销、客服等部门及时联系,互通信息,共同完善客户信息采集。

(3) 加强对客户信息的采集和整理。高质量的客户信息档案具备三个特性:完整性、准确性和新鲜性。完整性是指对客户信息的采集必须全面周到,不能有遗漏;准确性是指每个客户的资料要求是正确的,不能出现错误信息;新鲜性是指对客户信息变动的情况,及时、准确地进行更改,以便更好地管理客户,如发现客户电话改变,则及时对办公平台内的客户信息进行修改,便于以后准确地联系该客户。

(4) 开展信息培训,让大家认识到建立正确、详细的客户信息档案的重要性,提高重视度,提高客户经理清理和整合客户信息的水平。

4.1.3 建立客户信息档案的过程和步骤

掌握建立客户信息档案的过程和步骤是为了更好地管理客户,可简单地建立客户信息档案,如图 4-4 所示。

图 4-4 建立客户信息档案的过程和步骤

1. 收集客户档案资料

建立客户档案就要专门收集客户与公司联系的所有信息资料,以及客户本身的内外部环境信息资料。一般来说,企业客户不外乎两种:一种是中间客户(企业或贸易商),另一种是终端客户(用户)。针对这两种客户档案资料的收集,侧重点也有所不同。

中间客户常见的档案原始资料内容参考表 4-3。

终端客户的档案资料主要包括以下几个方面。

(1)有关客户最基本的原始资料:如客户的名称、地址、电话及他们的个人性格、兴趣、爱好、家庭、学历、年龄、能力、经历背景等。这些资料是客户管理的起点和基础,需要通过销售人员对客户的访问来收集、整理归档形成。

(2)关于客户特征方面的资料:如所处地区的文化、习俗、发展潜力等。其中对外向型客户,还要特别关注和收集客户市场区域的政府政策动态及信息。

(3)关于客户周边竞争对手的资料:如对其他竞争者的关注程度等。

(4)关于交易现状的资料:如客户的销售活动现状、存在的问题、未来的发展潜力、财务状况、信用状况等。

2. 分类整理

分类整理可以采用分类的方法,也可以采用聚类的方法。

分类的方法采用预先给定类别的方式。

按时间序列来划分,客户包括老客户、新客户和未来客户,以老客户和新客户为重点管理对象。

按交易过程来划分,客户包括曾经有过交易业务的客户、正在进行交易的客户和即将进行交易的客户。

按客户性质来划分,客户包括政府机构(以国家采购为主)、特殊公司(如与本公司有特殊业务等)、普通公司、顾客(个人)和交易伙伴等。

按交易数量和市场地位来划分,客户包括主力客户(交易时间长、交易量大等)、一般客户和零散客户。

但在数据挖掘之前并不知道客户可以分为哪几类,只是根据要求确定分成几类(有些算法需要人为确定输出簇的数目)。将数据聚类以后,再对每个簇中的数据进行分析,归纳出相同簇中客户的相似性或共性。

例如,银行在长期的金融服务中积累了大量的数据信息,包括对客户的服务历史、对客户的销售历史和收入,以及客户的人口统计学资料和生活方式等。银行必须将这些信息资源综合起来,以便在数据库里建立一个完整的客户背景。在客户背景信息中,大批客户可能在存款、贷款或使用其他金融服务上具有极高的相似性,因而形成了具有共性的客户群体。经过聚类分析,可以发现他们的共性,掌握他们的投资理念,提供有针对性的服务,进而引导他们的投资行为,提高银行的综合服务水平,并可以降低业务服务成本,取得更高的收益。通过客户细分,银行可以准确地把握现有客户的状况,采取不同的服务、推销和价格策略来稳定有价值的客户,转化低价值的客户,消除没有价值的客户。

3. 建立客户数据库/更新客户资料

建立客户数据库与更新客户资料时,一般来说要重点注意以下方面。

(1)唯一性。建立 CRM 数据库时,一定要确认由应用程序生成的客户编码,要保证它的唯一性。

（2）正确性。客户档案内容确保正确,将大大降低公司经营管理的盲目性,提高办事效率。

（3）完整性。客户档案所反映的客户信息是我们对该客户确定一对一的具体销售策略的重要依据。因此,档案内容尽可能完整。

4. 客户档案管理

为提高销售业绩、扩大市场份额、与客户建立长期稳定的业务联系,组织需要对客户档案进行有效管理。为确保客户档案资料有效发挥最大作用,应遵循集中管理、动态管理、分类管理的原则。

（1）集中管理。企业客户资料分散化通常有两种情况:一是分散在业务人员手中,二是分散在企业各个部门。如果是第一种情况,就可能导致客户是业务人员的客户而不是企业的客户,因为企业的管理层并不熟悉每一个客户,所以当业务人员离开企业后,客户及业务也随之离去,对企业造成重大的经济损失。如果是客户资料分散在各个部门的情况,虽然可以杜绝个人掌握企业客户资源的问题,但也会引出部门之间因沟通、配合等方面的问题影响到客户满意度。因此,针对客户资料分散化的问题,企业唯一的解决办法就是对客户档案进行集中管理。集中管理客户档案后,公司可以进行统一授信、全面跟踪,及时抑制可能出现的问题。在集中管理的模式下,企业仍然要注意加强信用管理部门的工作人员的职业道德教育,使其意识到客户档案是企业的特殊资产,也是企业商业秘密的重要内容。

（2）动态管理。所谓动态管理,就是指对于客户档案信息要不断进行更新。这是因为客户本身的情况是在不断变化的。就客户的资信报告来讲,它是一份即期的客户档案,有效期一般为3个月到1年。超出这个时间,就要对客户进行新的调查。对客户档案实施动态管理的另一个目的是,随着客户的财务、经营、人事变动,定期调整对客户的授信额度。信用管理部门的授信应该按客户协议进行,一般以年度为单位确定本期授信的有效期。当客户的基本情况发生变化时,信用额度也要随之进行调整。长期积累客户信息也非常关键,通过完整的历史记录可以看到客户发展趋势,更好地对客户的发展潜力进行分析。此外,历史积累数据是进行统计分析的基础,可以帮助"挤掉"客户财务报表的部分"水分",提供比较准确的预测基础。总之,客户档案不是静态的,而是一个动态变化的集成过程。

（3）分类管理。对客户档案进行恰当的分类,主要是基于客户对企业的重要性和客户档案管理费用进行考虑。客户的规模大小不一,对企业销售额的贡献程度也相应不同,理应区别对待;另外,进行客户档案管理也要考虑到成本效益原则,尽量使有限的资源发挥最大的经济效用。考虑客户对企业的重要性因素,信用管理部门可以将客户分为普通客户和核心客户。划分的标准是企业与客户的年交易额,同时要考虑与客户交往的时间长短。核心客户与企业的交易量大,是利润的主要来源,一旦将某客户划入核心客户范围,对其档案进行管理的复杂程度就会提高,对应的档案管理费用也会有所提高。费用提高的主要原因在于,对核心客户要进行深层次的资讯调查,同时也要保证信息的及时更新。对于核心客户的重点管理并不意味着对普通客户的管理可以放松。值得注意的是,企业有一些多年保持生意来往的中小客户,尽管企业与其年交易额并不高,但也要给予必要的关注,不能因其是老客户、交易额不大而忽视对它们的风险防范。

案例 4-1

建立客户档案,做好信用评估

　　某耐腐阀门制造有限公司(以下简称"阀门公司")是一家专业生产耐腐阀门和耐腐设备的企业,产品广泛应用于石油、化工、化肥、电力、制药、造纸、食品、冶炼、采矿、环保、管道输送、楼宇建筑、防腐工程等行业。阀门是一个用途广、需求量大的开关装置,凡有管道的地方,必须由阀门来控制。目前,全国大大小小的阀门生产厂家有 5 000 多个,市场竞争十分激烈。如何在激烈的市场竞争中站稳脚跟,求得生存和发展,很重要的一条经验就是做好信用管理。具体做法是建立客户档案卡,做好信用评估。

　　阀门公司的产品涉及许多行业,客户遍及全国。一个企业只有客户多了,才有希望。但是,客户是不断变化的,新客户不断增加的同时,老客户也在逐渐减少。为了不断地对客户进行分析研究,洞察市场变化,完善营销策略,为企业寻找新的市场,建立客户档案是非常重要的。阀门公司对档案卡设置的内容有客户名称、住址、邮编、业务联系人、电话、传真、每笔业务的交易记录(产品名称、型号规格、数量、价格)、每笔货款回笼记录、客户对质量的反馈意见、客户对产品的技术要求、送货情况和公司为其服务的记录等。

　　阀门公司把客户分成 A、B、C、D 四类。A 类客户是核心客户,与公司一直保持业务往来,新建项目、日常维修都到公司进货,年购货额在 30 万元以上;B 类客户是重要客户,与公司业务往来正常,年购货额为 20 万～30 万元;C 类客户是普通客户,虽然有业务往来,但年购货额在 20 万元以下;D 类客户是潜在客户,虽然业务刚开始发生,但以后可能会建立良好的业务关系,并估计有新项目投入。到 2019 年底,公司已有 229 个客户登记在案,其中,A 类客户 14 个,约占总数的 6%;B 类客户 41 个,约占总数的 18%;C 类客户 113 个,约占总数的 49%;D 类客户 61 个,约占总数的 27%。对不同档次的客户,应采取不同的销售策略。

　　上述客户是按客户的业务量来划分的。建立客户档案的目的,主要是定期对客户进行信用评估,这是避免销售风险的重要举措。对客户的信用评估,主要从八个方面进行分析:①客户投资项目的可靠性(包括投资项目支持部门、高科技程度、项目发展前途);②项目资金实力(自筹、合资、引资、国家拨款)和资金到位情况;③项目负责人是技术型、经济型,还是政府委派,或是行业团体推荐;④客户信用信息有无不良记录;⑤公司对客户能做到多少满意程度,公司的设计、生产制造能力能否适应客户要求;⑥公司生产周期与客户要货期,对合同履约能力的把握性有多高;⑦合同价格和经济效益;⑧能否成为今后稳定客户。

　　经过对客户的评估分析,进行信用分类。客户的信用分为甲、乙、丙、丁四级。甲级客户,能 100%履行合同货款约定,没有拖欠;乙级客户,基本履行合同,货款回笼在 80%以上;丙级客户,货款回笼不超过合同约定 3 个月;丁级客户,货款回笼超过合同约定 3 个月。评定了信用等级后,对不同信用等级的客户采用不同的销售管理策略。对甲级客户,如果客户资金周转偶尔有一定困难,或合同进货总金额超过 30 万元但资金暂时不足的

A 类客户,允许有一定的赊销额度和放宽回笼期限;对乙级客户,也可机动灵活,只要客户答应筹措资金,仍可先发货、后收款;对丙级客户,一般要求先付款、后发货;对丁级客户,坚决要求先付款、后发货,并在追回货款的情况下,逐步淘汰该级客户。例如,阀门公司通过信用评估对客户进行信用分类后,公司的应收账款明显减少。安徽某化工集团是公司多年的老客户,2018 年进货总金额超过 300 万元,但就因为资金拖欠,公司只能忍痛割爱,2019 年不予供货。又如,江苏淮安某化工有限公司,2019 年一笔合同达 55 万元,也因不能按合同约定付款,最后通过法律程序解决,现在已收回全部货款。通过信用评估,2019 年底与 2018 年同期相比,公司应收款下降 72.8%,2019 年基本无坏账处理,合同履约率、货款回收率达到 98.8%,公司的经济效益也明显提高。

问题:结合上例谈谈你对客户档案管理的理解与建议。

4.2　客户数据挖掘

任务引入

啤酒与尿布

20 世纪 90 年代的美国沃尔玛超市中,管理人员分析销售数据时发现了一个令人难以理解的现象:在某些特定的情况下,"啤酒"与"尿布"两件看上去毫无关系的商品会经常出现在同一个购物篮中,这种独特的销售现象引起了管理人员的注意,经过后续调查发现,这种现象出现在年轻的父亲身上。

在美国有婴儿的家庭中,一般是母亲在家中照看婴儿,年轻的父亲前去超市购买尿布。父亲在购买尿布的同时,往往会顺便为自己购买啤酒,这样就会出现啤酒与尿布这两件看上去不相干的商品经常出现在同一个购物篮的现象。如果某个年轻的父亲在卖场只能买到两件商品之一,则他很有可能会放弃购物而到另一家商店,直到可以一次同时买到两件商品为止。沃尔玛发现这一独特的现象后,开始尝试在卖场将啤酒与尿布摆放在相同的区域,让年轻的父亲可以同时找到这两件商品,并很快地完成购物;而沃尔玛超市也可以让这些客户一次购买两件商品,而不是一件,从而获得了很好的商品销售收入。

资料来源:大数据应用国内外经典案例-数据分析师[EB/OL].(2024-09-14).https://www.cda.cn/bigdata/780.html.

任务:了解数据挖掘的基本方法。

任务分析

1993 年,美国学者艾格拉沃(Agrawal)提出通过分析购物篮中的商品集合,从而找出商品之间关联关系的关联算法,并根据商品之间的关系,找出客户的购买行为。艾格拉沃从数学及计算机算法角度提出了商品关联关系的计算方法——Apriori 算法。沃尔玛在20 世纪 90 年代尝试将 Apriori 算法引入 POS 机(销售点终端机)数据分析中,并取得了成功,于是产生了"啤酒与尿布"的故事。

这也是数据挖掘经典案例的由来,从此案例中可初步了解关于数据或现在新提倡的大数据经过一定处理分析后的商业应用情况,而在"互联网+"时代,数据挖掘或者大数据应用将会更显成效。

知识链接

4.2.1 数据挖掘的定义

数据挖掘,又称数据库中的知识发现(knowledge discovery in database,KDD),是指从大型数据库或数据仓库中提取隐含的、未知的、非平凡的及有潜在应用价值的信息或模式,它是数据库研究中的一个很有应用价值的新领域,融合了数据库、人工智能、机器学习(ML)、统计学等多个领域的理论和技术。

基于"数据爆炸但知识贫乏"的现象,或者说"数据丰富,但信息贫乏"的现象,数据挖掘得以产生与发展。数据挖掘是通过分析海量数据源,从相关的数据源中选取所需的数据,进行关联分析、聚类分析、分类分析、异常分析和演变分析等来发现数据之间的关系。在客户关系管理中,可以此来挖掘出客户希望获得什么、预测客户将要做什么、帮助你选择恰当的客户并将注意力集中在他们身上,以便为他们提供恰当的附加产品,也可以帮助你辨别哪些客户打算与你"分手",以最好的方法响应个性化需求,并通过恰当的资源分配来降低成本、增加收入,使企业处于更有利的竞争位置。由此可见,在客户关系管理中,数据挖掘技术必不可少。目前,数据挖掘正逐渐成为客户关系管理中最核心的部分。

4.2.2 数据挖掘的关联分析

比较典型的数据挖掘方法有关联分析、序列模式分析、分类分析、聚类分析、异常检测等。它们可以应用于以客户为中心的企业决策分析和客户信息管理的各个不同领域与阶段。下面以关联分析为例对数据挖掘的分析方法的相关技术做一简单介绍。

1. 基本概念

(1) 关联分析,即利用关联规则进行数据挖掘。关联分析的目的是挖掘隐藏在数据间的相互关系,它能发现数据库中如"90%的顾客在一次购买活动中购买商品 A 的同时购买商品 B"之类的信息。

关联规则挖掘的一个典型例子是购物篮分析。市场分析员要从大量的数据中发现顾客放入其购物篮中的不同商品之间的关系。如果顾客买牛奶,其购买面包的可能性有多高? 什么商品组或集合顾客多半会在一次购物时同时购买? 例如,买牛奶的顾客有 80% 同时买面包,或购买铁锤的顾客中有 70% 的人同时购买铁钉,这就是从购物篮数据中提取的关联规则。

分析结果可以帮助经理设计不同的商店布局。一种策略是:经常一块购买的商品可以放近一些,以便进一步刺激这些商品一起销售。例如,如果顾客购买计算机又倾向于同时购买财务软件,那么将硬件摆放在离软件陈列处近一点,可能有助于增加两者的销量。另一种策略是:将硬件和软件放在商店的两端,可能诱发购买这些商品的顾客一路挑选其他商品。

(2) 项与项集(item set)。项是数据库中不可分割的最小单位信息,用 i 表示,如购物篮分析中购物篮中的物品(如尿布、啤酒等)。项的集合称为项集,用 I 表示,$I = \{i_1, i_2, \cdots, i_k\}$,$I$ 中项目个数为 k,则称集合 I 为 k 项集。

(3) 事务与事务集。事务是项的集合,设 I 是所有项构成的集合(全项集),事务 T 对应 I 的一个子项集,用 $T \subseteq I$ 来表示,如顾客买了{牛奶,面包}。本质上,一个事务就是事实表中的一条记录。事务的集合称为事务集。一般用符号 D 表示事务集/事务数据库。每个事务均与一个唯一标识符 Tid 相联系,不同的事务一起组成了事务集 D,它构成了关联规则发现的事务数据库,用下式表示:

$$D = \{T_1, T_2, \cdots, T_n\}, \quad D = \{T_i \mid T_i \in D, i = 1, 2, \cdots, n\}。$$

(4) 关联规则,关联规则是如下形式的逻辑蕴涵:$A \Rightarrow B$,其中 A、B 是项集,$A \in I$,$B \in I$。一般用两个参数描述其属性。

① 置信度(可信度,confidence)。置信度即"值得信赖性"。

设 A,B 是项集,对于事务集 D,$A \in D$,$B \in D$,$A \Rightarrow B$ 的置信度定义为:置信度($A \Rightarrow B$)=包含 A 和 B 的元组数/包含 A 的元组数。

置信度表达的就是在出现项集 A 的事务集 D 中,项集 B 也同时出现的概率。如购买牛奶的顾客中有 80% 同时购买了面包,即关联规则:牛奶 $\Rightarrow$ 面包的置信度为 80%。

② 支持度(support)。

支持度($A \Rightarrow B$)=包含 A 和 B 的元组数/元组总数。

支持度描述了 A 和 B 这两个项集在所有事务中同时出现的概率。

例如,在一个商场中,某天共有 1 000 笔业务,其中有 100 笔业务同时包含牛奶和面包,则关联规则:牛奶 $\Rightarrow$ 面包的支持度为 10%。

给定一个事务集 D,挖掘关联规则问题就是产生支持度和置信度分别大于用户给定的最小支持度[最小支持度阈值(min_sup)]和最小置信度(最小置信度阈值)的关联规则。

(5) 频繁项集(frequent itemset),如果项集 I 的相对支持度满足事先定义好的最小支持度阈值[即 I 的出现频度大于相应的最小出现频度(支持度计数)阈值],则 I 是频繁项集(大项集),频繁 k 项集的集合记为 L_k。

2. 典型的关联规则方法

Apriori 算法是关联规则方法的典型算法,下面对 Apriori 算法做一简单介绍。

Apriori 算法步骤包括寻找事务数据库中所有的频繁项集及利用频繁项集生成关联规则。

进一步说明一下此方法,Apriori 算法使用频繁项集的先验知识,使用一种称作逐层搜索的迭代方法,k 项集用于探索 $(k+1)$ 项集。首先,通过扫描事务(交易)记录,找出所有的频繁 1 项集,该集合记作 L_1,然后利用 L_1 找频繁 2 项集的集合 L_2,L_2 找 L_3,如此下去,直到不能再找到任何频繁 k 项集。最后在所有的频繁项集中找出强规则,即产生用户感兴趣的关联规则。

其中,Apriori 算法具有这样一条性质:任一频繁项集的所有非空子集也必须是频繁的。由于假如 $P(I)$<最小支持度阈值,当有元素 A 添加到 I 中时,结果项集($A \cap I$)不可能比 I 出现次数更多,因此 $A \cap I$ 也不是频繁的。

在上述关联规则挖掘过程的两个步骤中,第一步往往是总体性能的瓶颈。Apriori 算法采用连接步和剪枝步两种方式来找出所有的频繁项集。

1)连接步

为找出 $L_k(K>2)$,将 L_{k-1} 与自身连接产生候选 k 项集的集合。候选集合记作 C_k。设 l_1 和 l_2 是 L_{k-1} 中的成员。记 $l_i[j]$ 表示 l_i 中的第 j 项。根据 Apriori 算法对事务或项集中的项从小到大排序,将 L_{k-1} 与自身连接,如果 l_1 与 l_2 除最后一项外都相等,那认为 l_1 和 l_2 可连接,连接 l_1 和 l_2 产生的结果是 $\{l_1[1], l_1[2], \cdots, l_1[k-1], l_2[k-1]\}$。

2)剪枝步

C_k 是 L_k 的超集,也就是说,C_k 的成员可能是也可能不是频繁的。通过扫描所有的事务(交易),确定 C_k 中每个候选的计数,判断是否小于最小支持度计数,如果不是,则认为该候选是频繁的。为了压缩 C_k,可以利用 Apriori 性质:任一频繁项集的所有非空子集也必须是频繁的;相反,如果某个候选的非空子集不是频繁的,那么该候选肯定不是频繁的,从而可以将其从 C_k 中删除。

3. Apriori 实例及算法

设一超市发生以下业务,如果系统设置最小支持度阈值 70%,最小置信度 90%,请根据 Apriori 算法找出相关关联规则。

交易 ID(标识)商品列表如下。

T100　　　　{面包,牛奶,果酱,咖啡}

T200　　　　{面包,牛奶,果酱,鸡蛋,火腿}

T300　　　　{面包,牛奶,鸡蛋,火腿}

T400　　　　{面包,牛奶,果酱}

以下为相关规则算法的简易步骤。

首先可以令集合 $\{A, B, C, D, E, F\}$ 对应于{面包,牛奶,果酱,咖啡,鸡蛋,火腿}。得到候选集 $C_1 = \{A, B, C, D, E, F\}$,可以得到其支持度(每个元素在事务数据中出现的记录的频率),分别为{100%,100%,75%,25%,50%,50%},由于此时的支持度为 70%,所以可以得到频繁集 $L_1 = \{A, B, C\}$。

由 $L_1 = \{A, B, C\}$,可以得到此时的候选集合 $C_2 = \{\{A, B\}, \{A, C\}, \{B, C\}\}$,对应的支持度分别为{100%,75%,75%},从而可以得到频繁集 $L_2 = \{\{A, B\}, \{A, C\}, \{B, C\}\}$。

由 L_2,可以得到此时候选集 $C_3 = \{\{A, B, C\}\}$,对应支持度为{75%},可以得到频繁集 $L_3 = \{\{A, B, C\}\}$。

由 L_3 寻找候选集 C_4 为空集,因此算法结束。对于 L_3,我们可以得到哪些关联规则呢?

由 L_3,我们可以得到它所有的非空真子集:$\{\{A\}, \{B\}, \{C\}, \{A, B\}, \{A, C\}, \{B, C\}\}$。

那么,可以分别计算每个子集构成的关联规则的置信度,然后根据给出的90%去过滤!

原理:对于子集S,计算confidence＝support(L_3)/support(S),如果confidence$\geqslant$90%,则输出S->(L_3-S),此时的"-"代表集合的差。

{A}:confidence＝support(L_3)/support({A})＝75%/100%＝75%＜90%,不处理;

{B}:confidence＝support(L_3)/support({B})＝75%/100%＜90%,不处理;

{C}:confidence＝support(L_3)/support({C})＝75%/75%＞90%,输出{C}->{A,B};

{A,B}:confidence＝support(L_3)/support({A,B})＝75%/100%＜90%,不处理;

{B,C}:confidence＝support(L_3)/support({B,C})＝75%/75%＞90%,输出{B,C}->{A};

{A,C}:confidence＝support(L_3)/support({A,C})＝75%/75%＞90%,输出{A,C}->{B}。

那么可以得到它的关联规则:

{C}->{A,B}

{B,C}-> {A}

{A,C}->{B}

也即

{果酱}->{面包,牛奶}

{牛奶,果酱}->{面包}

{面包,果酱}->{牛奶}

4.2.3 数据挖掘的商业应用

1. 新客户获取

传统的获得客户的途径一般包括广泛的媒体广告、大量的电话行销、市中心及车站码头的广告牌等。做广告,大多选择读者群和直接目标客户群重叠最大的主流媒体。因此,数据挖掘可以帮助你改变这些。

假设你是一家生产婴儿尿布的企业的市场部经理,决定采用直邮的方式对产品进行宣传。最传统的做法是先选择一个比较感兴趣的地区,通过信息中介公司拿到这个地区的符合你条件的商业数据,一般情况下你要求的条件可能是25～32岁最近购买了婴儿车的人的名单和地址。然后你就可以和他们联系,向他们邮寄资料。

这是一种非常简单的直邮广告,虽然它比普通的广告经济、有效得多,但我们认为这还是比较初级、不能完全令人满意的直邮广告,因为在这些25～32岁最近购买了婴儿车的人当中,有很多其他因素,如很多人会在他们的小孩出世之前准备好婴儿车,而他们还没有到决定使用哪一个牌子的尿布的时候。

在采用了数据挖掘方法后,为客户提供直邮广告的有效性和回应率都得到了大幅度的提高。通过数据挖掘可以发现购买婴儿尿布的消费者是男性还是女性,学历、收入如何,有什么爱好,从事什么职业等。甚至我们还可以发现不同的人会在购买婴儿车后多长时间开始买尿布,以及什么样的人(婴儿)会购买什么型号的尿布等。也许很多因素表面上看起来和购买婴儿尿布不存在任何联系,但数据挖掘的结果却证明它们之间有联系。

2．交叉销售

交叉销售是指企业向原有客户销售新的产品或服务的过程。一个购买了婴儿车的客户很有可能对你们生产的婴儿尿布或其他婴儿产品感兴趣,这很容易理解。但对于企业,真正关心的问题在于如何发现内在的微妙关系。数据挖掘就能够帮助企业发现其中的微妙关系。

交叉销售的好处在于,对于原有客户,企业可以比较容易地得到关于这个客户比较丰富的信息,大量的数据对于数据挖掘的准确性来说是有很大帮助的。在企业所掌握的客户信息,尤其是以前购买行为的信息中,可能正包含着这个客户决定他下一个购买行为的关键,甚至决定性因素。这个时候数据挖掘的作用就会体现出来,它可以帮助企业寻找到这些影响客户购买行为的因素。

3．客户保持

现在各个行业的竞争都越来越激烈,企业获得新客户的成本正在不断地上升,因此保持原有客户对所有企业来说就显得越来越重要。例如在美国,移动通信公司每获得一个新用户的成本平均是 300 美元,而留住一个老客户的成本可能仅仅是通一个电话。成本上的差异在各行业可能会有所不同,在金融服务业、通信业、高科技产品销售业,这个数字是非常惊人的,但无论什么行业,6 倍以上的差距是业界公认的,而且往往失去的客户比新得到的客户要贡献更多的利润。

4.3　客 户 细 分

任务引入

利用细分方法吸引更多客户

北京前门全聚德烤鸭店是北京全聚德烤鸭集团的起源店(老店),创建于 1864 年,以经营传统挂炉烤鸭蜚声海内外,是京城著名的老字号。1993 年,全聚德成立股份公司,前门店进入股份公司,当年的营业收入是 4 500 万元,至 2001 年 12 月 16 日,前门店的年营业收入已达到 9 000 万元,企业用了 8 年时间在硬件没有什么大的改变的条件下,营业收入翻了一番。对于一些新兴产业来说,这个进步可能并不算什么,但对于一个受诸多限制的国有体制餐饮企业来说,却是一个很大的飞跃。前门店总经理沈放说,餐饮行业是劳动密集型行业,每一分钱的利润都是厨师一刀一刀切出来、服务员一句句话讲出来的,非常不容易。8 年来,前门店靠专业技术、科学管理、菜品创新和诚信营销在 2 600 平方米的餐厅内创造了接近顶峰的辉煌。

全店 900 个餐位,平均每个餐位实现年销售收入 10 万元;全店 400 名员工,平均每位员工实现年销售收入 22.5 万元,在整个餐饮业处于领先地位;曾创造过餐饮单店日销售 67.7 万元的全国最高纪录。其经营策略是攻击型服务。

资料来源:顾客细分[EB/OL]. http://wiki. mbalib. com/wiki/%E5%AE%A2%E6%88%B7%E7%BB%86%E5%88%86.

客户关系管理强调的是细分客户、差异化对待、一对一营销。细分主要是依据获取的各种信息,具体细分客户特质及生活方式,从而加深对不同行业和市场的理解,明确推荐产品的优先级。最重要的是,基于组织解析每个细分所创造的利润率、行为、行业背景以及生命周期价值,指导未来与客户的互动。公司还可利用细分方案优化投入新产品开发的力量,开发定制化的营销程序,选择具体的产品属性,建立准确的服务选择,设计优化的销售策略,制订合理的产品定价方案。

本节需完成以下两个子任务。

任务 1:客户细分方法。

任务 2:客户分类分析。

任务分析

全聚德烤鸭的成功秘诀之一:细分就餐顾客。那么,全聚德烤鸭是如何进行客户细分的呢?我们先来看看全聚德烤鸭的经营策略,所谓"攻击型服务",就是要求服务员针对不同类型的就餐顾客,提供不同的服务对策。北京前门全聚德烤鸭店按照人的四种不同气质类型,总结了以下具体服务对策。

(1)多血质——活泼型。这一类型的顾客一般表现为活泼好动、反应迅速,善于交际但兴趣易变,具有外倾性。他们常常主动与餐厅服务人员攀谈,很快与之熟悉并交上朋友,但这种友谊常常多变而不牢固;他们在点菜时往往过于匆忙,过后可能改变主意而退菜;他们喜欢尝新、尝鲜,但又很快厌倦;他们的想象力和联想力丰富,受菜名、菜肴的造型、器皿及就餐环境影响较大,但有时注意力不够集中,表情外露。

服务对策:服务员在可能的情况下,要主动同这一类型的消费者交谈,但不应有过多重复,否则他们会不耐烦;要多向他们提供新菜信息,但要让他们进行主动选择,遇到他们要求退菜的情况,应尽量满足他们的要求。

(2)黏液质——安静型。这一类型的顾客一般表现为安静、稳定、克制力强、很少发脾气、沉默寡言。他们不够灵活,不善于转移注意力,喜欢清静、熟悉的就餐环境,不易受服务员现场促销的影响,对各类菜肴喜欢细心比较、缓慢决定。

服务对策:领位服务时,应尽量安排他们坐在较为僻静的地方;点菜服务时,尽量向他们提供一些熟悉的菜肴,还要顺其心愿,不要过早表述自己的建议,给他们足够的时间进行选择,不要过多催促,不要同他们进行太多交谈或表现出过多的热情,要把握好服务的"度"。

(3)胆汁质——兴奋型。这一类型的顾客一般表现为热情、开朗、直率、精力旺盛、容易冲动、性情急躁,具有很强的外倾性。他们点菜迅速,很少过多考虑,容易接受服务员的意见,喜欢品尝新菜;比较粗心,容易遗失所带物品。

服务对策:点菜服务时,尽量推荐新菜,要主动进行现场促销,但不要与他们争执,万一出现矛盾应避其锋芒；在上菜、结账时尽量迅速，就餐后提醒他们不要遗忘所带物品。

（4）抑郁质——敏感型。这一类型的顾客一般沉默寡言，不善交际，对新环境、新事物难以适应；缺乏活力，情绪不够稳定；遇事敏感多疑，言行谨小慎微，内心复杂，较少外露。

服务对策：领位服务时尽量安排他们坐在僻静处，如果临时需调整座位，一定要讲清原因，以免引起他们的猜测和不满；服务时应注意尊重他们，服务语言要清楚明了，与他们谈话要恰到好处；在他们需要服务时，要热情相待。

🔍 知识链接

4.3.1　什么是客户细分

顾客（客户）细分是 20 世纪 50 年代中期由美国学者温德尔·史密斯（Wendell Smith）提出的，其理论依据主要有两点：顾客特征与顾客反映。为此，客户分类也基于以下两方面的原因展开。

1. 顾客需求的异质性

并不是所有顾客的需求都相同，只要存在两个以上的顾客，需求就会有所不同。由于顾客需求、欲望及购买行为是多元化的，所以顾客需求满足呈现差异。

2. 企业有限的资源和有效的市场竞争

任何一个企业都不能单凭自己的人力、财力和物力来满足整个市场的所有需求，这不仅缘于企业自身条件的限制，而且从经济效应方面来看也是不可取的。企业应该分辨出它能有效为之服务的最具有吸引力的细分市场，集中企业资源，制定科学的竞争策略，以取得和增强竞争优势。

客户细分既是客户关系管理的重要理论组成部分，又是其重要管理工具。它是分门别类研究客户、进行有效客户评估、合理分配服务资源、成功实施客户策略的基本原则之一，为企业充分获取客户价值提供理论和方法指导。

客户细分理论原理是：每类产品的客户群不是一个群体，根据客户群的文化观念、消费收入、消费习俗、生活方式的不同细分新的类别，企业根据消费者的不同制定品牌推广战略和营销策略，将资源针对目标客户集中使用。

4.3.2　客户细分与金字塔理论

在将客户信息转化为客户关系的过程中，企业必须按照客户的利润贡献度或终身价值区分不同的群体，并根据其利润贡献度采取对应的客户关系管理与营销策略。就 CRM 来说，并不是所有的客户都需要重点关注，目前 CRM 理论的重要成果之一就是提出了客户价值的判别标准和运用它进行客户细分。在这些理论中，客户价值被认为是客户在全价值生涯中给企业带来的利益（全生涯周期利润，CLP），而不仅仅是客户的交易额，从而纠正了实践中的一些错误倾向。同时基于对 CLP 的预测，选择客户当前价值与客户增值潜力两个维度指标，依次按两个指标的"大"和"小"的顺序进行排列组合，从而将客户分为白金客户（Ⅳ）、黄金客户（Ⅲ）、铁质客户（Ⅱ）和铅质客户（Ⅰ）四种类型，这就是目前最流行的客户细分理论（图 4-5）。

图 4-5   客户细分理论

对于区域Ⅰ的客户,其能带给企业的直接收益和今后的潜在发展都不大,因此作为一般客户来对待。对于区域Ⅱ的客户,虽然其当前带来收益不大,但是有很大的成长空间,因此应该尽力开发此类客户的购买潜力。区域Ⅲ的客户给企业带来很高的收益,但今后的潜力不大,此类客户着重在于保持,保证其持续购买本企业的产品和服务,努力提高客户的忠诚度。区域Ⅳ的客户是最为重要的客户,企业需要重点发展此区域的客户关系,开发客户潜在购买力。尽管在理论上每个客户的重要性不容低估,但将企业资源平均分配到每个客户身上的做法既不符合经济性也不切合实际。"营销大师"菲利普·科特勒(Philip Kotler)在其营销著作《科特勒谈营销:如何创造、赢取并主宰市场》中,将营销定义为"发展、维系并培养具获利性顾客的科学与艺术",并强调需分析"客户获得成本"与"客户终身收益",指出营销符合"20/80/30 定律",即最能让公司获利的 20%的客户贡献了公司总利润的 80%,而最差的 30%的客户会使公司的潜在利润减半。基于客户细分和二八原理,可以对客户数量、客户利润和资源投入进行研究,从而建立"客户金字塔"(图 4-6)。

图 4-6   客户金字塔

4.3.3   客户分类分析

1. 基于客户类型的分类分析

客户分类是基于客户的属性特征所进行的有效性识别与差异化区分。不同的企业对客户属性会有不同的分类。每个客户只能归入一个类别。否则,客户可能因此陷入多种相互矛盾的产品信息而无所适从。

客户分类的目的不仅在于实现企业内部对于客户的统一有效识别,也常常在于指导企业客户管理的战略性资源配置与战术性服务营销对策应用,从而支撑企业以客户为中心的个性化服务与专业化营销。

　　客户经理登录系统后即可查看各种类型的客户(图 4-7),从而及时掌握客户的情况,采取相应的措施。

图 4-7　客户类型列表

　　2.**基于客户状态的分类分析**

　　针对客户的具体状态,可将客户分为初始态、发展态、稳定态、停止态、流失态,从而做到一对一的服务,有效提高客户满意度。

　　3.**基于客户重要程度的分类分析**

　　从客户沟通与交易中获取相应的消费数据,根据相应的数据模型,对其进行重要性分析,可将客户分为重要、普通、不重要等,从而更准确地了解客户的动态和行为特征,更有效地跟踪和关怀客户。

　　4.**基于客户信用等级的分类分析**

　　从数据仓库中获取相应的客户通话、消费数据、沟通记录等,根据相应的数据模型,对其进行信用等级分析,可将客户分为最高、高、中、低等,从而更准确地了解客户的信用动态和行为特征,更有效地维持客户关系及企业效益。

　　企业的竞争是客户的竞争。大多数企业已经意识到有效的客户细分是企业参与客户竞争的核心竞争力,企业的服务营销策略也离不开有效客户细分的支持。

　　企业在逐渐接受分级服务分类营销理念的同时,也面临越来越多的客户细分挑战。那么,如何进行有效的客户细分呢?

　　企业进行有效的客户细分通常需要经过以下八个步骤。

（1）明确细分的目标。由于目标不同，关注长期目标还是短期目标导致客户细分的方法会有极大的差异。典型的目标包括设计针对性的产品与服务、促进产品销售、提升运营效率、优化成本结构、改进服务体验、提升营销效果与营销投入效用等。

（2）根据目标确定需要的资源和方法。资源包括人、物、财等，如建立协作关系，使营销和客户服务部门能够与 IT 经理合作，建立强有力的网络基础设施，以汇聚、保存、处理和分发数据分析结果等。

（3）根据企业资源限制选择合适的可行方法。可行的方法不一定是最合适的，也不一定有效，重要的是可行的方法是开始进行客户细分探索的基础。

（4）应用有效数据。企业现有的数据不一定完备，也不见得有效，数据本身可能也需要更为深入的处理以适应细分的方法。要意识到数据分析不一定是有效的，错误或不完备的数据会导致错误的结果。

（5）分析细分指标的稳定性。对于细分采取的变量，要应用分析技术验证系统性，通常有效的客户细分需要分层的多维指标交叉获得，并不是越复杂越好，而是要找真正稳定和显性的细分指标。

（6）描述细分客户群的特征。描述细分客户群的特征，通常要求细分后的客户群体不仅能够清晰地描述，也能够应用可靠的识别方法。

（7）通过实际应用验证细分的有效性。验证细分有效性的方法很多，要选择可行和合适的验证方法，没有经过有效性验证的细分是不可信的。

（8）把细分看成过程而不是结果。客户细分本就是个学习的过程，客户细分会随着时间的推移和市场的变化而失效，时代在进步、客户在成长、市场在变化，细分的方法也需要不断调整和优化，并且要有重新来过的远见。

无效的客户细分会导致企业后续投入的无效成本过高，企业在没有充分把握的时候，最好寻求专业人士的帮助。

思考与讨论

1. 如何获取竞争对手的客户？如何能够扭转目标客户的态度？如何与目标客户保持长期的沟通？如何让目标客户客观地评价我方与竞争对手的产品与服务？最终如何能够成功地赶走竞争对手、赢得客户呢？

2. 细分应该是统一的吗？一旦一个客户被划归到一个类别，是否企业的每个部门都要按照这一划分采取一致的行动？

3. 某个软件商店 A 要建设 CRM 系统，需要找出在商店中销售的软件之间的关联关系，在商店 A 中销售的软件分为五大类：系统软件（sw1）、安全软件（sw2）、办公软件（sw3）、游戏娱乐软件（sw4）和开发软件（sw5）。同时，我们抽取了 10 个事务（表 4-4）进行分析（可认为是 10 名客户的购买情况）。现假设系统设置的最小支持度阈值为 30%、最小置信度阈值为 70%，试用关联规则的方法 Apriori 算法挖掘客户购买的软件的关联性。

表 4-4　软件销售资料

事务号（客户）	事 务 列 表
T01	sw1,sw2
T02	sw2,sw3
T03	sw1,sw2,sw3,sw4,sw5
T04	sw3,sw5
T05	sw2,sw4
T06	sw1,sw3,sw4
T07	sw1,sw2,sw3,sw5
T08	sw1,sw2,sw3
T09	sw1,sw3,sw5
T10	sw4,sw5

实训题

实训 4-1　客户信息录入

主题：客户信息录入

完成这些练习后，学员将能够：

（1）阐述客户的分类；

（2）构建客户信息。

你在市场调查的基础上，对潜在客户有了一定的理解与接触，这些潜在客户的管理并不规范，你需要在 CRM 系统上对这些潜在客户的信息进行登记，以方便客户的管理并为进一步服务提供信息，登记客户信息之前，你可能需要对客户进行分类处理。

1. 定义客户组

（1）创建名称为"潜在客户"的客户分类。

（2）创建名称为"试用客户"的客户分类。

（3）创建名称为"正式客户"的客户分类。

2. 创建客户的主记录

（1）在客户信息下创建公司名称为"东软软件股份有限公司"，公司地址为"广州市天河北路 890 号广州软件"，邮编为 510635，联系人为"李经理"，联系人职务为"区域业务经理"，客户编号为"Q00001"的"潜在客户"，其余字段可根据你收集到的信息进行完善。

（2）在客户信息下创建你所收集到的所有客户信息。

实训 4-2　客户信息 Excel 导出与导入

主题：客户信息 Excel 导出与导入

完成这些练习后，学员将能够：

(1) 掌握客户信息的导出;

(2) 掌握客户信息的导入。

你将部分潜在客户的信息在 CRM 上进行输入,但实际业务过程中可能遇到客户信息需要导出到 Excel 表中或从已有 Excel 表中导入数据的情况,为此你需要进行 Excel 的导出与导入工作。

1. 客户信息导出到 Excel 表中

在本系统主页面直接单击"客户信息",进入"客户信息"窗口,单击"打印"按钮后,再选择"To Excel"命令保存。

2. 从已有 Excel 表中导入数据

(1) 先按上一步骤的操作将客户信息导出到 Excel,删除 Excel 的信息后保存文件,保存的文件名为 Excel1。

(2) 将你原有数据按列复制到已保存的"Excel1"文件的相应栏目下,一定要对应好数据与标题栏的内容。

(3) 在本系统主菜单中单击"客户信息",选择"客户信息导入",进入"客户信息导入"窗口,选择"选取文件导入"后退出。

3. 导入注意事项

数据导入时如联系人及电话有重复的,能否导入成功? 数据导入时如联系人为空,能否导入成功?

4. 按客户信息导出和导入的方式进行产品(样品)信息的导入与导出操作

操作方法参考客户信息导出与导入。

实训 4-3　客户组及客户主记录

主题:客户组及客户主记录

完成这些练习后,学员将能够:

(1) 创建客户组;

(2) 创建客户主记录。

在本练习中,你将会使用 SAP Business One 为小型客户创建客户组;为国内外客户创建客户主记录。

1. 定义客户组

创建两个新客户组:一个针对学校,一个针对小型客户(表 4-5)。

表 4-5　创建两个新客户组

字段名称或数据类型	值
组名称	学校
组名称	小型客户

2. 创建客户主记录

1) 创建国内客户

使用表 4-6 所示值创建新客户。

表 4-6 创建国内客户

字段名称或数据类型	值
代码	C2001
业务伙伴类型	客户
名称	Laurel School
组	学校
电话 1	＜任意＞
销售人员	＜任意选择＞

输入开票地址(表 4-7)。

表 4-7 输入开票地址(1)

字段名称或数据类型	值
地址名称	总部
街道/邮政信箱	＜任意＞
城市	＜任意＞
邮政编码	＜任意＞
国家/地区	＜国内＞
缺省税码	＜任意＞

输入送达地址(表 4-8)。

表 4-8 输入送达地址

字段名称或数据类型	值
名称	接收
街道/邮政信箱	＜任意＞
城市	＜任意＞
邮政编码	＜任意＞
国家/地区	＜国内＞
缺省税码	＜任意＞

输入付款条款和信贷限额(表 4-9)。

表 4-9 输入付款条款和信贷限额

字段名称或数据类型	值
付款条款	2P10Net30
信贷限额	10 000

添加数据记录。

2) 创建国外客户

如果尚未定义客户的货币,请现在定义。选择管理→设置→财务→货币。为新的小型客户创建客户主记录(表 4-10)。

表 4-10 创建国外客户

字段名称或数据类型	值
代码	C2002
业务伙伴类型	客户
名称	Richard Body
组	小型客户
货币	<客户的货币>

输入开票地址(表 4-11)。

表 4-11 输入开票地址(2)

字段名称或数据类型	值
街道/邮政信箱	<任意>
城市	<任意>
邮政编码	<任意>
国家/地区	<邻国>

添加数据记录。

案例分析

辣 椒 辣 吗

在竞争激烈的电信行业中,新进入的企业往往利用各种促销手段吸引客户。它们对此的理解是,如果想在将来获得更多的新客户,就必须利用这些促销手段走低价路线。另外,为了避免老客户流失,原有的企业在竞争者的逼迫下不得不采取类似的促销手段。然而,企业的促销手段与客户保留率之间的关系往往难以评估,即使可以的话其效果也是不理想的,因为低价导致企业盈利能力减弱。因此,最终的结果是电信企业普遍面临客户流失率高、客户忠诚度低和利润空间缩小等问题。

卖辣椒的人总会遇到这样的问题:"你这辣椒辣吗?"怎么回答呢? 说辣吧,怕辣的人,立马走了;答不辣吧,也许人家喜欢吃辣的,生意还是做不成。

一天没事,我就站在一个卖辣椒妇女的三轮车旁,看她怎样解决这个"二律背反"难题。趁着眼前没有买主,我自作聪明地对她说:"你把辣椒分成两堆吧,有人要辣的你就给他说这堆是,有人要不辣的你就给他说那堆是。"

卖辣椒的妇女对我笑了笑,轻声说:"用不着。"说着就来了一个买主,问的果然是那句老话:辣椒辣吗? 卖辣椒的妇女很肯定地告诉他:"颜色深的辣,浅的不辣!"买主信以为真,挑好付过钱,满意地走了。不一会儿,颜色浅的辣椒就所剩无几了。

又有个买主来了,问的还是那句话:辣椒辣吗? 卖辣椒的妇女看了一眼自己的辣椒,信口答道:"长的辣,短的不辣!"果然,买主就按照她的分类标准开始挑起来。这轮结果是,长辣椒很快告罄。

　　看着剩下的都是深颜色的短辣椒，我心里想：这回看你还有什么说法？当又一个买主问"辣椒辣吗?"的时候，卖辣椒的妇女信心十足地回答："硬皮的辣，软皮的不辣!"

　　我暗暗佩服，可不是吗？被太阳晒了半天，确实有很多辣椒因失水变得软绵绵了。卖辣椒的妇女卖完辣椒，临走时对我说："你说的那个办法卖辣椒的都知道，而我的办法只有我自己知道。"

　　资料来源：鸥鸟：卖辣椒者的智慧(现当代著名作家小小说赏析与训练)［EB/OL］.(2017-07-20). https://www.sohu.com/a/158750126_99913792.

　　问题：通过上述辣椒销售案例，谈谈你对客户细分的理解。

 即测即练

第 **5** 章

客户体验与沟通

学习目标

(1) 了解客户体验的基本概念;

(2) 了解客户体验管理的操作流程;

(3) 能够成功地进行一次体验活动;

(4) 能运用客户关系管理软件进行客户体验过程记录。

5.1 客 户 体 验

任务引入

一站式华为全屋智能授权体验店

姑苏未来,渐入佳境,2023 年 3 月 12 日,全国首家一站式整装华为全屋智能授权体验店在金螳螂家生活体验馆举办了盛大的开业仪式。据悉,此家华为全屋智能授权体验店,是由金螳螂旗下高端家装品牌金螳螂家与华为全屋智能强强联合,整合数字化新家装与全屋智能家居双方优势后,倾力打造而成的。

据了解,此家一站式整装华为全屋智能授权体验店落地苏州,系全国首家。在这里,消费者可以沉浸体验全屋智能的各类场景单元:如体验全屋智能影院模式,打造家庭专属沉浸式影院,让家不仅美出新高度,还能越住越智能;如体验家庭版智能健身房,实现边健身边刷剧的美好理想,收获健康与快乐;如体验卧室场景里自然唤醒、便捷起夜、舒适入眠等智能模式,从入睡到晨起,全方位得到舒适呵护;如体验华为智慧屏、组合立体声、五恒系统等智慧家居带来的科技感和便捷性,身临其境地感受金螳螂家空间设计美学与科技完美融合下的家居生活,帮助全中国广大用户改变生活方式,实现美好生活。

华为江苏全屋智能总经理王轩表示,作为一家技术创新型企业,华为在全屋智能行业有着得天独厚的优势。"把数字世界带给每个人,每个家庭,每个组织,构建万物互联的智能世界"是华为的企业愿景,华为将为用户提供完美的交互体验,此次与金螳螂家合作,是全新的开始,相信在强强联合之下,会为用户提供更好的智能家居环境。

当智能家居渐融家庭生活,打造健康·美学·科技的大宅别墅空间能轻松实现,一站式定制、数字化新家装也能唾手可得。来到苏州华为全屋智能授权体验店,客户可以通过手机端"金螳螂家"App 轻松实现"线上预约、线上签单、线上监工、线上验收"等操作,享受到简单、轻松、省心、放心、舒心的数字化新家装消费服务。有家装需求的消费者可以前去感受智慧家、入住定制家!

资料来源:开启智慧生活,全国首家一站式整装华为全屋智能授权体验店盛大开业〔EB/OL〕.(2023-03-15). https://baijiahao. baidu. com/s? id=1760417817015948818&wfr=spider&for=pc.

现在你就正在进行 CRM 项目体验,从客户关系管理营销规划,到潜在客户寻找、客户信息登记等,你努力地保持和客户的沟通与联系,为此你在此节中的任务就是体验和客户的沟通与服务过程。

任务:客户沟通与服务的体验。

任务分析

本节主要是对客户关系管理项目的过程进行体验,学习效果在于能从周边企业实际出发,找出与你相关的客户关系管理的项目服务的客户,并通过拜访、电话、邮件、网络等方式同企业进行联系,了解企业的需求,建议每人同 10 位以上客户进行沟通。

知识链接

5.1.1 什么是客户体验管理

客户体验管理是近些年兴起的一种崭新的客户管理方法和技术。伯尔尼·H.施密特(Bernd H. Schmitt)在《客户体验管理》一书中将客户体验管理定义为"战略性地管理客户对产品或公司全面体验的过程",它以提升客户整体体验为出发点,注重与客户的每一次接触,通过协调整合售前、售中和售后等各个阶段,各种客户接触点或接触渠道,有目的地、无缝隙地向客户传递目标信息,创造匹配品牌承诺的正面感觉,以实现良性互动,进而创造差异化的客户体验,提升客户的忠诚度,强化感知价值,从而增加企业收入与资产价值。

所谓体验,就是企业以服务为舞台、以商品为道具进行的令消费者难忘的活动。产品、服务对消费者来说是外在的,体验是内在的,存于个人心中,是个人在形体、情绪、知识上参与的所得。客户体验是客户根据自己与企业的互动产生的印象和感觉。厂商客户对厂商的印象和感觉从他开始接触到其广告、宣传品或是第一次访问该厂商时就产生了,此后,从接触到厂商的销售、产品,到使用厂商的产品,接受其服务,这种体验得到了延续。因此,客户体验是一个整体的过程,一个理想的客户体验必定由一系列舒适、欣赏、赞叹、回味等心理组成,它带给客户获得价值的强烈心理感受;它由一系列附加于产品或服务之上的事件组成,鲜明地突出了产品或服务的全新价值;它强化了厂商的专业化形象,促使客户重复购买或提高客户对厂商的认可度。一个企业如果试图向其客户传递理想的客户体验,势必在产品、服务、人员以及过程管理等方面有上佳的表现,这就是实施 CEM 的结果。

5.1.2　客户体验与客户满意的关系

客户体验与客户满意有些什么关系呢?我们可以从"以产品/客户为中心""注重过程/结果""意外惊喜/意料之中"等几个角度对这两个概念进行讨论。

1. 客户满意关注的重点是产品

客户满意传统上关注的是在购买(消费)之后让客户觉得满意,而满意是客户将产品(或消费服务)的功能质量和自己的期望比较之后得到的,如果产品的功能质量高于客户期望,客户就会满意;反之就不满意。客户满意度调查通常从产品功能的角度来考虑客户希望什么、希望从产品中得到什么、产品的功能怎样或服务的按时交付与订单整合性如何等。客户满意度模型侧重于对客户购买(消费)之后的综合满意度进行度量,实际测评时问卷的设计、调查等也都是围绕产品来进行的,最终改善的可能仅是产品。

2. 客户体验注重的是客户

融合客户体验的内容后,企业会更多地从客户的角度出发(而不是从公司目前所能够提供的产品和服务出发),在真正理解客户更高层次需要的基础上,围绕产品(或服务)将带给客户什么样的感觉、什么样的情感联系,以及产品或服务将如何给客户带来多种舒适的体验来进行优化,客户体验管理是对客户各种体验的全面考虑。

以汽车行业为例,随着科技的飞速发展,许多汽车在性能方面已趋于同质,与此同时,客户购车时在消遣、生活方式和身份地位象征等方面的考虑也日趋重要,但是这些客户心理方面的深层次因素却很少出现在目前的满意度调查表上,因此客户满意理论需要更多地"向后转移",不断补充与体验相关的内容。事实上,V. Zeithaml 等早在 1990 年就提出了服务质量的几个测量维度,包括可靠性、响应性、确切性、同比性及有形性等。研究表明,有多达 10 种的测量维度可用来描述客户可以感知的情感体验,这些体验影响客户对企业的内心总体评价。

3. 客户满意与客户体验的联系

客户满意度测量本身无法包罗万象,或从根本上帮助企业达到终极目的,它应当和客户体验管理以及其他管理方式紧密结合。

客户满意通常与客户对一个企业的产品或服务的感知效果与其期望值相比较后所形成的愉悦或失望的感觉状态有关。客户满意/不满意有程度的区分,客户满意水平的量化就是所谓客户满意度。根据客户满意度测评结果制定的客户满意战略应当以客户需求(包括潜在需求)为出发点,并在产品开发、产品功能及价格设定、售后服务以及整个客户接触互动过程中以客户满意为目标,分类设立改进目标,调整企业运营环节,不断提高客户满意度。

客户体验管理通过对购买和消费全过程中影响客户满意的因素进行全面分析并加以有效的控制,确保客户在各个接触点上获得良好的体验,增加客户为企业创造的价值,只有这样才能真正体现以客户为中心的理念。

5.1.3　一对一营销

1. 一对一营销的概念

一对一营销,亦称"121 营销""1-2-1 营销"或"1 对 1 营销"等,是一种客户关系管理战略,它为公司和个人间的互动沟通提供具有针对性的个性化方案。一对一营销的目标是提高短期商业推广活动及终身客户关系的投资回报率(ROI)。一对一营销的最终目标就是提升整体的客户忠诚度,关注的是最大价值的客户"钱包份额",也就是客户的终身价值,通常用"RAD"(retention 保持、acquisition 获取、development 发展)法来实施,并使客户的终身价值达到最大化。

一对一营销的核心内容是顾客份额或曰客户份额。顾客份额也可以形象地称为"钱袋份额"(share of wallet,SOW),它指的是一家厂商在一个顾客的同类消费中自己所占的比重。这和传统的大众营销有着本质的不同,大众营销注重的是市场份额,而市场份额指的是一家厂商在市场上同类产品销售总额中所占的比重。一对一营销针对的是个体顾客,而大众营销面向的是所谓市场,即群体顾客。

厂商要想提高自己的顾客份额,就必须与一个一个的顾客建立关系,通过与顾客长期持续的互动沟通,了解顾客的需求,最大限度地满足顾客的需求,提升顾客的忠诚度;而市场份额的提高则主要是通过大众媒体的广告宣传和产品促销,吸引最多数量的顾客购买产品,因此一对一营销聚焦于顾客的终身价值。一对一营销注重的是顾客的质量,而大众营销追逐的是顾客的数量。一对一营销的实施者要千方百计地争取和保持最有价值顾客和最具增长性顾客,并努力将最具增长性顾客转化为最有价值顾客,同时还要遗弃负值顾客。

传统营销经营者认为与单个顾客进行互动是不必要的,而来自某位顾客的反馈也只有当顾客能代表整个市场时才可能有用处,因此用同样的方式为特定市场的每个人生产并交付同样的产品,满足同一种需求。但一对一企业必须与顾客互动交流,根据从互动中获得的顾客反馈来提供量身定制的产品或服务。

2. 一对一营销的步骤

一对一营销的执行和控制是一个相当复杂的机制,它不仅仅意味着每个面对顾客的营销人员要时刻保持态度热情、反应灵敏,更主要也最根本的是,它要求识别、追踪、记录个体消费者的个性化需求并与其保持长期的互动关系,最终能提供个体化的产品或服务。

企业可以通过下列四步来实现对自己产品或服务的一对一营销。

第一步,识别顾客。

"销售未动,调查先行。"拥有每一位顾客的详细资料对企业来说相当关键,可以这样认为,没有理想的顾客个人资料,就不可能实现一对一营销。这就意味着,营销者对顾客资料要有深入、细致的调查和了解。对于准备实行一对一营销的企业来讲,关键的第一步就是直接挖掘出一定数量的企业顾客,而且大部分是具有较高服务价值的企业顾客,建立自己的顾客库,并与顾客库中的每一位顾客建立良好的关系,以最大限度地提高每位顾客的服务价值。

(1) 深入了解比浮光掠影更重要。仅仅知道顾客的名字、住址、电话号码或银行账号是远远不够的,企业必须掌握包括消费习惯、个人偏好在内的其他尽可能多的信息资料。企业可以将自己与顾客发生的每一次联系都记录下来,如顾客购买的数量、价格、采购的条件、特定的需要、业余爱好、家庭成员的名字和生日等。

(2) 长期研究比走马观花更有效。仅仅对顾客进行某次调查访问不是一对一营销的特征,一对一营销要求企业必须从每一个接触层面、每一条能利用的沟通渠道、每一个活动场所及公司每一个部门和非竞争性企业收集来的资料中去认识和了解每一位特定的顾客。

当然,不能狭隘地认为一对一营销的对象仅指产品或服务的最终消费者。例如,一家专门从事制造业的企业,并不直接销售自己的产品,但是它完全可以遵循一对一营销的原则,与营销渠道中的企业和产品需求链中的每一个成员建立一对一的关系。

第二步,顾客差别化。

一对一营销较之传统目标市场营销而言,已由注重产品差别化转向注重顾客差别化。从广义上理解顾客差别化主要体现在两个方面:一是不同的顾客代表不同的价值水平,二是不同的顾客有不同的需求。因此,一对一营销认为,在充分掌握企业顾客的信息资料并考虑顾客价值的前提下,合理区分企业顾客之间的差别是重要的工作。

顾客差别化对开展一对一营销的企业来说,首先,可以使企业的一对一工作有的放矢,集中企业有限的资源从最有价值的顾客那里获得最大的收益,毕竟企业不可能有同样的精力与不同的顾客建立同等的服务关系,也不可能从不同的顾客那里获取相同的利润;其次,企业也可以根据现有的顾客信息,重新设计生产行为,从而对顾客的价值需求作出及时的反应;最后,企业对现有的顾客库进行一定程度的差别化,将有助于企业在特定的经营环境下制定适当的经营战略。

在这一过程中,企业应该选取几个准备明年与之有业务往来的顾客,将他们的详细资料输入企业的顾客资料库;针对不同的顾客以不同的访问频率和不同的通信方式来探询目标顾客的意见;根据评估顾客终身购买本企业的产品和服务使企业获得的经济收益的现值,将企业顾客划分为 A、B、C 三个等级,以便确定下一步双向沟通的具体对象。

第三步,与顾客个性化交流。

当企业与渠道成员沟通交流时,这种沟通平台和措施视该成员的级别与价值而定,可以是数字化、网络化的,也可以是电信化、人工化的。

宝洁公司一大批的 MBA(工商管理类硕士研究生)都在阿肯色州的最大现场办公室工作,因为这里与他们的顶级顾客沃尔玛相邻。在办公室里,一套巨大的网络平台系统与沃尔玛连接,24 小时不停地工作:商品的卖场策略等信息,沃尔玛的存货情况、即时的产品需求、补货数量、时间、顾客的意见反馈都以最快的速度传输到宝洁公司办公室,使宝洁公司能够随机应变,快速地根据市场变化调整策略。

对于级别较低的渠道成员,宝洁公司则采用电话、传真、普通互联网络、邮寄、人员等方式进行沟通和了解。宝洁公司还会指令驻分销商人员或者定期派出市场渗透人员到其他各类终端进行沟通,在助销的同时随时向总部反馈来自各渠道成员和当地市场的信息。

当企业在对个体顾客的规格或需求做进一步了解时,会发生两方面的活动:公司在学习,顾客在教授。而要赢得真正的顾客忠诚,关键在于这两方面活动的互动。一对一营销成功的关键之处就在于它能够和顾客建立一种互动的学习型关系,并把这种学习型关系保持下去,以发挥最大的顾客价值。一对一企业善于创造机会让顾客告诉企业他需要什么,并且记住这些需求,把其反馈给顾客,由此一直保住该顾客的业务。

建立学习型关系有以下两个必备的要求。

（1）企业必须是一个成功的、具有成本效益的量身定制者,具备有效的设计接口和精确的顾客规格记忆。这样可以通过一种方便又准确的方式使顾客确切地说明他的需求。而且,不得要求顾客为同一件事再一次向你说明。Barista Brava 咖啡连锁店的一名领班连续招待了 28 位顾客,而未曾向其中的任何一位问过他想要什么,因为他知道要把顾客招待好,最简单、最直接的方法就是把顾客的个人口味记住,从而不必烦劳他们再次说明。这就是 Barista Brava 正在夺走星巴克顾客的最重要的原因。

（2）顾客必须付出努力,才能把这些规格要求提供给公司。如果顾客付出努力提供给公司需求信息的回报是更加个性化的令人满意的产品或服务,那么这种行为可以促使顾客更忠诚,更加愿意付出努力来提供给公司他更加个性化需求的信息。顾客的主动权越大,对话就会变得越丰富和有益。

第四步,业务流程重构。

要实现这一步,企业可以从以下几个方面展开生产过程重构:将生产过程划分出相对独立的子过程,进行重新组合,设计各种微型组件或微型程序,以较低的成本组装各种各样的产品以满足顾客的需求;采用各种设计工具,根据顾客的具体要求,确定如何利用自己的生产能力满足顾客的需要。一对一营销最终实现的目标是为单个顾客定制产品,或围绕这件产品提供某些方面的定制服务,如开具发票的方式、产品的包装式样等。一对一营销的实施是建立在定制的利润高于定制的成本的基础上的,这就要求企业的营销部门、研发部门、制造部门、采购部门和财务部门通力合作。营销部门要确定满足顾客所要求的定制规格;研发部门要对产品进行高效率的重新设计;制造部门与采购部门必须保证原材料的有效供应和生产的顺利进行;财务部门要及时提供生产成本状况与财务分析。

3．一对一营销方案

一对一营销不仅要求营销人员面对顾客时时刻保持态度热情,更重要的是,它要求营销人员识别、追踪、记录并最终满足个体消费者的个性化需求。

所以,一对一营销的基础是企业与顾客建立一种新型的学习关系,即通过与顾客的一次次接触而不断增加对顾客的了解。利用学习型关系,企业可以根据顾客提出的要求以及对顾客的了解,生产和提供完全符合单个顾客特定需要的顾客化产品或服务,最后即使竞争者进行“一对一”的关系营销,你的顾客也不会轻易离开,因为如果离开,他还要再花很多的时间和精力才能使竞争者对他有同样程度的了解。

（1）识别你的客户。企业在启动一对一营销之前,必须与大量的顾客进行直接接触,重要的是获取更多的细节,并且牢记这是一个永不停息的过程。企业应该了解的不仅是顾客的名字、住址和联系方式,还包括他们的购买习惯、爱好等信息。不要认为发张问卷就完事了,还要通过每一次接触、每一个渠道、每一个地点、企业的每一个部门来获得这些信息。只要顾客可能对你的任何一种产品或服务产生购买欲望,就要将其信息收入数据库。

（2）对顾客进行差异分析。不同顾客之间的差异主要在于两点:对产品的需求不同,对公司的商业价值不同。试着把你的客户分为 A、B、C、D 等不同的类别。一个 A 级顾客的价值也许无法完全用金钱来加以衡量:一流的顾客在帮助你完成业绩方面可能具有关键性的作用。与之相反,C 级或 D 级顾客在和你打交道时或许会给你带来负面的影响。对顾客进行有效的差异分析,可以帮助企业更好地优化资源配置,使产品或服务的改进更有成效。牢牢掌握最有价值的顾客,才能取得最大的效益。

（3）与顾客保持积极接触。顾客交流是企业成长战略的一个重要组成部分。实施一对一营销,就要探索顾客过去买了些什么,发现顾客的最终价值,然后开发能够从顾客身上获取的递增的业务,也就是通过更全面、具体地了解顾客来挖掘其"战略价值"。通过这一步骤,最好的、最有效的公开交流渠道就被建立起来了。无论是使用网站还是使用呼叫中心,目的都是降低与顾客接触的成本,增加与顾客接触的成效,最终找到与顾客建立学习型关系的办法。顾客的反馈在此阶段非常关键。

（4）调整产品或服务以满足每位顾客的需要。如果你了解顾客的需求,就应立即采取行动,并且提供能够给他们带来额外收益的产品或服务。要想把顾客锁定在学习型关系中,因人制宜地将自己的产品或服务加以个性化是必不可缺的。这可能会涉及大量的定制工作,而且调整点一般并不在于顾客直接需要的产品,而在于这种产品"周边"的某些服务,诸如分发产品的方式、产品的包装样式等。向顾客准确地提供他们所需要的东西,顾客的忠诚度就会大大提高。

5.1.4　顾问营销

顾问营销又称关系营销,是指企业在盈利的基础上,建立、维持和促进与顾客和其他伙伴之间的关系,以实现参与各方的目标,从而形成一种兼顾各方利益的长期关系。关系营销把营销活动看成一个企业与消费者、供应商、分销商、竞争者、政府机构及其他公众发生互动作用的过程,正确处理企业与这些组织及个人的关系是企业营销的核心,是企业经营成功的关键。

顾问营销从根本上改变了传统营销将交易视作营销活动关键和终结的狭隘认识。企业应在主动沟通、互惠互利、承诺信任的关系营销原则的指导下,利用亲缘关系、地缘关系、业缘关系、文化习惯关系、偶发性关系等与顾客、分销商及其他组织和个人建立、保持并加强关系,通过互利交换及共同履行诺言,使有关各方实现各自的目标。面对日益残酷的竞争与挑战,许多企业逐步认识到:保住老顾客比吸引新顾客收益要高;随着顾客的日趋大型化和数目不断减少,每一个顾客都显得越发重要;交叉销售的机会日益增多;更多的大型公司正在形成战略伙伴关系来应对全球性竞争,而熟练的关系管理技术正是必不可少的;购买大型复杂产品的顾客不断增加,销售只是这种关系的开端,而任何"善于与主要顾客建立和维持牢固关系的企业,都将从这些顾客中得到许多未来的销售机会"（科特勒）。

5.1.5　微信营销

微信营销是利用微信平台进行营销活动的一种方式,具有私密性互动、信息达到率高、关系锁定性强等特征。随着微信功能的不断增加,微信营销的方法和渠道也在日渐丰富。

1. 微信营销的优势
（1）平台用户基数大。腾讯官方发布的 2024 年第一季度财报显示,截至 2024 年

3 月 31 日,微信及 WeChat 合并月活账户数量达到 13.59 亿,同比增长 3％,稳坐国内社交平台第一把交椅。随着微信成为越来越多人的主要社交工具,互加微信、推荐微信名片等方式已取代传统的互留手机号、QQ 号、纸质名片等方式成为目前国内最普适和主流的社交范式。

（2）沟通便捷。

① 经济成本低。相比于线下拜访、打电话、发短信等沟通方式,微信沟通占用更低的通信经济成本。

② 信息留存。相比于面对面交流、打电话等沟通方式,微信沟通更有利于将交流的所有信息长时间留存,而不需要付出额外的努力。

③ 形式丰富。微信沟通具有文字沟通、语音留言、语音即时通话、视频即时通话等多种形式,对有语音偏好、文字偏好、面对面偏好等不同用户,均能很好地满足其需求。

④ 兼容即时沟通和非即时沟通。正确判断在某种情景下该使用即时沟通的方式还是非即时沟通的方式对于沟通效果是非常重要的,通常在不见面的情况下很难知道客户是处于忙碌的状态还是处于清闲的状态,如果在忙碌的状态下用电话贸然打扰可能会招致对方反感,如果在清闲的状态下用邮件进行留言又可能会错失沟通机会。而用微信沟通恰能解决这种两难的困境,人们通常只在一天之中固定的时间查看和处理邮件,而查看微信的频率要高得多,处理微信消息也更为灵活。

⑤ 兼容正式场合和非正式场合。出于办公组织流程、办公文件共享及传输、会议等不同的需求,不同的企业会选择不同的社交平台组建自己的正式办公沟通群,如企业微信、钉钉、飞书、QQ 等。但如果从兼容内部沟通与外部沟通、正式沟通与非正式沟通的角度,微信无疑是目前最为广泛应用的沟通工具。微信既适用于讨论业务细节等正式沟通,也适用于维系客户情感等非正式沟通。

（3）方便获取用户个性化信息。为了更好地了解用户的个性化需求,可从微信展开思路,用户选择公开的朋友圈、视频号、状态、封面等内容,都是用户个性化特征的体现,从中可以获取用户的个性化需求信号。

（4）方便发布及推广信息。除了向客户直接推送聊天框信息,还可以采用朋友圈发布、视频号发布等对客户打扰程度较低的信息发布方式。

2.微信营销的方法

（1）朋友圈营销。朋友圈是微信社交平台的重要组成部分,通过发布个人动态、生活场景、产品展示等,吸引更多潜在客户关注。要做好朋友圈营销,需要注意以下几点:首先,保证发布的内容真实、有用,避免过度推销和刷屏;其次,关注客户需求,根据客户需求发布相关内容;最后,注意发布时间,尽量选择目标客户群体查看朋友圈概率较高的时间段发布,能获得更高的有效浏览量。

（2）公众号营销。公众号是微信为个人或企业、团体组织提供的宣传平台,通过发布文章、信息、活动内容等方式,吸引粉丝关注,建立品牌形象。公众号分为订阅号和服务号,订阅号适用于发布和传播信息,服务号适用于为用户提供功能服务。要做好公众号营销,需要注意以下几点:首先,提供有价值的内容,满足客户需求;其次,注重文章的可读性和视觉效果,提高文章的质量;最后,加强与粉丝的互动,建立良好的关系。

（3）微信群营销。微信群是微信社交平台的一种形式，是打破地缘界限的社群组织，通过建立群组，拉拢目标客户加入，进行相关主题的话题带引，进行产品宣传和推广。要做好微信群营销，需要注意以下几点：首先，选择合适的目标客户，围绕主题建立相应的群组；其次，发布有价值的内容，吸引潜在客户的关注；最后，加强与群成员的互动，维护良好的社群生态。

（4）小程序营销。小程序是微信提供的一种应用程序，通过提供有趣、实用的功能，吸引用户使用和分享。要做好小程序营销，需要注意以下几点：首先，功能抓住核心关键，界面简洁，操作容易，提高用户的使用流畅感；其次，通过裂变模式的设计，扩大小程序的影响力；最后，不要忽视客户服务和功能运维。

（5）微信广告投放。微信广告是微信提供的一种广告服务，通过投放广告，吸引目标客户关注和点击。微信广告包括朋友圈广告、公众号广告、小程序广告三种场景模式下的广告卡片插入。要做好微信广告投放，需要注意以下几点：首先，选择合适的目标客户，提高广告投放的精准度；其次，设计有吸引力的广告内容，吸引潜在客户的关注；最后，监测广告效果，及时调整广告策略。

（6）视频号营销。视频号是微信生态的一部分，凭借其海量用户以及丰富的内容生态，成为企业营销的有效工具。视频号的基本流量分配规则是基于权重，采用分级流量池推荐形式。权重是以好友关注度为基本的出发点，依据内容在全网的动态热度去综合评判的，优质视频会根据粉丝反馈被重复推荐，但会根据社交关系由近及远、分批分次覆盖，而不是根据兴趣指征进行大规模覆盖。要做好视频号营销，需要注意以下几点：首先，高度重视视频原创度，创作优质原创内容；其次，根据流量分配规则的权重，提升好友互动率；再次，规划好创作内容，保证作品内容具有较高的垂直度；最后，保证完播率和较高的发布频率。

（7）微信直播营销。微信直播营销是指通过在微信平台上进行直播活动，利用微信的社交属性和大量用户资源，来实现企业品牌宣传、产品推广、增加销售等营销目标的一种营销方式。要做好微信直播营销，需要注意以下几点：第一，明确目标受众，了解受众的兴趣、需求和消费习惯，有助于制定更具针对性的直播内容和推广策略，通过对目标受众的深入分析，可以更有效地吸引他们的关注，提高直播的观看率；第二，内容具备独特性和吸引力，通过提供有价值的信息、展示独特的产品特点或举办有趣的互动活动，可以提升观众的兴趣和参与度，同时，保持内容的新鲜度和质量也是留住观众的重要因素；第三，良好的直播界面和互动体验也是吸引观众的重要因素，通过优化直播界面设计、提高画面清晰度、确保声音清晰流畅，可以提升观众的观看体验；第四，社交媒体是微信直播引流的重要渠道之一，通过在微信朋友圈、公众号、微博等社交平台上发布预告和推广信息，可以扩大直播的覆盖面，吸引更多的潜在观众。此外，与意见领袖或网红合作，利用他们的粉丝基础进行直播推广，也能有效增加观看人数；微信广告投放是一种有效的引流方式，通过在微信平台上投放广告，可以将直播信息传递给更多的潜在观众。同时，利用数据分析工具，可以对广告投放的效果进行跟踪和优化，提高广告投放的精准度和回报率。

微信营销依托强大且稳定的社交平台，其营销方法和管理理念也依托微信生态，但是营销方法的创造和使用也不完全局限于某种特定的平台规则，更多的是借助对微信平台火热这种现象背后深层原因的分析,来探索社交关系的底层逻辑,深度挖掘客户需求,以创造出具有强大生存力的营销模式。

案例 5-1

虹桥机场的客户满意度调查表

走进上海虹桥机场的候机大厅,旅客可以随处拿到客户满意度调查表,为了方便摆放调查表,管理当局还专门设计了柜架。而且,与首都机场在媒体上宣扬调查客户满意度相比,上海虹桥机场的满意度调查表一直摆放在显眼之处已有多月了。管理当局显然打算将此作为一项长期的战略来对待。

分析:

客户体验是本,客户满意是标。通过对客户体验加以有效把握和管理,可以提高客户对公司的满意度和忠诚度,并最终提升公司价值。本节就从上海虹桥机场的成功案例出发,来分析客户体验管理的重要性及其与客户满意之间的重要关系。

从上述案例和理论分析中,我们可以明确地看出:客户体验管理要求全面考虑客户购买和消费过程中的各种体验因素,这些因素超越了众多客户满意度调查中所关注的产品、包装、售后服务等,而更多的是从客户角度出发,考虑导致客户满意的更深层次的因素,包括如何设计才能让客户对企业及其品牌产生良好的感觉、感受等。因此,在如今激烈的市场竞争中,企业要想获得竞争优势,就必须关注客户体验和客户满意度的问题,就要把 CRM 的思想贯彻到企业应用策略中去,注重每一次的交互过程中客户体验对于企业将来的利润和收益的作用与影响,并且优化客户体验,确保跨渠道和跨市场营销的正常运作。

作为一家企业的 CEO(首席执行官),要考虑到如何最好地利用客户体验实现客户关系管理,把业务和技术策略的实施恰当地融入客户群体中,强调客户管理模式与客户体验的结合。而且要注重客户体验的优化,因为客户体验的优化能确保这样的跨渠道和营销媒介的客户体验强化组织的基本价值主张,并让不同的业务得以实现。要成为真正的CEO,与潜在的资产净值提高相对,组织必须决定给客户体验以适当的投资,还要确保自身有技术和能力完成客户体验的优化以及平衡好客户体验优化与业务之间的关系。从企业外部来分析,这样能提高企业利润和最终的收益;从企业内部来分析,这样有助于平衡外部价值驱动因素和内部价值的实现,围绕客户的多渠道策略,改善客户体验,创造公司价值。

5.2　客户联系及记录

任务引入

银行客户经理的一天

上午 9 点 10 分,某银行客户经理薛小姐来到某街道办事处拜访一位经管办的负责人。这位负责人对街道办事处的企业情况比较熟悉,推荐了几家企业做一些小金额的贷款,通过他的推荐,拓展业务达到事半功倍的效果。

上午11点左右,薛小姐来到一家中国移动充值网点进行业务沟通,争取让这家网点的负责人在该银行开通一个对公账户,以后发工资时,只需要每月给该银行提供一张员工工资表,银行通过网络就可以快速完成转账。

回到银行已是中午,稍作休息,薛小姐开始看客户资料、打电话提醒客户业务到期;为新客户建立档案:在"意向客户表"上记录今天开发客户的详细情况。银行不时为大厅客户提供服务,"大厅里,也会发掘不少优质客户。比如有些客户为了某笔转账,临时在银行开通账户,交易完成后,这张卡便可能长久不用。像这种情况,就代表他转账的对方是自己的客户,所以,可以通过这个点跟进下,让这位客户将相关储蓄放进我们银行,这样一来方便以后转账,二来也可以给他推荐其他业务,比如做短期理财等,增加客户的收入。"薛小姐说。

下午3点多,薛小姐来到一家钢材生产销售公司进行回访。这家公司之前通过薛小姐向中国邮政储蓄银行做过公司贷款,这笔贷款的及时到账帮其渡过了一个难关。

对于优质客户,薛小姐也是努力挖掘新业务,只要有合适的业务,就会第一时间向客户介绍,一来可以增加客户的收入,二来可以培养客户的忠诚度。

"现在银行拼的就是服务,谁家的服务好,客户就会去谁家。激烈的竞争也有一定的好处,便是提高整个行业的服务质量。"

资料来源:邮储银行客户经理的一天:快乐工作 传播正能量[EB/OL].(2013-07-31).http://news.bandao.cn/news_html/201307/20130731/news_20130731_2230912.shtml.

要处理此类问题,你可能需要具备完成以下两个任务的条件。

任务1:创建客户联系记录。

任务2:客户联系历史记录查询分析。

任务分析

现代客户服务人员事务特别繁忙,像薛小姐这种业务经理更是如此,每天要查看大量的客户资料,拜访或接见不同的客户,还要与上级领导或下级员工进行反复沟通等。那么,怎样帮助业务人员把工作变得井井有条,气定神闲之间为公司赚钱呢?你可通过客户关系管理软件的客户沟通中的联系记录及统计查询两项功能来解决此问题,进而提升客户满意度。

具体操作流程(以源海客户关系管理软件为例)如下。

1. 任务1提示

(1)单击主菜单"客户沟通"下的"联系记录"或软件桌面快捷方式"联系记录"进入"联系记录"窗口。

(2)从左边窗口选取所要接触的客户名称,此时以前所有的接触自动显示。

(3)单击"增加"按钮,在客户接触输入框中输入接触内容。如果进行邮件接触,则单击"邮件"按钮,此时将弹出一个邮件菜单,选择弹出菜单的"单个邮件发送"或"Outlook

Express 发送"命令可自动取出当前客户的邮件地址,并进入邮件编辑发送窗口,输入邮件内容,单击"发送"按钮即可完成邮件接触。

(4) 当完成增加内容后,单击"保存"按钮时,系统会提示"需以后提醒再次沟通吗?"如确定,会在 12 小时后或默认设置的时间段提醒你下次联系。

此操作需注意一点:创建联系记录时,请确定是否对客户进行过编号(唯一编号),否则记录定位不准。

2．任务 2 提示

(1) 单击主菜单"统计"下的"沟通统计"按钮,再进入"联系记录"窗口。

(2) 从选取日期及选取顾客窗口中选取适当条件进行统计。

(3) 单击"To Excel"按钮,可将统计列表的信息导出到 Excel 中。

知识链接

5.2.1　客户沟通技巧

1．人际风格类型划分

人际风格可分为分析型、支配型、表达型、和蔼型。

2．各类人际风格人的特征及与其沟通技巧

1) 分析型人的特征和与其沟通技巧

(1) 特征。

① 严肃认真;

② 动作慢;

③ 有条不紊;

④ 合乎逻辑;

⑤ 语调单一;

⑥ 语言准确,注意细节;

⑦ 真实;

⑧ 有计划、有步骤;

⑨ 寡言、缄默;

⑩ 使用挂图;

⑪ 面部表情少;

⑫ 喜欢有较大的个人空间。

(2) 与其沟通技巧。

① 注重细节;

② 遵守时间;

③ 尽快切入主题;

④ 一边说一边拿纸和笔记录,像他一样认真、一丝不苟;

⑤ 不要和他眼神有太多的交流,更避免有太多身体接触,你的身体不要过于前倾,应该略微后仰,因为分析型的人强调安全,要尊重他的个人空间;

⑥ 在说话过程中,一定要用很多准确的专业术语,这是他需求的;

⑦ 在说话过程中,要多列举一些具体的数据,多做计划,使用图表。

2) 支配型人的特征和与其沟通技巧

(1) 特征。

① 果断;

② 有作为;

③ 指挥人;

④ 强调效率;

⑤ 爱生活;

⑥ 有目光接触;

⑦ 有能力;

⑧ 说话快且有说服力;

⑨ 热情;

⑩ 语言直接,有目的性;

⑪ 面部表情比较少;

⑫ 使用日历;

⑬ 情感不外露;

⑭ 注重计划;

⑮ 审慎。

(2) 与其沟通技巧。

① 给他的回答要非常准确;

② 和他沟通的时候,可以问一些封闭式的问题,他会觉得效率非常高;

③ 讲究实际情况,有具体的依据和大量创新的思想;

④ 支配型的人非常强调效率,要在最短的时间里给他一个非常准确的答案,而不是一种模棱两可的结果;

⑤ 要非常直接,不要有太多的寒暄,直接说出你的来历,或者直接告诉他你的目的,要节约时间;

⑥ 说话的时候要声音洪亮,充满信心,语速要比较快,如果你在某个支配型的人面前声音很小、缺乏信心,他就会产生很大的怀疑;

⑦ 要有计划,并且最终落到一个结果上,他看重的是结果;

⑧ 感情不要流露太多,要直奔结果,从结果的方向说,而不要从感情的方向说;

⑨ 在和他沟通的过程中,要有强烈的目光接触,目光的接触是自信的表现;

⑩ 身体要略微前倾。

3) 表达型人的特征和与其沟通技巧

(1) 特征。

① 外向;

② 合群;

③ 直率友好;

④ 活泼；

⑤ 热情；

⑥ 快速的动作和手势；

⑦ 不注重细节；

⑧ 生动活泼、抑扬顿挫的语调；

⑨ 令人信服；

⑩ 有说服力的语言；

⑪ 幽默；

⑫ 陈列有说服力的物品。

（2）与其沟通技巧。

① 声音要洪亮。

② 要有一些动作和手势,如果我们很死板,没有动作,那么表达型的人的热情很快就会消失,所以我们要配合他,在他出现动作的过程中,我们要看着他的动作,否则,他会感到非常失望。他经常说你看这个方案怎么样,你一定要看着他的手,认为这里就有方案。在沟通中你也要学会伸出手,"你看,我这个方案怎么样?"他会很好奇地看着你的手,仿佛手里就有一个完整的解决方案。

③ 表达型的人的特点是只见森林、不见树木。所以在与表达型的人沟通的过程中,要多从宏观的角度去说一说"你看这件事总体上怎么样""最后怎么样"。

④ 说话要直接。

⑤ 表达型的人不注重细节,甚至有可能说完就忘了。所以达成协议以后,最好与之进行一个书面确认,这样可以提醒他。

4）和蔼型人的特征和与其沟通技巧

（1）特征。

① 合作；

② 面部表情和蔼可亲；

③ 友好；

④ 频繁的目光接触；

⑤ 赞同；

⑥ 说话慢条斯理；

⑦ 耐心；

⑧ 声音轻柔,抑扬顿挫；

⑨ 轻松；

⑩ 使用鼓励性的语言；

⑪ 办公室里有家人的照片。

（2）与其沟通技巧。

① 和蔼型的人看重的是双方良好的关系,他们不看重结果。这一点告诉我们在和他们沟通的时候,首先要建立好关系。

② 要对和蔼型的人的办公室照片及时加以赞赏。和蔼型的人有一个特征就是在办

公室里经常摆放家人的照片,当你看到这些照片时,不要视而不见,要对照片上的人物进行赞赏,这是他最大的需求,而且要及时赞赏。

③ 在沟通的过程中,要时刻充满微笑。如果你突然不笑了,和蔼型的人就会想:他为什么不笑了? 是不是我哪句话说错了? 会不会是我得罪他了? 是不是以后他就不来找我了? 等等,他会想很多。所以在沟通的过程中,一定要注意始终保持微笑的姿态。

④ 说话要比较慢,要注意抑扬顿挫,不要给他压力,要鼓励他,去征求他的意见。所以,遇到和蔼型的人要多提问:"你有什么意见? 你有什么看法?"问后你会发现,他能说出很多非常好的意见,如果你不问的话,他基本上不会主动去说。所以,你看他微笑地点头就要问。

⑤ 遇到和蔼型的人要注意同他有频繁的目光接触。每次接触的时间不要长,但是频率要高。三五分钟,他就会目光接触一次,接触以后立刻羞涩地低下头,过一会儿再去接触一下,但是不要盯着他不放,要接触一下、回避一下,沟通效果会非常好。

我们与客户沟通的目的是达成一个共同的协议,而我们在工作、生活中遇到的人不一样,我们要和不同的人沟通,要和不同的人达成协议,因此我们就要了解不同人的特征。人以群分,我们以与他相应的特征和其沟通时就容易达成协议,所以不论是支配型的人、分析型的人、表达型的人或和蔼型的人,我们都要变换自己的沟通特征与之相应,这样就会给所有的人留下一个好的印象,所有的人都会觉得与你沟通非常愉快。学习人际风格,会使我们同任何人沟通都游刃有余,使我们无论是在家庭还是在工作中,都会有非常高的效率,和任何人沟通都会达成一个圆满的、共同的协议。

5.2.2 业务人员必须拥有的四种能力和八种魅力

业务人员必须拥有的四种能力和八种魅力如下。

1. 四种能力

(1) 自信。自信是成功的基础,自信是激发前进的动力,生活中的很多失败,不是因为能力不济,而是因为自信心不足。培养自信心,要努力学习业务知识,要通过不断地与各式各样的人沟通来锤炼气质,还要明白自信不是自高、自大、自命清高。

(2) 较强的语言表达能力和一定的沟通技巧。业务员在向客户介绍企业和产品情况时,需要有出色的口头表达能力和语言组织能力,并运用一定的沟通技巧,让客户对你的谈话、你的产品感兴趣,有与你沟通的欲望,让你的销售工作进展顺利。

(3) 良好的个人形象。这里的个人形象不是单纯地指长相,而是指一个人的整体精神面貌。要想让客户接受你的产品和你的销售建议,首先要让他们接受你这个人,也就是说,推销产品首先要推销自己,给客户一种礼貌、诚实、干练的个人形象。

(4) 专业的知识和上进的工作态度。业务人员只有将自己的产品特点和优势熟记,才能在销售工作中做到游刃有余。另外,要有强烈的上进心,现在有些人持"躺平"态度,对生活充满了消极的情绪。作为业务人员,绝不要有满足的思想观念,要敢于超越自我、扩大自己的发展空间。

2. 八种魅力

(1) 热情。它是性格的情绪特征之一,业务人员要富有热情,在业务活动中待人接物更要始终保持热烈的感情。热情会使人感到亲切、自然,从而缩短双方的感情距离,创造出良好的交流思想、情感的环境。但要把握好尺度,过分热情会使人觉得虚情假意而有所戒备,无形中就筑起了一道心理上的防线。

(2) 开朗。它是外向型性格的特征之一,表现为坦率、爽直。具有这种性格的人,能主动、积极地与他人交往,并能在交往中汲取营养、增长见识、培养友谊。

(3) 温和。其性格特征表现为不严厉、不粗暴。具有这种性格的人,愿意与别人商量,能接受别人的意见,使别人感到亲切,容易和别人建立亲近的关系,业务人员需要这种性格。但是,温和不能过分,过分则令人乏味,不利于交际。

(4) 坚毅。它是性格的意志特征之一。业务活动的任务是复杂的,实现业务活动目标总是与克服困难相伴随,所以,业务人员必须具备坚毅的性格。只有意志坚定、有毅力,才能找到克服困难的办法,实现业务活动的预期目标。

(5) 耐性。它是指能忍耐、不急躁的性格。业务人员作为自己的组织或客户、雇主与公众的"中介人",不免遇到公众的投诉,被投诉者当作"出气筒"。因此,没有耐性,就会使自己的组织或客户、雇主与投诉者之间的矛盾进一步激化,本身的工作也就无法开展。在被投诉者当作"出气筒"的时候,最好是迫使自己立即站到投诉者的立场上。只有这样,才能忍受逼迫心头的挑战,然后客观地评价事态,顺利解决矛盾。业务人员在日常工作中也要有耐性,既要做一个耐心的倾听者,对别人的讲话表达兴趣和关切,又要做一个耐心的说服者,使别人愉快地接受你的想法而没有丝毫被强迫的感觉。

(6) 宽容。它是指宽大、有气量,是业务人员应当具备的品格之一。在社交中,业务人员要允许不同观点的存在,如果别人无意间冒犯了你,要原谅他。你谅解了别人的过失,允许别人在各个方面与你不同,别人就会感觉到你是个有气度的人,从而愿意与你交往。

(7) 大方。它是指举止自然,不拘束。业务人员需要代表组织与社会各界联络沟通,参加各类社交活动,所以一定要讲究姿态和风度,做到举止大方,稳重而端庄。不要缩手缩脚、扭扭捏捏,不要毛手毛脚、慌里慌张,也不要漫不经心或咄咄逼人。坐立姿势要端正,行走步伐要稳健,谈话语气要平和,声调和手势要适度。只有如此,才能让人感到你所代表的企业可靠和成熟。

(8) 幽默感。它是指有趣或可笑且意味深长的素养。业务人员应当努力使自己的言行特别是言谈风趣、幽默,能够让别人觉得因为有了你而兴奋、活泼,并能让别人从你身上得到启发和鼓励。

5.2.3 关系营销知识介绍

关系营销的概念是美国营销学者白瑞(Berry)1983 年在一篇服务营销的会议论文中首先提出的,其后得到了广泛的应用与发展,演变成各种理论。如当今比较有代表性的关系营销理论主要有:英澳学派的六市场模型,美国学者摩根(Morgan)和亨特(Hunt)的投入-信任理论,瑞典学者古姆松(Gummesson)的 30R 理论,芬兰学者格朗鲁斯(Gronroos)的价值、交换和对话过程理论,美国著名学者科特勒的全面营销理论,以及美国学者谢斯的关系营销演变理论等,这些理论从多视角和不同的侧面对关系营销进行了探索,有力地推动了关系营销研究的深入,也为企业改善营销业绩和在新竞争环境下寻求有效的营销方法提供了机遇。

关系营销是与关键顾客建立长期的令人满意的业务关系的活动。如何留住顾客,并与顾客建立长期、稳定的关系,是关系营销的实质。在关系营销管理中,顾客服务是企业获得高市场份额的关键,也是企业获得竞争优势的重要途径。信任和承诺是关系营销研究的重点。因为信任和承诺鼓励营销者与交换伙伴合作来保持关系投资;信任和承诺鼓励营销者抵制有吸引力的短期替代者,从而维护与现有伙伴保持关系的顾客的长期利益;信任和承诺鼓励营销者审慎地看待潜在的高风险行为,因为营销者相信他们的伙伴不会机会主义地行事。当信任和承诺同时存在时,它们就会产生能够提高效率、生产率和效益的结果。下面就其基本层次及基本形态进行介绍。

1. 基本层次

关系营销实践中的各关系方联系紧密程度及深度是由浅到深、由表及里分层次发展起来的,一般可分为以下五个层次。

第一层次,基础层次。它指公司企业与关系方最先接触的表层。如商店的商品被顾客购买后,顾客可能永远不再来这个商店了,仅此一次交易活动的接触,以后再没有什么联系了。

第二层次,反应式层次。它指各关系方在第一次接触后再继续相互传递信息并有所反应,如商店将商品出售给消费者后,主动向消费者征求商品使用后的问题。

第三层次,责任层次。它指各关系方相互承担责任,如商店营业员将商品出售给消费者后,不但主动听取消费者意见,而且对商品使用中存在的问题承担责任,让消费者满意。

第四层次,事前行动。它指各关系方经常交流信息,彼此进一步增强了解,使关系一方感到另一方在关心他们的需要,由满意到产生好感甚至忠诚,如商店将商品出售给顾客后,不仅做好售后服务,而且经常向顾客传递这种产品新的系列或新的性能,这样就加深了商店与顾客的情感关系。

第五层次,各关系方之间已建立长期稳定的共生共荣的伙伴关系。公司(企业)与各关系方建立了长期伙伴关系,特别是与原材料供应商建立这种关系,就可以进行适时管理,即制造商把供应商看成自己的原材料车间,而供应商又把制造商看成自己忠诚的顾客,这样双方都能得到稳定的利润。任何一方随意改变这种关系,就会花费高昂的成本,只有相互为对方提供更多的附加值或服务,才有利于彼此合作和发展。

2. 基本形态

(1) 亲缘关系营销形态。它指依靠家庭血缘关系维系的市场营销,如以父子、兄弟姐妹等亲缘关系为基础进行的营销活动。这种关系营销形态的各关系方盘根错节、根基深厚、时间长久,利益关系容易协调,但应用范围有一定的局限性。

(2) 地缘关系营销形态。它指以公司(企业)营销人员所处地域空间为界维系的营销活动,如利用老乡关系或同一地区企业关系进行的营销活动。这种关系营销在经济不发达、交通邮电落后及物流、商流、信息流不畅的地区作用较大。在我国社会主义初级阶段的市场经济发展中,这种关系营销形态仍不可忽视。

（3）业缘关系营销形态。它指以同一职业或同一行业之间的关系为基础进行的营销活动，如同事、同行、同学由于接受相同的文化熏陶，彼此具有相同的志趣，在感情上容易紧密结合为一个"整体"，可以在较长时间内相互帮助、相互协作。

（4）文化习俗关系营销形态。它指以公司（企业）及其人员之间具有的共同文化、信仰、风俗习惯为基础进行的营销活动。公司（企业）及其人员之间有共同的理念、信仰和习惯，在营销活动的相互接触交往中易于心领神会，对产品或服务的品牌、包装、性能等有相似需求，容易建立长期的伙伴营销关系。

（5）偶发性关系营销形态。它指在特定的时间和空间条件下发生突然的机遇形成的一种关系营销，如营销人员在车上与邻座旅客闲谈中可能使某项产品成交。这种营销具有突发性、短暂性、不确定性的特点，往往与前几种形态相联系，但这种偶发性机遇又会成为企业提高市场占有率、开发新产品的契机，能否抓住机遇，可能成为一个公司（企业）兴衰成败的关键。

成功的营销需要为顾客或用户提供足够好的答案。在关系营销中，这个答案包括关系本身及其运作的方式和顾客需求得到满足的过程。关系包括实体产品或服务产出的交换或转移，同时也包括一系列的服务要素，没有这些服务，实体产品或服务产出可能只有有限的价值或对顾客根本没有价值。关系营销中营销沟通的特点是试图创造双向有时甚至是多维的沟通过程。并非所有的活动都是直接双向沟通的，但是所有的沟通努力都应该导致某种形式的能够维护和促进关系的反应，即对话过程。对话式沟通过程必须支持这种价值的创造和转移。这个过程包括一系列的因素，如销售活动、大众沟通、直接沟通和公共关系。大众沟通包括传统的广告、宣传手册、销售信件等不寻求直接回应的活动，直接沟通包括含有特殊提供物、信息和确认已经发生交互的个人化信件等，要求顾客的具体信息。这里，要寻求从以往交互中得到某种形式的反馈，要求有更多的信息、有关顾客的数据和纯粹的社会响应。关系营销比交易营销要付出更多的努力，因此，关系营销应该为顾客和其他各方创造比在单个情节中发生的单纯的交易更大的价值，而且顾客必须感知和欣赏持续关系中创造的价值。由于保持关系是一个长期的过程，因此顾客价值在一个较长的时间内出现，我们将之称为价值过程。关系营销要成功和被顾客视为是有意义的，就必须存在一个与对话和交互过程并行的顾客欣赏的价值过程。考察顾客价值的方法是区分提供物的核心价值与关系中额外要素的附加价值。

5.2.4　客户联系案例

倾听是沟通的好方法之一。"日本销售大王"原一平说："对销售而言，善听比善辩更重要。"客户服务人员通过听能够获得客户更多的认同。

如何与客户建立有效的沟通？你了解客户所需吗？你懂得与客户沟通的技巧吗？哪一种沟通模式最有效呢？这里有三种不同的沟通模式——礼貌待客式、技巧推广式、个性服务式。

为了更好地理解这三种模式，下面举一个简单的例子。

案例 5-2

三个服务员三种沟通模式

有一个奶制品专卖店,里面有三个服务员——小李、大李和老李。

当你走近小李时,小李面带微笑,主动问长问短,一会儿与你寒暄天气,一会儿聊聊孩子的现状,总之聊一些与买奶无关的事情,小李的模式就是礼貌待客。

而大李则采取另一种模式,他说,我能帮你吗?你需要哪种酸奶?我们对长期客户是有优惠的,如果气温高于 30 ℃,你可以天天来这里喝一杯免费的酸奶。你想参加这次活动吗?大李的模式是技巧推广。

老李的模式更加成熟老到,他和你谈论你的日常饮食需要,问你喝什么奶,是含糖的还是不含糖的。也许你正是一位糖尿病患者,也许你正在减肥,而老李总会找到一种最适合你的奶制品,而且告诉你如何才能保持奶的营养成分。老李采用的是个性服务模式。

那么,你认为以上三种模式哪一种更适合贵公司呢?哪一种是最有效的模式呢?这三种模式之间的内在联系是什么?

5.3　客户需求及记录

任务引入

把梳子卖给出家僧人

一个营销经理想考考他的手下,就给他们出了一道这样的题:把梳子卖给出家僧人。

第一个人出了门就骂,僧人都没有头发,还卖什么梳子!他找个酒馆喝起了闷酒,睡了一觉,回去告诉经理:"僧人没有头发,梳子无法卖!"经理微微一笑:"僧人没有头发还需要你告诉我?"

第二个人来到了一座寺庙,找到了出家僧人,对僧人说:"我想卖给你一把梳子。"僧人说:"我不需要。"那人就把经理的作业说了一遍,说:"如果卖不出去,我就会失业,你要发发慈悲啊!"僧人就买了一把。

第三个人来到一座寺庙卖梳子,僧人说:"真的不需要。"那人在庙里转了转,对僧人说:"拜佛是不是要心诚?"僧人说:"是的。""心诚是不是需要心存敬意?"僧人说:"要敬。"那人说:"你看,很多香客从很远的地方来到这里,他们十分虔诚,但是风尘仆仆、蓬头垢面,如何对佛敬?如果庙里买些梳子,给这些香客把头发梳整齐了,把脸洗干净了,是不是对佛的尊敬?"僧人认为有理,就买了十把。

第四个人来到一座寺庙卖梳子,僧人说:"真的不需要。"那人对僧人说:"你是得道高僧,书法甚是有造诣,如果把你的字刻在梳子上,如刻些'平安梳''积善梳'等,送给香客,是不是既弘扬了佛法,又弘扬了书法?"老僧人微微一笑:"无量佛!"就买了一千把梳子。

资料来源:销售心理学之"哈默定律":如何破解"把梳子卖给和尚"的难题?［EB/OL］.(2019-06-03). https://baijiahao. baidu. com/s? id＝1635243850127247460.

第一个人受传统观念的束缚,用局限的"产品需求"去考虑销售,不能挖掘直接或间接潜在客户需求。

第二个人是在卖同情心,而不是站在"客户需求"的立场进行销售,是不会长久的。

第三个人是为客户着想,挖掘出间接客户的"产品需求、服务需求",并激活"客户满意"战略,自然会有好的效果。

第四个人除积极让客户参与"体验需求",还能迎合顾客心理,使其具备"成功需求"念想,效果自然最好。

为了有效地进行客户需求分析及挖掘,你需要具备完成以下两个任务的能力。

任务 1:挖掘客户需求并创建客户需求记录。

任务 2:客户需求的历史记录查询分析。

任务分析

如何发现及挖掘客户的需求?如何帮助业务人员把工作变得井井有条,气定神闲之间为公司赚钱呢?你可以通过客户关系管理软件的客户沟通中的客户需求记录及统计查询两项功能来协助解决此问题,进而提升客户满意度。

具体操作流程(以源海客户关系管理软件为例)如下。

1. 任务 1 提示

(1) 选择主菜单"客户沟通"下的"需求记录",或软件桌面快捷按键"需求记录"进入"需求记录"窗口。

(2) 从左边窗口选取所要接触的客户名称,此时以前所有的接触自动显示。

(3) 单击"增加"按钮,在客户接触输入框中输入接触内容。如果进行邮件接触,则单击"邮件",此时将弹出一个邮件菜单,选择弹出菜单中的"单个邮件发送"或"Outlook Express 发送"命令,可自动取出当前客户的邮件地址,并进入邮件编辑发送窗口,输入邮件内容,单击"发送"按钮即可完成邮件接触。

(4) 当完成增加内容后,单击"保存"按钮时,系统会提示"需以后提醒再次沟通吗?"如确定,会在 12 小时后或默认设置的时间段提醒你下次联系。

此操作需注意一点:创建需求记录时,请确定是否对客户进行过编号(唯一编号),否则记录定位不准。

2. 任务 2 提示

(1) 选择主菜单"统计"下的"沟通统计",再进入"需求记录"窗口。

(2) 从选取日期及选取顾客窗口中选取适当条件进行统计。

(3) 单击"To Excel"按钮可将统计列表的信息导出到 Excel 中。

知识链接

5.3.1 客户需求及层次

基于马斯洛关于"人的需求的五个层次"的基本分析模型和方法,其他学者在关于客户需求层次的论述中,也将客户的需求分为五个层次,它们从低到高依次是产品需求、服务需求、体验需求、关系需求、成功需求,如图 5-1 所示。

图 5-1　客户需求及层次

下面对上述五个层次的需求进行简要阐述。

(1) 产品需求。类似于人的基本需求,像衣、食、住、行一样,客户的基本需求与产品有关,包括产品的功能、性能、质量以及价格。一般的客户都希望以较低的价格获得高性能、高质量的产品,并且认为这是最基本的要求。迄今为止,那些购买力较弱的客户仍然以产品质量及价格作为采购的主要依据。20 世纪 80 年代,中国的物资供应相对匮乏,客户需求几乎完全以产品需求为主。谁能提供更高性价比的产品,谁就能成功。

(2) 服务需求。随着人们购买力的增强,客户的需求也水涨船高。人们采购时,不仅关注产品本身,还关注产品的售后服务,包括产品的送货上门、安装、调试、培训及维修、退货等服务保证。但这还不够,随着计算机、数码相机等电子产品及软件系统等高科技产品进入人们的生活,客户的需求又上了一个台阶。人们不仅满足于好的产品和服务,还希望得到精确、及时的技术支持以及优秀的解决方案。好的产品加上好的服务承诺并不能让客户完全满意。试想,同样好的产品为什么在不同的客户那里会产生不同的使用效果和收益呢? 同样好的服务承诺为什么有的客户满意、有的客户不满意? 其原因在于:产品科技含量的增加和复杂性的增强,使得产品使用效能和收益的实现不再仅仅取决于产品的高质量和简单的安装、培训服务,还取决于好的产品应用实施方案、及时且有效的技术支持。客户不欢迎甚至反感那些服务承诺良好,但不能及时有效解决问题的服务商。

(3) 体验需求。随着旅游、娱乐、培训、互联网等产业的兴起,人们逐渐从工业经济、服务经济时代步入体验经济时代。客户采购时,不愿意仅仅被动地接受服务商的广告宣传,而是希望先对产品做一番"体验",如试用、品尝等,甚至对未经"体验"的产品说"不"。客户逐渐从单纯被动地采购转为主动地参与产品的规划、设计、方案的确定,"体验"创意、设计、决策等过程。与客户互动的每一个时空点,如一个电话、一份 E-mail、一次技术交流、一次考察、一顿晚餐等,对客户而言都是一种体验。体验记忆会长久地保存在客户的大脑中。客户愿意为体验付费,因为它美好、难得、非我莫属、不可复制、不可转让、转瞬即逝,它的每一瞬间都是一个"唯一"。客户希望每一次体验感觉愉快、富有成效。可以看出,客户在体验方面的需求不是产品、服务所能替代或涵盖的,而是在产品、服务需求被满足后产生的更高层次的需求。

(4) 关系需求。没有人会否认关系的重要性。客户在购买了称心如意的产品、享受了舒适的服务、得到了愉快的体验的基础上,若能同时结交朋友、扩大社会关系网,一定会喜出望外。"关系"对一个客户的价值在于:获得了社会的信任、尊重、认同,有一种情感上的满足感;在需要或面临困难时,会得到朋友的帮助和关怀;可以与朋友分享和交换信息、知识、资源、思想、关系、快乐等;关系的建立一般会经历较长时间的接触和交流、资源的投入、共同的目标、彼此尊重、相互信任、相互关爱、相互理解、相互依赖、信守诺言等过程或要素。因此,"关系"是客户十分珍视的资源。这也说明,为什么客户愿意与熟悉的服务商长期交往,而不愿意与一个可能产品、服务更优的新的服务商接触;为什么两家产品、服务质量相当,而客户关系不一样的服务商在项目竞标时的境遇会有天壤之别。实际上,这是客户的关系需求在起作用。

(5) 成功需求。获得成功是每一个客户的目标,是客户最高级的需求。客户购买产品或服务,都是从属于这一需求的。服务商不能只看见客户的产品、服务需求,更重要的是,能识别和把握客户内在的、高层次的需求,否则,不可能赢得商机。例如,一家客户宣称需要"钻头"。于是,所有生产、销售"钻头"的厂家都将自己的"钻头"产品及服务充分地向客户展示,并展开公关活动,以获得客户的青睐。然而,也许没有一个厂家会中标。其原因在于,客户购买"钻头"的目的,厂家可能并没有真正弄清楚。客户需要"钻头"的目的可能是打一个"孔"。那么,这个"孔"是必需的吗?打一个"孔"必须用"钻头"吗(客户自己可能也未弄清楚)?有没有更好的替代方法?其实,客户需要"钻头"的目的是要解决某个问题。通常情况下,客户并不十分清楚或不能清晰地表述自己的问题或需求,因此,在完整、清楚地把握客户的需求之前,即使将全球最好的产品和服务推荐给客户,也无济于事。谁能帮助客户真正解决问题,向客户提供的是获利的行动,谁才能赢得客户。

不同的行业、不同的企业,客户的购买力、购买行为可能不尽相同,但是,其都不同程度地存在上述五个层次的需求。我们可以运用上述分析方法,更准确、清晰地识别、判断我们的客户需求主要在哪一个层次上,从而有针对性地规划、实施有关的产品战略、服务战略、客户关系战略等,才能获得自身的成功。

5.3.2　挖掘客户需求应避免的误区

挖掘客户需求时应避免以下八大误区:
(1) 以产品为中心的销售模式;
(2) 只关注"我的公司"或"我的背景";
(3) 打击竞争对手的销售模式;
(4) 朋友式的销售模式;
(5) 同客户辩论的销售模式;

（6）总是关心"完美的致命武器"的销售模式；

（7）今日特价的销售模式；

（8）让客户担心的销售模式。

案例 5-3

客户需求挖掘实例

情景 1

小贩 A：我这里有李子，您要买李子吗？

老太太：我正要买李子，你这个李子好吗？

小贩 A：我的李子又大又甜，特别好吃。

老太太：（来到李子面前仔细看了看，李子果然是又大又红，就摇摇头）我不买。

情景 2

小贩 B：我这里是李子专卖店，有大的，有小的，有酸的，有甜的，有国产的，有进口的，您要什么样的李子？

老太太：我要买酸李子。

小贩 B：我这堆李子特别酸，您要不要尝一口？

老太太：（尝了一口，酸得受不了）真酸，来一斤。

情景 3

小贩 C：老太太，别人都买甜的，您为什么买酸李子呀？

老太太：我的儿媳妇怀孕了，想吃酸的。

小贩 C：您对您儿媳妇真好，您儿媳妇喜欢吃酸的，就说明她要给您生个孙子，所以您天天给她买李子吃，说不定能生出一个大胖小子。

老太太：（高兴地）你可真会说话。

小贩 C：您知不知道孕妇最需要什么样的营养？

老太太：我不知道。

小贩 C：孕妇最需要的是维生素，因为她要供给胎儿维生素。您知不知道什么水果含维生素最丰富？

老太太：不知道。

小贩 C：在水果之中，猕猴桃含维生素是最丰富的，如果您天天给儿媳妇买猕猴桃补充维生素，儿媳妇一高兴，说不定就生出一对双胞胎来。

老太太：（很高兴）不但能够生胖小子，还能生双胞胎，那我就来一斤猕猴桃。

小贩 C：我每天都在这里摆摊，而且水果都是新鲜的，您下次再来呢，我再给您优惠。

思考与讨论

谈谈你是如何发现及挖掘客户需求的。

实训题

实训 5-1　客户联系及记录

主题：客户联系及记录

完成这些练习后，学员将能够：

（1）加强与客户的沟通及联系；

（2）记录客户联系的过程与信息。

你将潜在客户的信息在 CRM 系统上进行登记后，接下来会以你所提供的产品或服务为线索，加强同客户的联系与沟通，而这些联系与沟通将在软件系统上进行登记，以便进一步做好客户业务管理与客户服务的工作。

你可以使用源海客户关系管理中的沟通/客户联系实现，或使用 SAP Business One 中的销售机会实现。

1. 创建客户联系记录

（1）选择主菜单"客户沟通"下的"联系记录"，或在"客户信息"中选择你要联系的一位客户，再选择"沟通"菜单下的"联系客户"命令，进入"联系记录"窗口，单击"增加"按钮，在客户联系中输入联系内容，其中曾记录过的联系内容可放在不同的文件目录中，使用"存放地"按键链接到相应联系文件中就可以了。当完成增加内容后，选取"保存"按钮时，系统会提示"需以后提醒再次沟通吗？"如确定，会在 12 小时或默认设置的时间段后提醒你下次联系。

（2）创建客户联系记录时，能否增加附加文件，如能增加，如何操作？

（3）如需要对创建客户联系记录的活动进行跟进，并对业务员进行提醒，该如何操作？

（4）如需将提醒时间改为从创建期后的 3 天，如何进行？

2. 客户联系历史记录查询分析

（1）你想对某客户的历史联系记录进行查询分析，如何操作？

（2）你想对近一个月来所有的客户联系记录进行查询分析，如何操作？

实训 5-2　客户需求及记录

主题：客户需求及记录

完成这些练习后，学员将能够：

（1）加强与客户的沟通及联系；

（2）记录客户需求信息。

在实训 5-1 的基础上，请运用源海客户关系管理中的沟通/客户需求功能或 SAP Business One 中的销售机会来实现。

1. 创建客户需求记录

（1）选择主菜单"客户沟通"下的"需求记录"，或在"客户信息"中选择你要联系的一位客户,再选择"沟通"菜单下的"客户需求"命令,进入"需求记录"窗口,单击"增加"按钮,在客户需求中输入需求内容,其中曾记录过的需求内容可放在不同的文件目录中,使用"存放地"按键链接到相应需求文件中就可以了。当完成增加内容后,单击"保存"按钮时,系统会提示"需以后提醒再次沟通吗?"如确定,会在 12 小时或默认设置的时间段后提醒你下次联系。

(2)创建客户需求记录时,能否增加附加文件,如能增加,应如何操作?

(3)如需要对创建客户需求记录的活动进行跟进,并对业务人员进行提醒,应该如何操作?

(4)如需将提醒时间改为从创建期后的 28 小时,应如何进行?

2.客户需求历史记录查询分析

(1)你想对某客户的历史需求记录进行查询分析,应如何操作?

(2)你想对近一个月来所有的客户需求记录进行查询分析,应如何操作?

实训 5-3 潜在客户转换为客户

主题:潜在客户转换为客户

完成这些练习后,学员将能够:

(1)创建客户主记录;

(2)将潜在客户转换为客户。

在本练习中,你将会使用 SAP Business One 创建潜在客户主数据记录并将其转换为客户主记录。

1.创建潜在客户

使用表 5-1 中信息为小型企业创建潜在客户。

表 5-1 为小型企业创建潜在客户

字段名称或数据类型	值
代码	L108
业务伙伴类型	潜在客户
名称	Coffee and Copies
组	小型客户
货币	<您的本币>

输入开票地址(表 5-2)。

表 5-2 输入开票地址

字段名称或数据类型	值
街道/邮政信箱	<任意>
城市	<任意>
邮政编码	<任意>
国家/地区	<国内>

输入运达地址（表 5-3）。

表 5-3　输入运达地址

字段名称或数据类型	值
名称	发运至
街道/邮政信箱	<任意>
城市	<任意>
邮政编码	<任意>
国家/地区	<国内>

添加数据记录。

2. 尝试为潜在客户创建交货

选择销售-应收账款→交货。

选择客户字段中的选择清单图标以查看客户清单。

Coffee and Copies 是否出现在清单中？

3. 将潜在客户转变成客户

更改为搜索模式并搜索潜在客户（表 5-4）。

表 5-4　更改为搜索模式并搜索潜在客户

字段名称或数据类型	值
代码	L108

将业务伙伴类型更改为客户。

更改潜在客户的代码（表 5-5），使之符合我们客户的命名惯例。

表 5-5　更改潜在客户的代码

字段名称或数据类型	值
代码	C3308

保存更改。

4. 创建针对客户的交货（表 5-6）

表 5-6　创建针对客户的交货

字段名称或数据类型	值
客户	C3308
物料编号	C00001
数量	1

添加此交货。

📖 **案例分析**

收银机的销售

情景 1

业务代表 A：您好,我是大明公司的业务代表周黎明。在百忙中打扰您,想要向您请教有关贵店目前使用收银机的事情。

商店老板：你认为我店里的收银机有什么毛病吗?

业务代表 A：并不是有什么毛病,我是想是否已经到了需要换新的时候。

商店老板：对不起,我们暂时不想考虑换新的。

业务代表 A：不会吧! 对面李老板已更换了新的收银机。

商店老板：我们目前没有这方面的预算,将来再说吧!

情景 2

业务代表 B：刘老板在吗? 我是大明公司业务代表周黎明,经常经过贵店。看到贵店生意一直都是那么好,实在不简单。

商店老板：你过奖了,生意并不是那么好。

业务代表 B：贵店对客户的态度非常亲切,您对贵店员工的教育训练一定非常用心,对街的张老板对您的经营管理也相当钦佩。

商店老板：张老板是这样说的吗? 张老板经营的店也非常好,事实上,他也是我一直作为目标的学习对象。

业务代表 B：不瞒您说,张老板昨天换了一台具有新功能的收银机,非常高兴,才提及刘老板的事情,因此,今天我才来打扰您!

商店老板：哦? 他换了一台新的收银机?

业务代表 B：是的。刘老板是否也考虑更换新的收银机呢? 目前您的收银机虽然也不错,但是新的收银机有更多的功能,速度也较快,客户不用等太久,因而会更喜欢光临您的店。请刘老板一定要考虑这台新的收银机。

问题：请比较情景1、情景2业务代表 A 和 B 接近客户的方法,找出他们接近客户时所采用的方式特点。

📖 **即测即练**

第 6 章

销售机会管理

学习目标

(1) 能够进行机会分析及机会管道分析,找出潜在重点客户;

(2) 了解订单处理,并学会在软件系统中进行订单记录;

(3) 能够完成机会分析;

(4) 能够借助客户关系管理软件系统进行管理分析;

(5) 能够运用客户关系管理软件进行订单记录。

6.1 销售机会活动

任务引入

销售机会

一位年轻的销售代表小赵刚刚加入公司,并且没有大客户销售经验。他第一次拜访客户时发现了一个大订单,但是发招标书的截止日期已经过了三天,客户拒绝发给他招标书。关键的软件开发商又代理了竞争对手的产品,并且拒绝与他合作。一切都很不利,但是他最后居然反败为胜,他是如何做到的呢?

小赵进入公司后负责北方地区的电力系统。第一次去拜访河南省的电力系统时,他将省电力局跑了个遍。他首先了解省电力局哪个部门有可能采购计算机,然后逐门逐户地认识客户。当他敲开用电处的大门时,一位年轻的工程师很遗憾地告诉他:用电处马上要采购一批服务器,采用公开招标的形式,但是由于你们公司以前没有来联系过,所以没有将你们公司列入投标名单,而且几天以前就停止发招标书了,得到标书的供应商们已经开始做投标书了,三天以后就是开标的时间。工程师接着说:这是我们的第一次采购,最近还会招标,到时欢迎你们投标。办公室里人来人往,工程师说完之后,就回到座位去招呼其他人了。小赵一个人站在办公室中间,犹豫着何去何从。

小赵离开客户的办公室后,开始给当地 IT 圈的朋友打电话,了解这个项目的情况。朋友一听这个项目,就劝他不要做了,因为这个项目的软件开发商早已经选定了,不但软件已经开发完了,而且试点都做得很成功,这次招标就是履行程序。小赵想办法找到了这个软件开发商的电话号码,打电话给开发商的总经理,询问是否可能推荐自己的产品,开发商的总经理很客气地拒绝了他的要求：软件开发一直基于另一家公司的硬件，而且投标书已经写好了。他的态度很明确：这次不行，欢迎来谈，以后可以合作。

所有的门似乎都被封死了，招标书的截止日期也已经过了。即使想办法拿到标书，关键的软件开发商又不肯支持，客户又几乎一个都不认识，时间也很有限。况且做出投标书也需要付出很大的代价，他需要立即请工程师从北京飞过来并请工程师做报价、合同和一份高质量的投标书。如果这时他放弃，其实没有人会责怪他。

但是，小赵并没有放弃，而是转身又回到了客户的办公室，来到那位工程师面前，希望他能够将招标书发给自己。工程师说，我这里没问题，但是你必须得到处长的同意，处长在省内另一个城市开会。小赵立即拨通处长的手机，处长压低了声音问是谁，小赵自我介绍了以后，处长说他正在开会，让小赵晚一点再打。

小赵不再有任何犹豫，果断地来到长途汽车站，直接搭车赶往处长所在的城市，下车后直奔处长下榻的宾馆。这时已经是中午了，他来到会务组，打听到处长的住处。他上去敲了很久的门，没人开门，轻轻一推，发现门是虚掩的，就缓缓地将门推开。处长正在午休，他进门时处长醒了，但眼睛还睁不开，正坐在床上揉着眼睛。小赵上前自我介绍并讲明了自己的来意。没有谁会愿意在午休的时间被销售代表堵到房间里来进行"强行"推销，处长满面怒容。小赵不断道歉并解释：我也知道这样不好，但是我特意从北京赶过来，而且自己的公司在这个领域非常有经验，对客户的项目应该有所帮助。精诚所至，处长终于原谅了他，并松口同意发给标书。小赵再三感谢以后，火速赶回郑州，当他到达电力局办完手续拿到标书时，电力局已经快下班了。

虽然拿到标书，但仅仅意味着有了一个机会。于是，小赵请求负责写标书的工程师第二天飞往郑州。他的想法是死马当活马医，输了也没关系，至少可以先混个人熟和脸熟，为下次的投标增加机会。但是，投标书一定要做得完美，即使死，也要死得漂亮。

这时离开标只剩下两个晚上和一个白天了，他们安排好了分工以后，开始行动。最后，他们终于将三本漂漂亮亮的投标书交到电力局。为了赢得这个订单，他们放出了可以承受的最低价格。开标那天，所有的厂家都聚到电力局的会议室，投标就在这里进行。其他的标很快就定了，但讨论服务器的标时，时间很长，他们一直等到晚上。最终，客户宣布小赵所在的公司中标。

资料来源：《营销案例》市场营销经典案例［EB/OL］. https://doc. mbalib. com/view/94b81fbd706f1a44cf90079a87cf2898.html.

面对市场的销售机会，你需掌握完成以下两种任务的能力。

任务1：建立销售机会。

任务2：进行销售机会分析。

任务分析

本案例的分析要点有以下两个。

1. 积极的心态：永不放弃、热情和帮助客户成功

永不放弃是销售代表需要具备的首要心态。在任务引入的案例中，所有情况都对小赵很不利,他本来不应该有获胜的机会,为什么他最终赢得了这个订单呢? 后来,小赵问用电处的处长:"为什么你在招标书的截止时间已经过了的时候还是发了标书给我?"处长说:"你这个小伙子很敬业,居然立即就坐长途汽车来了,就给你标书吧!"小赵又询问了负责投标的总工程师,总工程师说:"我进到会议室的时候,所有的投标书都摆在桌上,你们的标书非常抢眼,印刷很精致,就像一本精装书一样。其他公司的投标书就只有几片纸,这个初始印象告诉我,你们公司值得信赖。考虑到价格的优势,我还是拍板选了你们。"

销售代表永不放弃的态度经常会造成客户的抵触,这时热情的态度可以避免客户的不快。当处长从床上坐起来看见小赵时,他的第一个反应一定是不高兴,小赵如果不能热情地解释,处长可能会更加不快。销售代表的热情是可以感染客户的。热情是销售代表需要具备的第二种心态。

永不放弃、热情和帮助客户成功是优秀的销售代表必须具备的心态,具备了这三种心态的销售代表才是具备积极心态的销售代表。积极的心态决定了销售代表与客户在一起的时间。优秀的销售代表的共同特点就是天天与客户在一起。积极的心态可以衍生出自信、勤奋、努力、敬业和认真这些成功所必需的因素。

2．信念激励心态

幸运的是,当一个人刚刚从事他喜欢的工作的时候,几乎都具备积极的心态。新员工加入公司时,学生在新学期开始时,女子在新婚时,他们都有积极的心态。新员工为了留给单位的同事一个好印象,工作很积极;新学期的学生下定决心好好学习,认真做作业,取得好成绩;新娘子满怀憧憬地规划家庭的未来,希望成为一个好妻子。随着时间的推移,积极的心态就渐渐消失了。新员工开始上班迟到了,和同事有矛盾;学生开始不认真听课了,上课开始走神了;新娘子与新组建家庭成员的矛盾渐渐显露。消极心态的标志就是抱怨。从他们的抱怨中可以了解到他们失去积极心态的原因:太累了、受不了、不公平、收入少。几乎所有的事情都可以使人失去积极的心态,甚至没有任何特别的事情发生,简单的重复工作也可以消磨掉积极心态。销售代表也一样,他们的心态也会从积极转向消极。最初,每个销售代表都非常积极和主动,他们来到一个新的公司,希望能在这个公司得到好的发展。一段时间过去了,当再见到他们的时候,有一些人就开始不断地抱怨,抱怨完之后继续去见客户。再过一段时间见到他们,他们可能会说少见一次客户无所谓,他们已经从以前一天平均见三个客户降到一天只见两个客户了,他们的积极心态已经不见了。人的一生必定充满挑战和波折,挫折使一些人消沉,成功使一些人飘飘然。要想成功,必须在任何情况下都保持积极的心态。

销售代表输掉订单或者没有完成任务一定有两方面的原因:一方面是外在因素,如竞争对手的价格太便宜,或者工程师将投标书的价格做错了。对于外在因素,销售代表应该充分关注并想尽办法减少外在因素造成的损失。另一方面是内在因素,如销售代表没有正确地进行销售。销售代表不应该将外在因素当作失败的理由,输了就是输了,解决和消除外在的不利因素并赢取订单是销售代表的职责。一个销售主管解释自己没有完成任务的借口是:客户因为迎接各项检查工作而延迟采购,所以上个季度任务完成得不好。这是从外在因素来解释自己的失败,不能帮助自己改进做法。

本节主要是对客户关系管理项目的销售过程进行体验,学习要点在于能从周边企业实际出发,通过与你的客户沟通,找到有购买意向的潜在客户,并尽力完成订单,建议每人能同 5 位以上客户进行深度的销售业务活动。

🔍 知识链接

6.1.1 销售机会管理介绍

销售机会管理有很多不同的名称,常用的名称有商机管理和销售漏斗管理,其适用于较大型复杂订单的销售,也较常用于直接销售和专卖店销售两种模式。对于一个复杂的销售过程而言,一般 CRM 系统处理销售机会的逻辑是:销售线索→销售机会→销售合同→销售订单。

1996 年,IBM(国际商业机器公司)在中国开始推行销售机会管理,现在已经形成了一个完整的体系,并且依赖这个体系来驱动销售目标的实现。

周一,销售人员将销售报表交给直接的主管并在部门会议中逐一分析重要的销售机会,确定行动计划;周二,销售主管汇总自己的所有销售机会,向二线主管进行汇报,并讨论确定的销售计划;周三,二线主管向中国区的主管汇报和与其讨论销售机会及销售行动;周四,中国区的主管将汇总的报表交给亚太区的主管,取得他的认可;周五,全球的报表就到了全球总裁的桌面。IBM 就是这样由下到上进行销售机会的管理的。

销售机会管理的本质是通用的、公司用于管理销售机会的工具和方法。虽然不同的公司,称呼不一样,但跨国公司对于大型和复杂的订单几乎都采用类似的工具。这种方法提供了销售团队关于进行沟通的语言,如各个销售阶段的定义,并且提供了衡量销售机会和关键的过程性的指标。

销售机会管理也体现了大型订单销售的精华,销售人员应该能够识别采购阶段,针对不同客户采取不同的销售策略。

销售机会管理包括表格或者系统中的部分,也应该包括系统外的定期的销售会议,进行讨论、制订行动计划、反馈和总结。

SAP Business One 中的销售机会功能支持你按照销售阶段的进展管理整个销售流程,预测潜在收入并分析销售业绩。在完整的销售框架中,SAP Business One 支持你记录新的商机,输入潜在销售额、客户、特定竞争对手或合作伙伴、预计结束日期和销售阶段等信息。该应用软件会即时计算预期毛利润和收入。随着销售阶段的推进和新数据的输入,预期利润和收入计算结果会动态更新,精确地反映当前状况,做到销售机会、赢得机会、机会管道和销售阶段的动态显示。

6.1.2 销售漏斗

销售漏斗是一个形象的概念,是销售人员普遍采用的销售工具。

漏斗的顶部,是有购买需求的销售机会;

漏斗的上部,是把本企业产品列入候选清单的销售机会;

漏斗的中部,是把本企业产品列入优选清单的销售机会,如二选一;

漏斗的下部,是基本上已确定购买本企业的产品,只是有些手续还没有落实的销售机会；

漏斗的底部，是我们即将成交的销售机会，如图 6-1 所示。

图 6-1　销售漏斗

为了有效地管理这些销售机会，就要对所有的销售机会按上述定义进行分类。例如，处于漏斗顶部的销售机会，其成功率约为 6％；处于漏斗上部的销售机会，其成功率约为 20％；处于漏斗中部的销售机会，其成功率约为 40％；处于漏斗下部的销售机会，其成功率约为 60％；处于漏斗底部的销售机会，其成功率约为 80％。

在 SBO 系统中，在"销售阶段"界面下，定义销售漏斗。

选择"管理→设置→销售机会"，进入"销售阶段-设置"界面，如图 6-2 所示。

图 6-2　定义销售漏斗

应用说明如下。

(1) 名称录入后，可以更改，但不能为空。

(2) 阶段编号不能重复。

(3) 结算百分比应参照阶段编号的顺序,由小到大设定。

(4) 如果某个阶段不再使用,可选中"已取消"列的方框。

在企业销售实务中,应该设几个销售阶段,结算百分比如何指定,这完全根据企业的实际情况以及销售主管的个人经验来决定。在 SBO 的销售机会管理中,并不是每个销售机会都必须经过每一个阶段。例如,有些金额较小的销售机会可能只需要与客户进行一次会议,把报价和议价合并为一个阶段。

6.1.3 销售机会管理流程

销售机会管理流程主要分为四个部分。

第一部分:业务伙伴主数据维护,包括客户和潜在客户以及与业务伙伴主数据相关的类别和属性等。

第二部分:销售机会维护,包括添加新的销售机会、维护销售漏斗各个阶段的具体过程、记录相关的活动、链接相关凭证等。

第三部分:利用 SBO 系统提供的不同报表,对销售机会和销售阶段进行查询分析。

第四部分:利用 SBO 系统特有的动态机会分析,对销售机会进行多维度的分析和动态跟踪。

销售机会的业务模型如图 6-3 所示。

图 6-3 销售机会的业务模型

利用 SBO 销售机会管理,可以帮助销售人员建立一种"结构化"的销售方法,更有效率地促进销售。SBO 销售机会管理也能够帮助销售主管建立销售规范、督导销售团队、提升销售业绩。

(1) 方便计算销售定额。根据销售阶段的结算百分比,可以计算出每个销售机会的加权金额,汇总加权金额后,就可以制定销售人员在某一期间的销售定额。

（2）有效管理和督促销售人员。销售主管可以通过销售漏斗分析，及时发现问题，对症下药。例如，如果销售机会总是停留在漏斗顶部，说明该潜在客户还没有下决心购买，处于摇摆不定的状态，也可能是销售人员长期不联系，掌握的情况不准确；如果销售机会总是处于漏斗中部，说明该潜在客户处于两难选择之中，或者已经被竞争对手抢去，只是不愿意明说；如果销售机会总是处于漏斗下部，说明该潜在客户公司内部有问题，可能意见不一致，或资金不到位，或上级不批准等。

（3）公平、有效地给销售人员分配资源。通过 SBO 销售机会管理，可以清楚地查看销售机会的分布状况。销售主管在给销售人员分配资源时，可以平衡各种因素。

（4）安全管理销售机会。当销售人员离职或调整岗位时，可以安全、方便地向新的销售人员移交销售机会。例如，在漏斗底部的销售机会，要上门移交；在漏斗中部的销售机会，要进行电话移交等。

6.1.4　销售机会应用

1. 销售机会概述

图 6-4 所示为销售机会管理的一般模型，描述了一个价值 10 000 元的销售机会。从左至右，一共五个销售阶段，最终与该潜在客户达成一致，说明赢得了该销售机会，把潜在客户转变成正式客户。

图 6-4　销售机会管理的一般模型

接下来，在 SBO 系统中认识"销售机会"主界面，并熟悉销售机会的基本操作。选择"销售机会→销售机会"，进入"销售机会"主界面，如图 6-5 所示。

2. 表头应用

（1）业务合作伙伴：按 Tab 键或单击"选择列表"图标 ，从业务伙伴清单视图中选择客户或潜在客户。如果是新的潜在客户，也可以在业务伙伴清单视图界面下单击"新

图 6-5　"销售机会"主界面

建"按钮,在业务伙伴主数据界面下新建一个潜在客户。选中客户或潜在客户之后,业务伙伴名称、联系人、发票金额、业务伙伴地区、销售员和所有人等会自动引入。除发票金额之外,其他内容都允许更改。

(2) 机会名称:手工录入销售机会的名称,也允许为空。

(3) 机会编号:自动创建,不允许更改。

(4) 开始日期:默认系统当前日期。

(5) 结算日期:"摘要"选项卡下机会状态为"打开"时,结算日期为空;当机会状态更改为"赢取"或"损失"时,系统自动获取更改时的系统日期。

(6) 未清活动:当"阶段"选项卡下关联有活动且活动状态为未清,即活动常规下的"已结算"为可操作状态时,此阶段会显示未清活动的数量。

(7) 结算%:自动显示销售机会当前所处的销售阶段。在"阶段"选项卡下,显示最后一个阶段的百分比位置。

3. "潜力"选项卡

(1) 预测结算时间:在下拉列表框中,选择"天"或"周"或"月";再手工录入时间单位的数字,如 45 天,或 3 周,或 2 个月。

(2) 预测结束时间:基于"表头"部分的开始日期以及预测结算时间自动计算出来。当手工更改预测结束日期之后,预测结算时间也会自动更新。

(3) 潜在金额:手工录入销售机会的预计成交金额。注意这是必填项!

(4) 加权金额:当前阶段的结算百分比("阶段"选项卡)与潜在金额的乘积。允许手工更改,但手工更改后,潜在金额会自动更新。

(5) 毛利%/毛利总计:手工录入相应数字,录入"毛利%"的数字后,"毛利总计"会自动更新;反之亦然。

4．"常规"选项卡

（1）业务伙伴渠道代码：如果销售机会来自渠道合作伙伴，按 Tab 键或单击"选择列表"图标 ，从业务伙伴清单视图中选择渠道伙伴。

（2）项目：如果销售机会与某个项目相关，可以链接到该项目，如灯塔计划、燎原计划等市场活动项目。

（3）信息源：记录销售机会的来源，如电话销售、互联网或朋友介绍等。

5．"阶段"选项卡

"阶段"选项卡是非常重要的一个界面，所有与业务伙伴、销售机会相关的活动都记录在这里，如图 6-6 所示。

图 6-6　销售机会阶段

（1）开始日期/结算日期：手工录入本阶段的开始日期和结算日期，结算日期不得早于开始日期。

（2）销售员：在下拉列表框中选择相应的销售员，允许为空。

（3）阶段：在下拉列表框中选择相应的阶段，默认为第一个阶段，如"初次联系"。单击下拉列表框后，允许创建新的阶段并选中它。

（4）％：自动引入与销售阶段相匹配的百分比，允许更改。百分比更新后，加权金额也会随之更新。

（5）潜在金额：自动引入"潜力"选项卡的潜在金额，允许手工更改。更改潜在金额后，加权金额会自动更新。

（6）加权金额：根据"％"列和"潜在金额"列自动计算，允许手工更改。更改加权金额后，"潜在金额"列不会自动更新，"％"列不会改变。

（7）单据类型：与该阶段相关的销售单据类型，主要是报价单与销售订单。当选择或录入新凭证时，如果单据金额与"潜力"选项卡的潜在金额及毛利不同，系统会提示是否

"更新金额和毛利"。

（8）显示当前业务伙伴凭证：选中该选项后，只显示与销售机会表头的业务伙伴相关的销售凭证。若不选中，则显示与所有业务伙伴发生的销售凭证。

（9）单据编号：按 Tab 键，在凭证的清单视图下选择相应的销售凭证。如果需要创建新的报价单或销售订单，可在凭证的清单视图下单击"新建"按钮。

（10）活动：如果该阶段没有"活动"，单击小箭头 ⇨，可以新建"活动"；如果该阶段已经有"活动"，单击小箭头 ⇨，则可查看"活动"。一个销售阶段可以链接多个"活动"。

（11）所有人：自动引入"表头"的所有人信息，允许更改。删除原所有人后，按 Tab 键选择所有人。

当一个阶段录入完成后，把鼠标指针放在该阶段的行上，右击后选择"添加行"（或在数据菜单下选择"添加行"子菜单，还可以按快捷键 Ctrl+1），就可以录入新的阶段信息；如果选择"删除"或"复制"命令，则可以删除或复制该行的阶段信息。

添加新行后，前一行的阶段信息自动关闭，不允许修改。如果要更改前一行的阶段信息，则需要删除新的信息。

6. "合作伙伴"选项卡和"竞争对手"选项卡

录入与销售机会相关的合作伙伴和竞争对手，在 SBO 系统中的操作并不复杂，但在实务管理中仍然是很重要的两项内容，在很大程度上影响销售机会最终的成败。

7. "摘要"选项卡

（1）机会状态：默认为"打开"，可以继续维护销售机会。如果最终赢得销售机会，则把状态改为"赢取"；如果最终输掉销售机会，则把状态改为"损失"。

（2）最终凭证总额：显示已与最后销售阶段相关的单据金额（不包括税）。如果没有任何单据与销售机会相关，则此字段中所显示的金额是在"潜力"选项卡和最后销售阶段中显示的潜在金额。

（3）单据类型：当凭证状态为"赢取"时，可以选择新的单据类型，并选择或录入新的单据，新的单据会自动更新最后一行销售阶段的单据编号。当凭证状态为"损失"时，最终凭证总额、单据类型和单据编号都不允许更改。

（4）原因：当机会状态为"赢取"或"损失"时，可手工录入赢取或损失销售机会的原因。

8. "附件"选项卡

选择与销售机会相关的附件，如图片、合同、订单等的电子文档、扫描件和传真件等。

9. 页脚的相关操作

（1）查看活动：查看与销售机会相关的活动。如果只有一个活动，则显示活动的详细信息；如果有多个活动，则先呈现一个活动概览报表，然后再显示各个活动的明细。

（2）相关凭证：查看"阶段"选项卡关联的报价单和订单等单据。

6.1.5　销售机会报表

SBO 提供多种维度的销售机会报表，对机会预测、销售机会、销售阶段和已赢得的机会、机会管道进行分析。利用机会报表，销售主管能够了解企业销售的整体状况，对销售机会加强跟踪、监控和分析,并了解和分析每个销售机会成功或失败的原因,以便更好地制定销售策略。

销售机会报表可以基于所有参数或某些参数进行过滤。选择参数通常会打开一个或多个窗口,可以从中选择不同的选项。有些报表不仅可以显示表格格式,还可以显示图形格式。

每张机会报表都有一个"机会报表-选择标准"窗口,用于筛选不同的条件,如业务伙伴、地区、主要销售员、阶段、金额和来源等,如图 6-7 所示。

图 6-7　销售机会报表

单击某个选项右边的 □ 按钮,就可在新的窗口内选择具体的条件。例如,单击"阶段"选项右边的 □ 按钮,则出现如图 6-8 所示的窗口。可以在该窗口的"选择"列下选择一个或多个阶段,作为销售机会报表查询的条件。"机会报表-选择标准"窗口内,"阶段"左边复选框显示为被选中的状态。

图 6-8　销售阶段

如果你在"机会报表-选择标准"窗口中取消选中复选框(例如把"阶段"左边复选框内的√去掉,变成□),则下一次选择过程中将不考虑这个条件,尽管在"销售阶段"窗口中的字段仍处于被选中状态。

不同的销售机会报表选择标准窗口下的分组也是不一样的。

打开销售机会报表后,你还可以通过工具栏中的"表格设置"按钮 选择显示或隐藏选定的列内容。

1. 机会预测报表

机会预测报表可以基于"预测结束日期"生成销售机会的未来预测报表,这对于制订销售机会的计划以及确定销售机会的优先级十分有用。

选择"销售机会→销售机会报表→机会预测报表",进入"机会预测报表-选择标准"窗口,如图 6-9 所示。

图 6-9　机会预测报表

选择标准:在该窗口中,可以设两级分组,分组选择地区、主要销售员、业务伙伴。例如,我们要查看某个地区每个销售员的销售机会预测表,就应该在该窗口的"分组"下拉列表框中选择"地区"选项,在"分组(2)"下拉列表框中选择"主要销售员"选项,单击"确定"按钮后,显示按地区分类的机会预测报表,单击右下角的"全部展开"按钮,则显示地区和销售员二级分组的机会预测报表。

如果销售机会中的地区为空,显示分组报表时,将生成一个地区名称为空的组。

2. 机会预测超出时间报表

机会预测超出时间报表为"未清"和"已结算"销售机会提供预测报表,显示"未清"销售机会和"已结算"销售机会的总计。在报表中,"已结算"销售机会的总计是"已赢得"销售机会和"已损失"销售机会的合计。

选择"销售机会→销售机会报表→机会预测超出时间报表",进入"机会预测超出时间报表-选择标准"窗口,如图 6-10 所示。

选择标准:在该窗口中,可按月、季度、年选择不同的时间期间。例如,选定"月"作为分组条件,显示不同月份的未清销售机会的合计报表时,当期日期都超出了这些未清机会"预测结束日期"所设定的范围。单击各个小箭头 ,即可显示超出时间的未清机会的明细。

图 6-10 机会预测超出时间报表

3．机会统计报表

机会统计报表提供了未清机会和已完成机会的数量，可以根据选项和分组的各种组合对销售机会进行分类和显示。

选择"销售机会→销售机会报表→机会统计报表"，进入如图 6-11 所示窗口。

图 6-11 机会统计报表

选择标准：该窗口可实现两级分组，分组条件可以选择地区、主要销售员、业务伙伴组、业务伙伴代码、物料编号、物料组等。例如，在选择标准中，以地区为一级分组，以主要销售员为二级分组。

4．机会报表

机会报表提供了所有销售机会的摘要，相当于销售机会一览表。只可以选择特定参数过滤的条件，不可以分组。

选择"销售机会→销售机会报表→机会报表"，进入如图 6-12 所示窗口，选择标准略。

图 6-12 机会报表

5. 阶段分析

阶段分析提供了销售活动成功率的概览，并以数字和图表的方式显示。

选择"销售机会→销售机会报表→阶段分析"，进入如图 6-13 所示窗口，选择标准略。

图 6-13 阶段分析

如果不修改所有选项，则默认全部。应用说明如下。

（1）计划完成率。其显示为每个销售阶段定义的成功概率。

（2）实际完成率。赢得的销售机会数与所有"已结束"销售机会数的百分比。如果只有一个销售机会的状态为已结算并且已赢取结束，则"实际完成率"列中将显示"100％"；如果四个销售机会中只有一个结算为赢取，则"实际完成率"列中将显示"25％"。除了显示总计，还会按"销售员"显示此比例。

在实际中，计划完成率与实际完成率的对比是一个非常重要的管理指标，销售主管应该足够重视。

（3）阶段内的潜在客户数量。其表示每个销售阶段在所有"已结算"销售机会中出现的次数。

（4）如果双击销售阶段左边的行号，则可查看该阶段销售机会的明细情况。

（5）单击销售阶段或销售员左边的▇▇按钮，可以设定显示范围；再单击"刷新"图标，则可显示新的图表。

6．在时间报表上的信息源分配

此报表根据销售机会的信息来源显示销售机会，并对其进行分组以显示特定时间（天、周或月）内的销售机会。

选择"销售机会→销售机会报表→在时间报表上的信息源分配"，进入"在时间报表上的信息源分配"窗口，如图 6-14 所示。

图 6-14　在时间报表上的信息源分配

选择标准：可以按天、周、月进行分组，图 6-14 中以"天"分组。单击"显示图形"按钮可以按图形格式来显示报表。在打开的窗口下单击"设置"按钮可以提供许多选项，用于以各种格式显示图形（如饼图或条形图）、仅显示有限数量的信息源或者显示其他时间范围等。

7．赢得机会报表

赢得机会报表显示关于成功销售机会的信息。该数据提供了包括赢得机会数量、离结束剩余的天数以及这些机会的总计值在内的信息。

选择"销售机会→销售机会报表→赢得机会报表"，进入如图 6-15 所示窗口。

图 6-15　赢得机会报表

选择标准：可以设定不同的天数范围，如 7 天、10 天、30 天等。以销售机会的开始日期和预测结束日期之间的天数为准。图 6-16 是以 7 天为范围显示报表。有两个图形显示了特定时间范围内的总计收入和机会数量。过滤包含特定日期、销售员和业务伙伴的报表。双击一行,可以查看已赢得机会的明细记录。

图 6-16 赢得机会报告

8．失去的机会报表

失去的机会报表可以用于分析不成功的销售机会。此报表可以根据不同的标准进行过滤。

选择"销售机会→销售机会报表→失去的机会报表",选择业务伙伴,确定后进入如图 6-17 所示窗口。

图 6-17 失去的机会报表

选择标准:可以按地区、主要销售员和业务伙伴进行二级分组,以查看丢失机会的具体情况。

9．我的未清机会报表

我的未清机会报表没有选择标准,只显示每个销售员尚未结束的销售机会,而且只有销售员或与此销售员相链接的用户才能查看该报表。此链接是在员工主数据窗口或用户默认值窗口中指定的。系统将先检查员工主数据,然后检查用户默认值。

选择"销售机会→销售机会报表→我的未清机会报表"进入窗口。

10. 我的已清机会报表

其与"我的未清机会报表"类似,不再赘述。

11. 机会管道

SAP Business One 的销售机会功能包括机会管道功能,其能对销售阶段进行动态显示。你可从该窗口中选择机会管道报表的标准,并进行生成,显示表行中的销售机会,或作为图形中的段。双击一行或一段,以打开显示每个销售阶段的未清销售机会清单的其他窗口。要显示每个销售阶段的数据摘要,请单击图形中的某个部分并按住鼠标不放。选择"清除条件"和"刷新",可显示采用其他选择标准的表和图形。要打印窗口中显示的图形,请选择"打印图形"。

要在动态模式下查看未清机会,请参阅动态机会分析。要打开此窗口,可选择"销售机会→销售机会报表→机会管道"进入,也可以从"报表"模块中打开,如图 6-18 所示。

选择"转至"或者"右击"
选择"动态机会分析"

图 6-18　机会管道

6.2　销售订单及记录

任务引入

密密麻麻的小本子

几年前,山东省有一个电信计费的项目,A 公司志在必得,召集系统集成商、代理商组织了一个十几人的小组，住在当地的宾馆，天天和客户在一起，并帮客户编写标书，进行测试，关系处得非常好，大家都认为 A 公司拿下这个订单是十拿九稳的，但是投标结果却出人意料。

中标方的代表是一个北京公司普通的女子，姓刘。事后，A 公司代表问她："你们是靠什么赢了那么大的订单呢？要知道，我们的代理商很努力呀！"刘女士反问道："你猜我在签这个合同前见了几次客户？"A 公司的代表说："我们的代理商在那边待了整整一个月，你少说也去了 20 多次吧。"刘女士说："我只去了 3 次。"只去了 3 次就拿下 2 000 万元的订单？肯定有特殊的关系吧，但刘女士说在做这个项目之前，她一个客户都不认识。

原因究竟是什么呢？

刘女士第一次来山东谁也不认识，就分别拜访电信局里的每一个部门，当拜访到局长的时候，局长却去北京出差了。经过询问，她知道了局长入住的宾馆，并马上给那个宾馆打电话说："我有一个非常重要的客户住在你们宾馆，能不能帮我订一个果篮，再订一个花盆，写上我的名字，送到他的房间去？"然后她又打了一个电话给她公司的老总，说这个局长非常重要，现在在北京出差，无论如何你要在北京把他的工作做通。她马上中断了拜访行程，赶了最早的一班飞机回到北京，下了飞机直接就去宾馆找局长。等她到宾馆的时候，发现她的老总已经在和局长喝咖啡了。在聊天中他们得知局长将有两天的休息时间，就请局长到公司进行参观，局长对公司的印象非常好。一起吃过晚饭后，刘女士又邀请局长观看当时北京正在上演的话剧《茶馆》。这是因为她在济南的时候问过办公室的工作人员，得知局长很喜欢看话剧，以上的努力自然使局长很高兴。第二天，刘女士又开车把局长送到了机场，然后对局长说："我们谈得非常愉快，一周之后我们能不能到你那儿做技术交流？"局长很痛快就答应了这个要求。一周之后，刘女士的公司老总带队到山东进行了技术交流，而她当时因为有事没去。老总后来对她说："局长很给面子，亲自将所有相关部门的有关人员都请来，一起参加了技术交流，在交流的过程中，大家都感到了局长的倾向性，所以这个订单很顺利地拿了下来。后来又去了两次，第三次合同就签下来了。"

A 公司的代表听后说："你可真幸运，刚好局长到北京开会。"

刘女士掏出了一个小本子，说："不是什么幸运，我把所有客户的行程都记在上面。"打开一看，上面密密麻麻地记了很多人的名字、时间和航班，还包括客户的爱好是什么、他的家乡是哪里、这一周在哪里、下一周去哪儿出差。

资料来源：大客户资料的收集技巧［EB/OL］.（2012-04-06）. https://blog. csdn. net/1950/article/details/7431739.

如何解决此类问题？为此你需要具备完成以下两个任务的能力。

任务 1：创建销售订单记录。

任务 2：销售订单记录查询分析。

🔘 任 务 分 析

一般企业业务员的工作好坏，主要衡量标准还是销售订单量，因此对销售订单的管理显得特别重要。但由于订单是销售合同的主要内容，因此对销售订单的记录管理也就成为订单管理的主要内容。有了订单记录,下错单、报错价、送错样品、忘了向上汇报等差错就可减到最少。

订单管理的具体操作流程(以源海客户关系管理软件为例)介绍如下。

1. 任务 1 提示

(1)单击主菜单"客户沟通"下的"订单记录",或软件桌面快捷方式"订单记录"进入"订单记录"窗口。

(2)从左边窗口选择所要接触的客户名称,此时以前所有的接触自动显示。

(3)单击"增加"按钮,在客户接触输入框中输入订单内容。

(4)当完成增加内容后,单击"保存"按钮时,系统会提示"需以后提醒再次沟通吗?"如确定,会在 12 小时或默认设置的时间段后提醒你下次再联系。

此操作需注意一个要点:创建订单记录时,请确定是否对客户进行过编号(唯一编号),否则记录定位不准。

2. 任务 2 提示

(1)单击主菜单"统计"下的"沟通统计",再进入"订单记录"窗口。

(2)从选取日期及选取顾客窗口中选取适当条件进行统计。

(3)单击"To Excel"按钮可将统计列表的信息导出到 Excel 中。

知识链接

6.2.1　以客户为导向的营销策略

以客户为导向,就是实行全方位覆盖客户购买要素的营销策略。客户有什么样的需求,销售人员就提供什么样的产品,对于生产商来讲,就是"以销定产"。

1. 销售的四种力量

在销售过程中,一定要坚持以客户为导向的销售策略。在安排销售时,更要看到做什么可以让客户购买的四个要素都得到满足,这就体现出销售的以下四种力量。

(1)介绍和宣传产品。客户购买的第一个要素是了解。那么,做什么可以让客户来了解产品呢?销售人员要做的就是介绍和宣传自己的产品、自己的公司以及相应的服务,即针对客户的第一个要素,销售人员要仔细介绍和宣传,我们把它叫作销售的第一种力量:介绍和宣传产品。

(2)挖掘和引导需求。客户购买的第二个要素是需求。针对客户不需要或者觉得不值得的要素,销售人员要做的就是挖掘客户的需求,并且引导客户的需求,这就叫作销售的第二种力量:挖掘和引导需求。

(3)建立互信关系。客户购买的第三个要素是相信。对于客户的不相信,销售人员就要跟客户建立互信的关系,使客户能够相信他的介绍,以及相信他这个人,使客户愿意讲清自己的需求,这是销售的第三种力量:建立互信关系。

(4)超越客户期望。客户购买的第四个要素是满意。在销售产品之后,销售人员就要在第一时间跟客户取得联系,询问客户是否满意。如果不满意,就要再做一些事情让客户满意,来提高满意度,争取超越客户的期望。客户满意或不满意来自一个期望值,如果产品没有达到期望值,客户就会觉得不满意,超过期望值,他就觉得很满意。所以,针对客户的第四种力量就是:超越客户期望。

针对客户购买的四个要素,存在销售的四种力量。换句话说,销售人员就是要通过这四种力量把产品销售出去,销售团队做的就是这四件事情。

2.制定销售策略需考虑的因素

销售人员的数量是有限的,销售费用也是有限的,不可能无限制地花费财力和物力来进行销售,所以要计算成本。在制定销售策略的过程中,应考虑以下因素。

(1)费用。费用就是销售人员在每次达到销售目的的过程中花费多少钱。

(2)时间。大家都知道,市场如同战场,时机稍纵即逝,所以销售人员要在很短的时间内把产品介绍出去,要在很短的时间内挖掘客户的需求,在很短的时间内赢得订单。

(3)客户的覆盖面。

① 覆盖客户的数量。覆盖客户的数量是指在某一时段内接触产品信息的客户的数量。

② 覆盖客户的级别。尤其在大客户销售过程中,不成功的销售人员都有一个很明显的特点,就是他们不善于向高层客户进行销售,他们的拜访或销售活动集中在中下层的客户群中。事实上,决定权在决策层,如果销售人员总是拜访低层次的客户,就拿不到订单。所以在衡量销售活动的过程中,要弄清覆盖的是什么样的客户,挖掘需求是挖掘谁的需求,是很重要的客户还是不太重要的客户的需求;在介绍产品的时候,要弄清在向谁介绍、对象是谁、他是什么样的级别。

③ 区分客户的职能。需要拜访的客户按职能可以分为三种:财务层的客户、使用层的客户、技术部门负责把关的客户。在销售过程中,销售人员一定要拜访这三种职能的客户。

因此,以客户为导向的营销模式就是以客户为导向的经营策略,除了要善于使用销售的四种力量——介绍和宣传产品、挖掘和引导需求、建立互信关系、超越客户期望,还要衡量一下销售活动到底付出了多少代价——在费用上的代价、在时间上的代价;要分析销售活动的对象——是覆盖高层次的客户还是覆盖低层次的客户,是不是只覆盖了某一个职能的客户;是否要全方位地介绍和挖掘客户的需求。把这些综合在一起,就是以客户为导向的销售策略。

6.2.2　销售情景案例及分析

案 例 6-1

满足客户购买需求的四个要素

情景 1

销售员:我手中有一枚印章。您看,它的包装非常漂亮,打开盒子,里面是一枚精美的印章,它价值500元人民币。您是否愿意花500元买这枚印章呢?

客户:我对它不了解,我不买。

分析：影响要素之一，要对产品进行了解。

情景 2

销售员：我现在给您介绍一下。打开包装盒之后，您就可以看到一枚亮闪闪的印章。您看，印章包装盒上的雕刻图案是多么精美；打开盒子，里面是一块十分精美的和田美玉，您可以在这上面刻上您的名字，在各种场合使用这枚印章。现在您对产品有了初步了解，它只卖 500 元。您愿意买吗？

客户：价格是 500 元，我怎么知道它值不值，所以我很难决定是否购买。

分析：影响要素之二，客户要有需求并考虑有价值。

情景 3

销售员：您可能不知道这枚印章的来历，它可不是一般的印章，而是乾隆皇帝佩戴过的，并在大婚的时候送给他的皇后，这可是刚出土的印章。现在只卖 500 元。您愿意买吗？

客户：我不知道你说的是真还是假，它到底是不是乾隆皇帝佩戴过的，所以我还是不能购买。

分析：影响要素之三，客户要能相信。

情景 4

假若在销售员的努力下，客户花了 500 元买了这枚印章。由于客户非常想知道印章是否是乾隆皇帝的印章，就拿到一家古董店鉴定，结果真的是乾隆皇帝佩戴过的，而且老板还当场花 50 万元收购了印章。一年后，这个客户与销售员又相遇了。

销售员：您去年买的印章和这个一模一样，还是卖 500 元。您要不要再买一个呢？

客户：你上次的确没有骗人，我再看看这枚印章，如果的确是一模一样的，就可以购买。

分析：影响要素之四，客户要满意。

问题：影响客户购买的要素主要有哪些方面？能否再增加一个情景？

思考与讨论

小案例：

我的一位朋友带着买车的现金来到专卖店，等着销售代表办理手续。等了很久，他看到那位销售代表却在接待另一位年轻的客户。销售代表跑过来与他打个招呼，请他再等一下。

过了很久，他渐渐不耐烦起来，他决定去另一家专卖店买。朋友起身正要离开时，在门口遇到了送客户出门的销售代表。销售代表一边道歉，一边将朋友请回座位。

"你刚才接待的是什么客户啊？"

"一位来看车的客户。"

"他要买吗？"

"不是。他刚开始工作，买不起的。他是汽车发烧友，很喜欢车。"

"那你接待了他一个小时？"

"我们对每位客户都要热情，而且他也是我们的潜在客户啊。"

"你也真不会做销售，放着我这拎着钱的客户不管，去接待根本没谱的客户。你会不会销售啊？要不是看你人不错，我就去另外的专卖店了，你知道吗？我都已经快出大门了。"我的朋友听完，教训着这个销售代表。

通过对以上案例的理解，谈谈你对销售及客户关系的理解，并给这个销售代表提供一些具体建议。

📖 实训题

实训　销售机会管理

主题：销售机会管理

完成这些练习后，学员将能够：

（1）使用 SAP Business One 中的销售机会和活动操作，也可以使用源海 CRM 中的"客户信息"与"客户沟通"管理；

（2）从初始联系人一直跟踪到订单的下达，这样就可以使用这些信息分析过去和计划未来了。

在交易会上，已经与潜在客户有了初步的接触。

1. 在系统中输入"红日"公司作为潜在客户

分配销售员小张负责这个潜在客户。

2. 创建对新潜在客户"红日"的销售机会

输入所有相关背景信息（感兴趣的程度等）并把这个机会归为潜在机会阶段（第一阶段），起始日期为当天，结束日期为当天＋2天。你期望在3个月内完成金额为10 000个本币单位的谈判。

3. 在与该潜在客户初次见面（起始日期：当天日期＋3天）后，获取了更多有关物料和潜在销售值的具体信息

潜在销售值增加到12 000。调用对"红日"公司的销售机会，给此销售机会添加一个新行，并扩展到潜在客户阶段。更新此行中的潜在总额，然后输入此次见面会中获取的所有相关信息作为活动。保存此文档。

4. 在第二次见面（当天日期＋4天）时，为该潜在客户创建物料 A1003（100 个单位）和 A1004（100 个单位）的报价单

添加报价阶段，然后把创建的报价单分配到上述销售机会阶段（链接）。请注意，潜在销售额是怎样随着链接报价单的总金额而变化的。

5. 一个星期后，询问客户对该报价单的意见

系统应该提醒你与客户通一次电话。如何建立此提醒呢？

6. 现在，来看一下此销售机会是如何在机会管道中发展的

定义所有需要的限制条件（诸如销售员或创建日期）。查看动态机会分析。使用设置按钮配置动态机会分析窗口,这样就可以查看所选机会的进展。

7. 是否可以从系统中删除此销售机会

从数据菜单选中"删除"进行操作。

8. 是否可以从系统中删除该潜在客户的业务主记录

从销售机会的业务伙伴代码进入业务伙伴主数据,再从数据菜单选中"移除业务伙伴"进行操作。

📖 **案例分析**

"up 吧妈妈"机会分析

2023 年,国内幼儿早教托育行业迎来了严冬,北京多家知名早教托育连锁品牌遭遇闭店。对于被抛弃的会员们来说,不仅稍纵即逝的早教时机被耽误,被突然中断的托育也严重影响了宝爸宝妈们的工作节奏。在紧迫的背景下,家长们迅速自发形成家委会,在寻求法律和政府援助仍未能得到妥善解决之后,将思路转向了通过市场资源整合实现多方利益止损共赢的策略。

一方面,家委会集结有同样遭遇的家长,形成数量更庞大的早教托育市场的潜在消费群体,同时挖掘自身自媒体资源,以手握潜在客户群和提供免费自媒体广告为谈判筹码,说服了其他仍在市的早教托育品牌商接收了一批用户,并为用户们免费提供了之前在"跑路"商家预缴未消的权益服务。

另一方面,家委会着手在宝妈们最活跃的平台小红书上打造"up 吧妈妈"账号并投入运营,基于营收经费所创建的 CRM 系统实现了用户群的自我有效管理,不仅帮助早教托育商有条不紊地接收和安排新的用户群体,也实现了用户群体利益和公平的保障。

问题一:假如你是遭遇"跑路"的消费者,该如何在市场中寻求解决方案,以挽回损失?

问题二:假如你是仍在市的早教托育品牌商,面对这样一群特殊的用户,请分析其中的风险与机会。

📖 **即测即练**

第 **7** 章

客户服务管理

学习目标

(1) 明确客户服务的内容，把握好客户服务流程；

(2) 分析客户抱怨的原因，将客户抱怨转变为商机；

(3) 能够进行客户服务管理，并优化客户服务流程；

(4) 能够正确处理客户抱怨，并掌握客户投诉处理技巧。

7.1 客户服务

任务引入

100 年后的提醒

武汉市鄱阳街有一座建于 1917 年的 6 层楼房——景明大楼，该楼的设计者是英国的一家建筑设计事务所。20 世纪末，这座楼宇在漫漫岁月中度过了 80 个春秋后的某一天，它的设计者远隔万里，给这幢大楼的业主寄来一份函件。函件告知：景明大楼为本事务所在 1917 年所设计，设计年限为 80 年，现已超期服务，敬请业主注意。真是闻所未闻，80 年前盖的楼房，不要说设计者，连当年施工的人，都很少在世了吧？然而，至今竟然还有人为它的安危操心，操这份心的竟然还是它最初的设计者——一家异国的建筑设计事务所。

2007 年底，上海市市政工程管理局收到一封寄自英国一家名叫华恩厄斯金设计公司的来信。信中说，外白渡桥当初设计使用期限是 100 年，于 1907 年交付使用，现在已到期，请注意对该桥维修。信中还特别提醒，在维修时，一定要注意检修水下的木桩基础混凝土桥台和混凝土空心薄板桥墩。这家设计公司还为上海市市政工程管理局提供了当初修建大桥时全套的设计图纸。铺开这些设计图纸，人们惊讶地发现，虽然经历了百年岁月的浸润，但这些图纸却保存得完好如初，没有一点划痕、皱褶。图纸虽然是手工绘制而成的，但线条却工工整整，每一个数据、每一个符号，都分毫不差；设计者、审核、校对、绘图人的姓名都一目了然，清晰可见。

资料来源：一封从遥远英国寄来给 80 年前客户的信［EB/OL］.（2006-12-11）. http://news. cjn. cn/wz/200612/t256968. htm；百年售后服务［EB/OL］.（2009-09-01）. https://finance. sina. com. cn/leadership/mroll/20090901/15396692375. shtml.

经过百年岁月的沧桑和巨变,这两家英国设计公司的办公场所是换了一处又一处,人员是换了一茬又一茬,当初大桥的设计者也早已作古,但是,为顾客做好售后服务、讲究信誉、视质量为生命的基本经营理念,却一直没有变。

客户服务工作是客户关系管理的核心组成部分,服务也应该是企业基本经营理念的核心部分。尊重客户,理解客户,持续提供超越客户期望的产品与服务,做客户永远的伙伴,是企业应该坚持和倡导的服务理念。如果企业能够从客户的角度而非自己的角度来看待服务,努力提供给客户想要的服务,且不管它会不会直接影响到企业的利润,客户服务糟糕这个问题就会迎刃而解。

客户服务管理体系是以客户为对象的整个服务过程的组织构成和制度构成。有效的客户服务管理体系是保证客户满意的必要条件,它能够提升客户满意度、培育客户忠诚度,为企业赢得良好的口碑,有利于扩大业务量、树立良好的企业形象;相反,差的客户服务管理体系会降低客户的满意度,使公司没有回头客,长此以往,必然极大地影响公司的业绩。

本节需要完成以下两个子任务:

任务 1:明确客户服务的内容,建立完善的服务合同;

任务 2:重视服务过程,正确地运用用户服务跟踪卡。

任务分析

1. 明确客户服务的内容

一般认为,争取新的客户主要依靠营销管理、产品性能、定价因素的改善,但不容忽视的是,在某些领域内,尤其是在高技术领域内,客户服务也是创造需求的主要影响因素之一。同时,客户服务更是创造回头客的最佳手段,对消费需求有着重要的影响。客户服务的主要内容包括以下四个方面。

(1)交易前因素。交易前因素主要包括企业制定的各种规章、准则,以及为客户需要所建立的完善的客户服务体制等,这些因素为提供好的客户服务建立了良好的氛围,包括企业的书面客户服务章程在内的公司文件应反映顾客需要、界定服务水平、确定客户服务监督机制。

(2)组织结构。企业的组织结构应该有利于企业与客户的沟通,有利于协调企业内部管理,提高服务质量,及时处理遇到的问题。这需要职责分明、权限清晰,还要配合适当的奖惩措施。

(3)系统灵活性。系统灵活性是指对突发事件的快速反应能力。这里的突发事件包括突然出现的自然灾害、政府禁令、社会动荡,以及经营合作伙伴的突然变化等。

(4)技术服务。在不同的行业中,技术服务的内容也略有不同。如信息技术服务主要通过促进信息技术系统效能的发挥来帮助用户实现自身目标,其主要包括八大类:信息技术咨询、信息技术运维、设计开发服务、测试服务、数据处理服务、集成实施服务、培训服务、信息系统增值服务;而在机械工业产品方面的技术服务则主要包括信息服务、安装调试服务、维修服务、供应服务、检测服务、技术文献服务、培训服务七个方面。

　　客户服务内容的明确可以增加服务价值、形象价值。以建筑设计院为例，从前期与客户洽谈项目到后期服务的各个方面都要做详细的规定，具体包括项目洽谈、可行性研究、项目建议书、方案设计、施工图初步设计，以及施工图设计、设计交底、施工配合和竣工验收等方面，同时还要对各项服务内容的岗位人员的责权利进行详细的规定。这些规定要从"双赢"的角度来制定，一方面要考虑企业的利益，另一方面还要考虑客户的利益。

　　表 7-1 所示为某电脑租赁和 IT 外包服务公司的"常规客户服务的工作内容"。

表 7-1　常规客户服务的工作内容

客 服 项 目	客 服 内 容
售前业务咨询	专用 400 电话和固定电话主被叫 专用即时通信及在线客服工具全天候伺服 来电、电子邮件、即时通信信息回复和反馈 宣传物料内容及邮寄
技术方案制订	前期的市场调研和客户需求分析 技术方案的制订和确认 技术方案的组织与实施细则
业务流程管理	签约及协议文本的邮寄 开始服务和流程确认 合作期间的业务跟踪及信息管理 合作结束后的跟踪与反馈 增值服务及实施
技术支持和服务	操作系统及特定商用正版软件 自主知识产权网络应用平台软件的使用 远程技术支持和服务 上门技术支持和服务（具体细则以正式合同为准） 项目实施现场技术支持与服务 设备自然损耗送修 软件系统自然故障远程技术支持 设备自然损耗上门维修并提供备件 设备人为损坏送修并提供备件 设备人为损坏上门维修并提供备件 软件系统人为破坏远程技术支持 软件系统人为破坏上门技术支持 上门更换设备或更新软件系统
质量管理	服务态度和质量 服务效率和效果 合作进程跟踪和单据管理 合作协议执行进程、时限和进程跟踪 客户合作体验调查和改进反馈 客户与合作内容相关的经营风险预警提醒机制 服务满意度调查和数据反馈

续表

客 服 项 目	客 服 内 容
投诉管理	投诉受理和派单 投诉处理结果跟踪和反馈 投诉内容和信息管理 投诉处理满意度调查和结果反馈
信息管理	合作细节不得向任何第三方披露管理 客户档案、客户个体和组织隐私管理 客户关联信息或数据保密管理 合作过程及结果文件管理

2. 优化客户服务流程，重视服务过程

这可以直接减少客户的时间成本、体力成本和精力成本，提升企业的服务价值和形象价值。某个企业会有多个部门与同一个客户产生关系，客户在办事时往往要自己去和不同的部门接触，增加了办事的难度，既降低了效率，又降低了满意度。所以，应该对与客户有关系的服务进行分析，尽可能地简化服务环节，能内部协调的事情通过内部处理，保证对客户服务出口端的统一。

在服务流程优化的基础上，要重视服务过程。我们往往强调服务结果是提供客户满意的产品，其实只要对客户服务各个环节的过程进行充分的重视和控制，就能保证结果的满意，使客户不仅对服务的结果满意，而且对服务的过程满意。

如今，关于客户服务的大多数专业书籍皆认为客户服务不再是企业中某一个部门的事，也不再是某一种"万金油"式的技术解决方案，它已经成为一种理念，并贯穿整个企业的方方面面。但 Gartner 发布的一份名为《七大客户服务流程，2008 到 2011》的报告显示，许多企业依然没有对客户服务形成足够的重视。

Gartner 的副总裁迈克尔·毛兹(Michael Maoz)表示，客户服务不断演变，在部分优秀企业重新思索它们在过去 10 年中的历程的同时，依然有不少企业还在原地踏步。"优秀企业会先知先觉，但还有 75%～80% 的企业仍然没有意识到客户体验的重要性，它们以为自己很了解客户"，毛兹补充道。

毛兹认为，为了与客户预期保持同步，企业应当将客户服务并入商业战略中。他表示："过去，客户服务只是一个部门的事，而现在，它开始变成一种企业战略。这种转变对企业如何跨越不同的通信渠道来设计流程有着深远的意义。"

Gartner 在这份报告中罗列出了以下七大客户服务流程。

(1) 协同与社区管理。

(2) 在呼叫中心系统内建立智能对话。

(3) 跨客服渠道和职能来获取更全面的分析流程。

(4) 优化座席工作流程。

(5) 客户自助服务流程。

(6) 企业反馈管理。

(7) 通过统一通信来提供持续的、多渠道的客户服务。

其中,毛兹认为协同与社区管理对那些想要大幅度提高客户服务质量的企业来说是一个基本环节。研究指出,一个能够支持并与社区协同的系统必须含有若干个组件,其中包括讨论板、即时通信、内容创建和管理工具、E-mail、信息和文件张贴、搜索、博客以及分析。他表示:"企业应当更多地让客户参与社区。只有这样,客户服务流程才能发挥真正的作用。如今越来越多的人,尤其是 21 世纪的消费者,都偏向于从亲朋好友而不是从企业那里获取信息。"

毛兹表示,随着时间的推移,能否留住客户的因素将不再局限于产品或服务的价格、质量或方便性,更多的是客户体验的优劣。

福克斯客户服务流程(图 7-1)是根据不同客户的特点和情况,在标准咨询、策划服务的同时增加了部分服务项目和服务内容。

图 7-1 福克斯客户服务流程

在咨询立项的过程中,福克斯从一开始就向客户提供一些免费咨询,包括初步调研、相关信息交流,帮助客户更容易地理解咨询的作用、特点和价值,便于达成共识。在项目开始后,根据项目阶段进程,提供多种培训和指导工作。项目合同尚未包含的一些培训和指导内容,是福克斯从更好地进行咨询服务的角度出发,根据项目进度的需要为企业特别提供的。在咨询项目执行的过程中,部分实施辅导也常常以正式组织培训的方式进行,部分信息和指导服务则以咨询例会等形式提供。在项目实施后期,福克斯继续和客户保持长期或不定期的沟通与联系,包括回访客户和咨询效果复诊,确保咨询效果长期稳定有效。

知识链接

7.1.1　SBO 系统：服务管理的基本流程

SAP Business One 的服务模块用于服务代表和客户之间的互动管理,它确保在管理服务合同、项目和序列号、客户投诉和咨询,以及执行众多相关功能时输入和维护信息,同时建立企业级的解决方案知识库。通过此模块,销售部门和服务部门可充分发挥潜力,加强对服务运行、服务合同管理、服务计划、跟踪客户交互活动、客户支持和销售机会的管理。

在 SAP Business One 中,服务管理的基本流程如图 7-2 所示。

图 7-2　服务管理的基本流程

在 SAP Business One 中,客户服务管理的主要特点有以下几个。

(1) 使用服务合同,管理企业与客户签订或者约定的具有约束力的协议,包括服务的内容、服务的时间及服务期限等。

(2) 服务跟踪卡是所有需要服务的、含序列号的物料数据库,通过服务跟踪卡,记录此类产品的详细服务信息。

(3) 使用服务呼叫,回应客户的服务请求,同时将服务呼叫信息反馈到服务合同和服务跟踪卡上。

(4) 解决方案知识库问题,建立企业级的知识库,为企业快速回应服务请求、提高服务质量提供知识保证。

(5) 使用服务报表分析与服务合同、服务跟踪卡和服务呼叫相关的数据,检查销售代表的服务呼叫或特定客户的多个服务请求,同时考核服务人员的服务效率和业绩。

7.1.2　SBO 系统的服务跟踪卡

1. 服务跟踪卡设置

服务跟踪卡为技术人员提供了与客户物料相关的详细信息,包括制造商序列号、内部序列号、服务呼叫历史和服务合同,可自动创建或手动创建。

要创建服务跟踪卡,首先选择“管理”→“系统初始化”→“一般设置”→“库存”,唯一序列号按“系列号”进行,如选择选项“自动创建客户设备卡”(图 7-3)则会自动“创建用户服务跟踪卡",否则需手动创建。

图 7-3　自动创建客户设备卡设置

2．手动创建服务跟踪卡

手动创建步骤如下。

（1）选择"服务"→"用户服务跟踪卡",打开"客户服务跟踪卡"窗口。

（2）切换到添加模式。

（3）在一般区域内,输入客户信息和序列号。选择用户服务跟踪卡的状态,并输入技术员和地区的明细。

（4）在地址标签上,输入已获得具有此序列号的物料的客户地址明细。

（5）在"销售数据"选项卡上,输入采购员代码以及交货和销售发票明细（如果 SAP Business One 中存在这些信息）。

（6）如有必要,可在"附件"选项卡上添加一个附件。

（7）要保存用户服务跟踪卡,请单击主菜单的"添加"按钮完成,结果如图 7-4 所示。

图 7-4　用户服务跟踪卡

7.1.3　SBO 系统的服务合同

SBO 提供服务合同可以为符合条件的客户确定服务类型,也可以维护和修复制造商保修范围之外的产品。SAP Business One 也可以支持服务合同类型(表 7-2)。

表 7-2　SBO 支持的服务合同类型

合同类型	覆　　　盖
客户	为客户采购的所有物料提供的服务,而不考虑物料组或序列号
物料组	为属于特定物料组的物料提供的服务。例如,与客户签订的名为“微芯片”的合同包含为“打印机”组中物料提供的服务。这意味着客户可以不管序列号地接收有关公司中所有打印机的服务
序列号	为具有特定序列号的物料提供的服务

关于服务合同的创建,可以自动创建“序列号”类型的服务合同,也可以手动输入服务合同,或者以预定义的合同模板为基础进行创建。对使用序列号进行管理的物料发货时,系统会根据保修合同模板,按照所发物料的序列号,自动创建客户服务跟踪卡(保修卡)和服务合同。

服务合同的操作一般先进行初始设置,然后再创建服务合同。

1. 初始设置

(1) 定义业务伙伴。在 SBO 中业务伙伴包括公司的所有客户、供应商和潜在客户,具体操作可参考第 3 章、第 4 章的相关内容。

(2) 定义物料序列号。序列号是特定物料的唯一标识。例如,你可以使用序列号找到一台计算机。序列号可以提供有关特定物料的附加信息,如其制造日期、保修数据等。

工作方法为:在定义为通过序列号管理的物料入库期间,输入序列号。例如,从供应商收货或向客户交货,还可以在销售或出货单据中选择相关的序列号。

物料序列号操作的简要步骤如下。

① 在 SBO 主菜单中选择“管理”→“系统初始化”→“一般设置”→“库存”→“物料”。

② 在“管理方法”下拉列表框中,选择“在每笔交易中”以在每个库存交易中创建序列号,如图 7-5 所示,然后更新并确定。

图 7-5　物料序列号的管理方法设置

③ 选择"库存"→"物料主数据"以创建新的物料主数据记录。

④ 选择"常规"选项卡，在"管理物料由"下拉列表框中选择"序列号"以处理物料的序列号，如图 7-6 所示，然后单击"添加"按钮。

图 7-6　物料序列号设置

（3）定义合同模板。在 SBO 中，可以为服务合同创建基本结构，其中包括合同类型、覆盖时间、解决时间等，此结构称为合同模板。

使用合同模板时，可以一次使用多个基本合同，并简化每个客户创建服务合同的过程。新建合同时，必须以合同模板为基础；从合同模板自动复制覆盖的明细。例如，如果将附件附加到合同模板，则随后会将该附件复制到所有基于该模板的服务合同。

设置合同模板的操作步骤包括依次选择"管理"→"设置"→"服务"→"合同模板"，打开如图 7-7 所示窗口。

图 7-7　合同模板

2．创建服务合同

在 SBO 服务合同集中保存所有重要的客户数据，利用仪表盘概览所有相关信息。为购买商品或服务的客户创建服务合同，可自动创建或手动创建。其中手动创建步骤如下。

（1）选择"服务→服务合同"，打开"服务合同"窗口。

（2）切换到"添加"模式。

（3）输入服务合同的客户代码、联系人（如有必要）以及开始日期和结束日期。还可以添加服务合同的简短描述。

（4）在"常规"选择卡中输入服务合同的综合明细。

（5）在"物料"选择卡中根据服务合同类型输入项目明细（系列号或项目组），如图 7-8 所示。

图 7-8　服务合同项目明细

（6）在"常规"选项卡中的"模板"栏输入刚创建的服务合同模板或其他模板。

（7）在"附件"选项卡中添加可能与服务合同相关的所有附件。

（8）单击"添加"按钮完成服务合同创建，如图 7-9 所示。

图 7-9　服务合同创建

7.2 正确处理客户抱怨

任务引入

处理好客户抱怨的重要意义

以下重要观点,是管理专家通过长时间的调查研究,被企业经营者普遍认可的。

(1) 对服务的不满,企业只能听到4%的客户的抱怨,96%的客户保持沉默,91%的客户今后将不再上门光顾你的生意。

(2) 处理好客户的抱怨,70%的客户还会继续购买。如果能够当场解决,95%的客户会继续购买。

(3) 一个不满意的客户会把他不满的态度告诉10个人,其中的20%会告诉20个人。按照这个算法,10个不满意的客户会造就120个不满意的新准客户,其破坏力是不可估量的。

(4) 开发一个新客户的成本是保有一个老客户的5倍。

做企业不是在火车站卖茶叶蛋,人人都是新客户,能蒙一个是一个。做企业是做市场,做市场就是寻找客户,守住老客户、开拓新客户是企业永恒的主题。

大部分不满意的客户不会直截了当地向你倾诉他们的不满。他们只会静静地离开,然后告诉每个他们所认识的人不要跟你做生意!所以,当有客户抱怨时,千万不要觉得麻烦,要把处理客户投诉看作改变客户意见、留住生意的绝佳机会。

处理客户的抱怨,是在服务过程中由于经营者的服务水平引发客户的不满,从而采取一系列平息不满、维持满意度的方法。高品质的服务旨在提高客户的满意度和忠诚度,最大限度地减少客户的抱怨。处理客户抱怨是弥补服务的缺失,是维持客户满意、防止客户流失的最后一道防线。处理客户投诉要讲究方法,尽量使不利因素转变为有利因素。

本节需要完成以下两项子任务。

任务1:探究客户抱怨发生的主要原因。

任务2:把客户的抱怨转变为商机。

任务分析

1. 研究客户抱怨发生的主要原因

1) 服务人员的态度不好

美国管理协会(AMA)所做的一项调查显示:68%的企业失去客户,原因就在于服务态度不好。商品是死的,只有在商品中附加上人的情感,才能使商品鲜活起来。交易表面上看是物与物的交换,但其实质是人与人情感的交流和沟通。

2）客户对商品不满意

完美的商品＝好产品＋好服务。100 件商品中只要 1 件有瑕疵,对商家来说是 1％的过失,但对客户来说却是 100％的不满意。这些年消费者协会收到客户的投诉,大部分都集中在商品质量问题上。好服务要建立在好商品的基础上,否则服务态度再好,也只能说明蒙骗客户的道行高深。

2. 变客户的抱怨为商机

客户投诉是危机,但松下幸之助曾说:"客户的抱怨,经常是我们反败为胜的良机。"每处理好一次客户投诉和抱怨,实际上是为优化服务质量提供了数据,也是巩固客户关系的好机会。有一种更"轻松"的方式面对客户投诉,那就是面对"客户投诉"进行程序化处理。

1）端正态度,首先假设自己有问题

当接到客户投诉时首先要端正态度,假设自己有问题。例如,"三鹿奶粉"听到众多的客户投诉,本应该化验自己的奶粉到底有没有问题,但是"三鹿奶粉"的做法却是固执地认为是客户水质造成的。当确认是自己的问题时,挽回大局的时机已经错过了,工作重点成为设法找到平息事件的方法。

2）建立客户档案,其中包括客户投诉档案

建立客户档案是一个长期的过程,客户档案应该包括机会、合同、客户投诉在内的所有事件,消费类产品行业往往不注重客户管理系统,只注重渠道分销代理管理。事实上,我们需要倾听客户的声音,需要一个系统机制集中收集、反馈所有客户的投诉,并逐一解决。

对于电子、机械制造行业来说,重视客户投诉可以优化产品的性能,并最终从客户投诉中找到优化产品的建议和方向。

3）建立客户投诉等级评定、投诉分类机制

对客户投诉进行分类,分紧急程度处理。例如,对于客户对产品的优化建议、客户对产品功能缺失的抱怨、客户对产品无效的抱怨、客户对产品有可能危害身体健康的投诉等,客户管理系统已经有对客户投诉评定的类别定义。

上海某电子公司应用了在线 CRM 系统,据称,CRM 机制和系统能够集中反馈产品某一功能的投诉率是多少(多数现象和少数现象)。例如,很多客户可能反映电子产品的充电部件电池发热极高、电池用电时间短,这些都将归功于客户管理系统启动时设置好的分类和处理级别,而对于类似客户对外观的有效建议,我们可以提交给产品设计部门,无须马上解决。

4）建立专门的部门处理投诉,而不只是设置一个接待人员

建立首问接待人,这个人应该对全部过程进行跟踪,包括处理结果的反馈等。这个人将客户投诉的相关内容写成报告,分发给相关的部门,并要求相关部门在报告上填写纠正措施和预防措施,不能及时填写的,必须制定完成时间,跟踪到底。

开封三毛旅行社在一年前就开始租用 CRM,其总经理觉得该方法成本低且卓有成效,他主抓客户投诉处理,这种对客户投诉亲力亲为的做法,让他发现了企业中存在的不少问题,从首问接待人制度上获益匪浅,因为,首问接待人让所有投诉事件变得无处可藏,

谁也不敢怠慢投诉,投诉的解决将"打破砂锅问到底"。

5) 跟踪客户投诉处理过程,并反馈对处理结果的客户满意度

管理人员应该注重对客户投诉、客户抱怨的记录,跟踪投诉的处理过程,并进行投诉的处理满意度的调查等。历史资料最为重要,这些信息需要与服务部门、客户经理、产品经理共享。

🔍 知识链接

7.2.1 客户投诉处理流程

客户投诉处理流程如图 7-10 所示,其相应子流程分别说明如下。

图 7-10 客户投诉处理流程

(1) 记录。按照客户投诉处理和反馈表(表 7-3)详细地记录客户投诉的全部内容,如投诉人姓名、提交日期、投诉对象、投诉要求、投诉涉及单证号码等。

表 7-3　客户投诉处理和反馈表

投诉人姓名		提交日期	年　月　日
投诉人所在单位名称			

投诉内容：

质量管理部门处理意见：	批准意见：
部门负责人：	批准人：

责任部门处理意见：

部门负责人：

处 理 结 果：	跟踪验证：
责任人：	验证人：

客户对处理结果的反馈意见：

　　（2）调查。在了解客户投诉的内容后，再调查客户投诉事件的真相，并判定客户投诉的理由是否充分、投诉要求是否合理。如果投诉不能成立，要耐心地向客户解释，并取得客户的谅解，以消除误会。

　　（3）确定责任人。根据客户投诉的内容，确定相关的具体受理机构或分公司部门/受理负责人及造成客户投诉的责任人。

　　（4）分析原因及制定对策。责任部门须根据客户的投诉内容查明具体原因，并提出解决投诉的具体方案（如退货、换货、维修、折价、赔偿等）及长期预防措施计划。

　　（5）审批改善对策。对于客户投诉的问题，相关机构或部门的主管领导应予以高度重视，主管领导应对投诉处理对策/方案认真核实并及时作出批示。根据实际情况，采取一切可能的措施，挽回已经造成的损失。

（6）实施。被投诉责任部门按主管领导批示改善方案处理投诉案件，对于一般投诉案件，3 个工作日内处理完毕；对于简单投诉案件，1 个工作日内处理完毕；对于复杂投诉案件应尽快处理，每隔 3 个工作日对客户进行回访并将处理进度如实告知。

（7）效果验证。对责任部门的改善效果进行验证，对有效的改善措施须进行总结与综合评价，不断地完善公司的经营管理和业务运作，以提高客户服务质量和服务水平，降低投诉率；对无效的措施还须制订新的改善方案。

（8）反馈客户。对客户投诉处理结果，通知客户并尽快回访客户，用电话、邮件或其他方式联系他们，了解他们是否满意。一定要与客户保持联系，尽量定期拜访他们，收集更多的反馈意见。

7.2.2　客户投诉处理技巧

相信很多呼叫中心的管理者都深有同感，现在的客户越来越"刁"了，动不动就要投诉，使我们的管理者和客服代表每天都面临巨大的压力。的确，投诉处理不好，会影响客户与企业的关系，有些投诉甚至会损害企业形象，对企业造成恶劣的影响。

可是，仔细想一想，投诉是"坏事"，也是好事。正因为有客户的投诉，我们的服务才有进步。客户的投诉是灾难，也是机会，关键在于你如何理解及面对。如果你视客户投诉为灾难，你将会每天背负沉重的压力；如果你把它当作好事，投诉就是提高企业服务水平的工具，甚至会促使客户成为企业的长期忠诚客户。

1. 投诉产生的原因

投诉产生的根本原因是客户没有得到预期的服务，即实际情况与客户期望有差距。即使我们的产品和服务已经达到良好水平，但只要与客户的期望有距离，投诉就有可能产生。

（1）在使用服务过程中，有人歧视或小看他们，没有人聆听他们的申诉。

（2）没有人愿意承担错误及责任。

（3）某人的失职令他们蒙受金钱或时间的损失。

（4）他们的问题或需求得不到解决，也没有人向他们解释清楚。

（5）客户认为我们应该义不容辞地解决一切问题。

2. 客户投诉的目的

（1）希望他们的问题能够得到重视。

（2）能得到相关人员的热情接待。

（3）获得优质服务，最终能使他们所遇到的问题得到圆满的解决。

3. 投诉的好处

（1）可以指出公司的缺点。

（2）提供你继续为他服务的机会。

（3）可以使他成为公司的长期理性顾客。

（4）可以使公司产品更好地改进。

（5）可以提升处理投诉人员的能力。

4．客户投诉的四种需求

（1）被关心。客户需要你对他表现出关心与关切，而不是不理不睬或应付。客户希望自己受到重视和善待。他们希望与他们接触的人是真正关心他们的需求或能替他们解决问题的人，他们需要理解的表达和设身处地的关心。

（2）被倾听。客户需要公平的待遇，而不是埋怨、否认或找借口。倾听可以针对问题找出解决之道，并可以训练我们远离埋怨、否认和借口。

（3）服务人员专业化。客户需要明白与负责的反应，客户需要一个能用脑而且真正肯为其用脑解决问题的人、一个不仅知道怎样解决而且负责解决的人。

（4）迅速反应。客户需要迅速与彻底的反应，而不是拖延或沉默。客户希望听到"我会优先考虑处理您的问题"或"如果我无法立刻解决您的问题，我会告诉您我处理的步骤和时间"。

5．处理投诉的基本方法

（1）用心聆听。聆听是一门艺术，从中你可以发现客户的真正需求，从而获得处理投诉的重要信息。

（2）表示歉意。如果你没有出错，就没有理由惊慌；如果你真的出错，就得勇于面对。请记住，客户之所以动气是因为遇到问题，你漠不关心或据理力争，找借口或拒绝，只会使对方火上浇油，适时地表示歉意会起到意想不到的效果。

（3）仔细询问。引导用户说出问题重点，有的放矢，表示同情。如果对方知道你的确关心他的问题，也了解他的心情，怒气便会消减一半。找出双方一致同意的观点，表明你是理解他的。

（4）记录问题。好记性不如烂笔头，把客户反映的重要问题记录下来，不会耽误多少时间。

（5）解决问题。探寻客户希望解决问题的方法，一旦你找出方法，应征求客户的同意。如果客户不接受你的方法，应问他有什么提议或希望解决的方法，无论你是否有权决定，都让客户随时清楚地了解你的进程。如果你无法解决，可推荐其他合适的人，但要主动代为联络，礼貌地结束。

当你将这件不愉快的事情解决了之后，必须问：请问您觉得这样处理可以吗？您还有别的问题吗？如果没有，就多谢对方提出问题。

6．处理升级投诉的技巧

（1）处理升级投诉之前一定要对用户投诉的问题有全面的了解，做到心中有数。

（2）假设可能出现的几种情况及应对措施。

（3）在了解用户投诉意图的基础上，设定可能的处理方案拟供用户选择。

（4）把握好最终处理原则，超出原则的部分不予接受。

7．处理疑难投诉的技巧

（1）用微笑化解冰霜。

（2）转移目标。

（3）角色转换或替代。

（4）不留余地。

（5）缓兵之计。

（6）博取同情。

（7）真心真意地拉近距离。

（8）转移场所。

（9）主动回访。

（10）适当让步。

（11）给客户优越感。

（12）善意谎言。

（13）勇于认错。

（14）以权威制胜。

8. 处理投诉过程中的大忌

（1）缺少专业知识。

（2）怠慢客户。

（3）缺乏耐心，急于打发客户。

（4）允诺客户自己做不到的事。

（5）急于为自己开脱。

7.2.3　利用 CRM 系统提高客户投诉处理效率

提升客户满意度，是企业客户关系管理的核心；而通过有效的管理方式，解决客户的投诉难问题，则是提升客户满意度的有效手段。CRM 系统有很大一部分内容，就是围绕客户投诉这个问题展开的。

企业该如何在 CRM 系统的帮助下，结合企业的实际管理流程，为客户提供投诉处理的"一条龙"服务，提高客户投诉的处理效率呢？

1. 投诉的受理

客户打电话给销售人员，只要销售人员打开 CRM 系统，通过集成呼叫中心，CRM 系统就会根据客户的电话号码来判断是哪个客户打来的；同时，CRM 系统还会自动打开一个窗口，上面显示该客户最近订单的执行情况以及客户近期投诉的处理情况等。

当客户投诉说，他们下的 20080505003 这张销售订单有质量问题，螺丝刀上有明显的铁锈，销售人员通过输入客户报的销售订单号，马上就可以在系统中查询到和这张销售订单相关的单据信息，如该笔订单企业是什么时候接到的、是什么时候完工并出货的。

销售人员接完客户的投诉电话以后，马上就可以在 CRM 系统中根据对应的出货单或者销售订单信息生成一张客户投诉单。根据原有的单据直接生成投诉单的好处是非常明显的：一是在投诉单中可以关联到相关的订单信息，如该订单是什么时候出货的、距离现在有多少时间、有没有超过质量保证日期等；二是投诉单的录入效率会非常高，用户无须再手动输入是哪个客户投诉的、投诉的是什么产品等，这些内容都会根据原始的单据内容自动转换到投诉单上去，销售人员只需要输入客户投诉的具体内容即可。

销售人员在处理好相关的单据之后，就可以把相关的单据发送给具体的人员了。

所以，销售人员客户投诉单的录入质量，在很大程度上影响着后续的处理流程。通常情况下，在实施 CRM 项目的时候，对于客户投诉处理单的内容做了严格的规定。哪些内容必须填写、该怎么填写，都要求客户根据自己企业的实际情况作出明确规定。这样做的目的就是要求后面的相关人员在看到这份投诉单的时候，可以一目了然地知道投诉的具体情形，而不需要再打电话向业务员询问具体的情况。

2. 投诉的处理

A 企业规定，关于质量的投诉，销售人员必须把客户投诉单同时分发给销售经理、质量部门经理、采购经理以及总经理。为此，A 企业预先在 CRM 系统中进行了相关的工作流程设置。当客户投诉单被审核后，会自动发送即时消息以及邮件给这些人员，并通知他们现在有质量问题需要解决。

针对客户的这些具体要求，质量部门经理根据销售人员的投诉单，写了如下处理意见。

一是明天马上派质量部门人员去客户那边，查明原因，处理问题，并带 3 名生产部人员到客户现场处理这些不良品。

二是在 7 天之内，找出这个问题发生的原因并提出预防措施，向客户通报我们的处理结果。

质量部门经理根据客户投诉单，在 CRM 系统中创建了这两个任务。根据 A 企业的客户投诉处理流程，质量部门根据客户的投诉写了初步解决方案之后，这些任务明细就会被发给具体的人员。若他们没有反对意见的话，就会按这个方案执行。

根据以上的分析，我们知道在投诉处理阶段，主要是做到以下两件事情。

一是根据客户的投诉内容，对责任人进行分解，分解成具体的任务。这个分解的过程非常重要，也是考验责任人办事能力的一个地方。负责人可以在 CRM 系统中把客户投诉的具体处理方式写成一个个任务，然后 CRM 系统就可以对这些任务的具体处理情况进行追踪，并且可以由报表直观地显示出这些任务的处理进度，从而使用户更方便地知道这个投诉的处理进度。

二是为任务设置具体的期限。若任务没有设置具体的完工期限，那么由于员工的惰性，这些问题可能就会被拖延。所以，责任人在分配任务的时候，还需要指明具体的处理期限。同时，我们可以根据预先的设置，把这个投诉的预计处理方法以及相关的期限发给我们预先指定的其他员工，让他们知道现在投诉的处理情况。

3. 投诉处理完成

质量部门经理收到客户投诉之后，决定兵分两路：一是马上派人到客户那边处理问题，并进行善后处理；二是积极地寻找问题的成因，并寻找预防措施，以防止后续再出现类似的问题，提高客户满意度。

当善后人员从客户那边回来后,向质量部门经理汇报问题已经圆满处理,并初步得出了问题的成因,是运输部门在运输的过程中,没有做好防水措施,螺丝刀包装箱进水导致的质量问题。质量部门经理根据这些处理结果,在 CRM 系统中做了相关的记录。

首先,他关闭了第一项任务,并在上面注释了具体的善后措施。当该任务处理完成后,系统就会发消息通知销售人员以及销售经理,告诉他们这个问题已经处理完毕。

其次,他总结这个问题发生的原因以及要采取的预防措施。因为这次是运输部门在运输过程中没有做好防水处理,所以,A 企业决定以后在产品的运输过程中,在一个托盘的外包装箱上包上尼龙,防止在运输过程中进水。这个问题产生的原因以及处理方式,经过销售经理审核后,会根据客户的投诉要求、质量问题具体的处理方式,连同质量部门对于这个问题的原因分析与预防措施,一并发送给客户。在这个处理过程中,用户不需要再去费力地整理相关资料,CRM 系统会对系统中记录的相关信息进行整合,然后按照客户定义的格式,自动生成文档的格式。用户只需要稍微地修改,甚至不需要经过任何的修改,就可以将结果发送给客户了。

4．日后的追踪处理

CRM 系统提供了丰富的报表,可以追踪客户投诉的处理结果。例如,有客户投诉处理状况表可以反映某个客户投诉的处理进度,有哪些已经处理完毕,有哪些还在进行中。再如,客户投诉预防措施报告表可以反映针对客户的投诉,相关部门有没有采取一定的预防措施,防止类似投诉再次发生。并且,其还可以反映这些预防措施有没有被发送给客户。这些丰富的报表,对于提高客户投诉的处理效率是非常有帮助的。相信在这些报表的指点下,一定可以把客户投诉处理流程做得更好。

7.2.4　客户服务人员情绪平衡

作为客户服务人员,每天要面对各式各样的客户和种种投诉,情绪难免有所波动,而情绪的失控不但会造成服务亲和力不足、工作效率下降,还会对顾客产生一种恐惧的心理,时间长了会焦虑不安、经常莫名郁闷、压抑,开始抱怨,易怒、不冷静,甚至影响自己的职业发展。

合格的客户服务人员应避免让自己陷入负面情绪的旋涡!那么,该如何应对负面情绪,及时调整心态,每天保持好的心态工作呢?

(1) 正视负面情绪的存在。当负面情绪来袭时,人们通常会因为人格面具或社交范式等心理因素,假装负面情绪不存在。这样不仅不能解决问题,反而会让情绪变得更糟糕。正确的做法是,正视它的存在,接受它的存在,接受自己"正在产生负面情绪"的事实。也许我们觉得我们的客户的抱怨不合理,也许我们觉得已经按照客户要求处理了却依旧收到了投诉。对此,有负面情绪是正常的,但是没有必要因怀有负面情绪而觉得自己不够好。

(2) 将事情本身具体化。当负面情绪来袭时,人们很容易陷入情绪的旋涡。如果客户态度恶劣,我们也以恶劣以回击之,或者表面上仍保持礼貌,但却在内心用负面情绪损耗和伤害自己。"以怨报怨"当然是不可取的,否则违背了客服人员的基本职业要求,"情绪内耗"同样也是不可取的,否则会损害我们的健康和职业兴趣。正确的做法是,搁置情绪,专注于事,具体析之。负面情绪发生了,这是难免的,就让它发生吧,将它放在那里,不必理会它,让我们把注意力放到具体的事情本身,倾听事情的过程,具体发生了什么,将抽象的、极具传染力的负面情绪拆解为具体的、细节的事件,可以有效地从负面情绪的旋涡中抽离出来。

（3）积极"跟踪"情绪。当负面的情绪已经发生,愤怒就是愤怒,焦虑就是焦虑,抑郁就是抑郁,没有必要强行颠倒地将其理解为"这是积极的情绪",否则只会造成内在认知失调,而不会对平衡情绪有任何的帮助。正确的做法是,在负面情绪发生的时候,知道自己的负面情绪发生了;在负面情绪消失的时候,知道自己的负面情绪消失了。对情绪的发生,保持实时紧密的"跟踪了知",这是一种非常高级的积极能量,因为这种了知会切断连绵不绝的情绪翻滚,当了知到情绪的任何状态及变化时,情绪的负能量就会被削弱。

（4）寻找成就感。成就感是化解不良情绪的良方,一个有成就感的人,内心会充满力量和富足感,负面情绪很难将他打败。寻找成就感的方法有:可以在工作日志中,把所有自己做成功的事情都记录下来,任何小事都可以,比如,我今天学会了更多与客户沟通的技巧,我今天没有出任何差错完成了工作,我今天受到了来自客户或者领导的表扬。这一步是先去除掉自我怀疑,帮助我们建立自信。这种方式能够用一种更积极与更理性的眼光来看待自己的情绪问题。

作为客户服务人员,面对各种来源的负面情绪挑战,是工作中的常态,以科学的方法、积极的心态应对之,不仅有助于更好地解决客户问题、提升客户满意度、维护公司品牌形象,还有助于维持自身的情绪健康和职业兴趣,能提升人生认知境界。但并非一朝一夕就能管理好情绪,经过持久的、耐心的练习,会慢慢地在工作中看到自己的状态变化和能力提高。

案例 7-1

通过正念提升情绪管理水平

一项来自南佛罗里达大学的研究表明,正念冥想不仅能提高睡眠质量,还能有效管理压力,这对于工作场所健康策略具有广泛的意义。

正念,即专注于当下的实践,已被证明可以提高睡眠质量、减轻压力并提升整体健康水平。这项研究深入探讨了正念如何通过改善情绪调节来实现这些益处。

研究团队在两周内跟踪了 144 名护士,观察他们保持专注在当下的能力,以及他们沉浸在负面思绪中的频率。护士们每天完成三次调查,并在第二天早上报告他们的睡眠质量。

这项研究揭示了正念与情绪调节之间的关系,以及人们如何处理诸如工作中的挫折等压力情况。研究的主要作者、南佛罗里达大学艺术与科学学院心理学助理教授 Claire Smith 表示,这些发现为员工和雇主如何合作减轻与工作相关的压力提供了更清晰的视角。

Smith 指出:"正念通常被视为减轻员工压力的神奇疗法。但我们需要更细致地了解其背后的机制。"研究提供了正念与情绪调节如何影响睡眠质量的见解。

　　研究发现，正念帮助护士体验到更少的负面情绪和更少的反复消极思考。Smith 解释说："例如，如果你在工作中得到了负面的绩效评估，你可以选择将注意力从自己失败和无能的消极想法转移到自己做对的事情上，以及如何成长。"

　　这项研究的结果可能有助于雇主作出更好的决策，实施策略以提高员工的健康水平。流行的雇主干预措施包括基于正念的压力减轻项目，以及瑜伽、冥想、太极和治疗。这些项目已被证明可以帮助员工管理压力并提高整体福祉。

　　资料来源：正念的力量：如何通过冥想提升睡眠质量与情绪管理？［EB/OL］.（2024-07-10）. https://www.163.com/dy/article/J6MJG43G0553XSFT.html.

7.3　客户服务中心

任务引入

华为呼叫中心

　　华为呼叫中心的发展已经历了三个阶段，目前正朝智能云联络中心发展。

1. 呼叫中心

　　最早的呼叫中心，以处理热线电话为主。IVR（交互式语音应答）的使用，减少了人工业务的受理数量，并降低了人工座席的工作强度。CTI（计算机电信集成）技术的发展，实现了电话交换机系统与计算机系统的集成，座席可以在处理电话的同时从计算机中调取客户信息，为客户提供个性化服务。录音设备的使用，完整记录了服务全过程，提升了服务质量。实时监控系统、质检系统和报表系统的应用，使管理人员可以方便地监控呼叫中心运行状态。呼叫中心如图 7-11 所示。

图 7-11　呼叫中心

2．联络中心

随着互联网技术的快速发展,新媒体的出现,如短信、IM(即时通信)消息、E-mail、网页聊天、微信、微博等,给客户的沟通方式带来了日新月异的变化,呼叫中心不再只是实现单纯的语音呼叫,而是包含多种媒体的联络互通,"呼叫中心"这一称谓,也随着这种变革,变为"联络中心"。

联络中心平台更为关键的技术是平台开放和统一路由,平台开放实现多种媒体的接入,统一路由实现多媒体的统一路由、分发(图 7-12)。

图 7-12　联络中心

3．云联络中心

虽然联络中心功能比较完善,但更多采用入驻式部署,硬件成本和维护成本高、扩容慢。云联络中心通过对联络中心所有资源进行云化,实现联络中心业务基于云计算的部署。基于公有云的联络中心,使企业无须进行硬件设备的购买、维护,按需购买座席,按使用量进行付费。

云计算是天然适用于联络中心的技术,给企业带来了更大的业务灵活性,中小型企业即买即用就可享受优质的联络中心服务。云联络中心如图 7-13 所示。

图 7-13　云联络中心

4. 智能云联络中心

无人化(人工智能)、远程化(视频通话)业务办理和咨询服务的普及正在改变人们的日常生活,也正在改变联络中心。智能语音导航(语音导航代替按键导航)、智能外呼(AI代替人工外呼)、智能机器人、智能质检(实时语音识别、语音转文字质检等)、高清视频通话正在从根本上改变联络中心的体验。智能云联络中心未来将为客户提供更贴心的个性化服务,为联络中心创造新的服务体验。

资料来源:初识联络中心云服务[EB/OL]. (2022-03-23). https://support. huaweicloud. com/productdesc-cec/cec_01_0001. html.

本节建议考虑以下两项任务。

任务 1:呼叫中心技术分析。

任务 2:智能云联络中心的影响分析。

任务分析

现代呼叫中心是和互联网相融合的呼叫中心(Internet Call Center,ICC),它把IP(网际协议)电话、CRM无缝结合起来,把语音、传真、电子邮件完美结合起来,具备数据挖掘、实时监控等功能。通过电话、Web、IP电话等方式实现客户的无缝接入,既促进了客户的主动访问,又可以减少企业的通信支出,还省了客户维护的成本。因此,现代客户服务中心已经不再是成本中心,而更趋于利润中心,它尤其引起从事网上销售企业的关注。目前,在网上购物狂潮中,真正获利的还是有呼叫中心在背后支持的企业。"亚马逊"网上书店在环球网上售书,它背后有一个非常强大的呼叫中心支持。"美国在线"(American Online)在美国有六个呼叫中心,是其主要盈利点之一。

知识链接

7.3.1 语音呼叫中心的结构

1. 基本结构

建立一个成功的呼叫中心系统,应该将大部分注意力集中在业务系统的构造上。强调呼叫中心系统真正的价值观:以业务体系为基础,以维护客户关系为目的。一般的呼叫中心由六部分组成:程控交换机(PBX)、自动呼叫分配器(ACD)、计算机通信集成(CTI)服务器、交互式语音应答、人工座席代表(Agent)和原有系统主机。虽然有些公司的集成系统只适用于自己的呼叫中心,但呼叫中心环境下的基本技术差别不大。图7-14所示为呼叫中心的基本结构。

(1)程控交换机。程控交换机为呼叫中心提供了内外的通道。程控交换机对外作为与市话局中继线的接口,对内则作为与座席代表话机和自动应答设备(VRU)的接口。但呼叫中心的PBX与传统的PBX不同,其中继线数大于内线数。多出来的中继线如何使用,就涉及自动呼叫分配器了。

图 7-14　呼叫中心的基本结构

（2）自动呼叫分配器。自动呼叫分配器的作用是将外界来电均匀地分配给各个座席代表。如果没有接线员空闲，将来电放入等待队列，空闲时再转接过去。如果来电在长时间里得不到处理，ACD 应该为客户播放提示信息，包括呼叫者在等待队列中的位置并问其是否愿意继续等待等，以减小客户的挂机比例。随着技术的发展，ACD 将会提供更多的特色服务，如呼叫溢出等，并与其他解决方法更好地结合起来。

（3）计算机通信集成服务器。计算机通信集成服务器对整个呼叫中心进行全面管理，是呼叫中心的心脏所在。它与 PBX 相连，接收来自 PBX 的事件/状态消息，并向 PBX 发出命令。CTI 服务器能够向上提供统一的编程接口，屏蔽 PBX 与计算机间的复杂通信协议，给不同的用户开发应用程序带来方便。

（4）交互式语音应答。交互式语音应答技术给呼叫中心带来了强大的生命力。IVR 又称自动语音应答，它是计算机技术用于呼叫中心的产物。用户通过双音频电话输入信息，IVR 系统向用户播放预先录制好的语音，回答用户的问题。IVR 还具有语音信箱、传真收发等功能。应用了 IVR 技术，有 $80\%\sim90\%$ 的呼叫不需要座席代表的干预就能完成。在 IVR 的应用中，语音识别技术将会发挥很大的作用，从而减少语言误解和消息失真。据专家预测，未来的互联网技术将与 IVR 技术结合，基于 Web 的处理方式会使呼叫中心处理起来更像电话处理。在硬件上，IVR 由 PC 机（或工控机）、电话接口卡、语音处理卡和传真卡组成。这些专用的板卡一方面通过计算机主板上的总线进行通信，另一方面为了方便传送数据还需要专门的一条时分复用（TDM）总线。由于板卡数量较多，而且呼叫中心提供的是 24 小时全天候服务，对主板的要求很高，因此大多数 IVR 系统使用工控机。

（5）人工座席代表。人工座席代表是呼叫中心的唯一非设备成分，能更灵活地进行呼叫处理。呼叫中心的某些服务（如业务咨询、电话号码查询、故障报告和服务投诉等），必须由座席代表完成。另一些可以由自动语音应答设备完成的服务（如账单明细查询、营业网点查询等），通过座席代表来完成将会达到更好的服务效果，增加客户的满意度。

2．互联网呼叫中心的结构

图 7-15 所示的互联网呼叫中心的结构中，右侧是传统呼叫中心部分，左侧为互联网呼叫中心所特有，其中关键部件为互联网呼叫管理（ICM）和电话网关[ITG（S）]。电话网关提供模拟话音到 IP 语音包的转换，采用 H.323 协议，电话网关在呼叫中心中实际上起

到承载信道的作用,而 ICM 起到接续控制、过程监控的作用。当用户浏览网页时遇到不明白的问题时,单击相应的 VOIP(网络电话)按钮,Web 服务器将向 ICM 发出请求,ICM 通知服务器用户的呼叫请求和用户的 IP 地址,CTI 服务器把呼叫请求递交给 ACD 并进行排队。ACD 依智能路由把呼叫分配到最合适的客户代表,在客户代表应答了呼叫之后,ACD 把客户代表的状态设置为忙,不再分配其他任务。CTI 服务器把分配的客户代表的地址通知 ICM,ICM 通过 Web 服务器把用户正在浏览的网页的 URL(统一资源定位地址)告诉客户代表的计算机,客户代表的计算机从相应的 URL 取回网页的内容,这样客户代表和用户所看到的内容是一样的。在完成了网页同步之后,ICM 再开启电话网关,把用户的 H.323 语音包转化成模拟或数字语音,通过中继接口接入排队机,再连接到客户代表的话机上。至此,用户实现同步浏览的同时进行 VOIP 语音交流。表 7-4 所示为 CoCyber 网上呼叫中心的基本功能。

图 7-15 互联网呼叫中心的结构

表 7-4 CoCyber 网上呼叫中心的基本功能

基 本 功 能	含 义
无须安装软件,无须注册,访客操作简单	CoCyber 网上呼叫中心在使用中不需要安装任何软件和浏览器插件,网站访客不需要注册账号,只要一次单击即可与客服人员实时交谈。极简的访客操作,让访客更愿意与客服人员交流
多媒体通信中心	CoCyber 网上呼叫中心不但可以提供点到点和多点到多点的实时文字通信,支持诸如聊天表情、名片推送等扩展通信应用,而且支持文件传送、网页推送、在线表格协同填写等多种多媒体通信技术。更进一步,CoCyber 网上呼叫中心可以扩展支持语音通信和短信服务,从而实现了客服人员与访客之间多媒体沟通,大大提高了沟通效率

续表

基 本 功 能	含　　义
友好体贴的用户界面	CoCyber 网上呼叫中心关注用户使用习惯,会话界面与主流聊天工具一致。操作提示无处不在,在界面中的按钮、链接上停留鼠标即可看到相应的操作提示。无论是访客还是客服人员,都能够轻松上手,无须学习即可使用。CoCyber 网上呼叫中心支持访客皮肤定制,即座席可以自定义呈现给访客的界面皮肤,拒绝千人一面
让客户服务无所不在	任何可以使用链接的地方(如网站、博客、电子邮件等)都可以使用 CoCyber 网上呼叫中心提供的实时客户服务功能。CoCyber 网上呼叫中心内置了嵌入代码生成系统以及多种可定制的页面嵌入样式,新样式每天都在增加 CoCyber 网上呼叫中心还支持主动邀请交谈模式,即当访客到达网站后,座席人员可以主动邀请访客开始交谈,变被动提供服务为主动提供服务
在线状态呈现	除基本的登录状态和未登录状态外,座席还可以自行设置在线状态(如在线、离线、隐身等)。系统将会按照座席自设的状态选择向访客提供服务的座席;会根据座席的状态向访客显示不同的欢迎词。座席可以为自己配置不同在线状态的欢迎词
基于座席组的客户服务模式	CoCyber 网上呼叫中心支持将一系列座席组织为一个座席组,以座席组的形式向访客提供服务。通过座席组在线状态技术,CoCyber 网上呼叫中心实现了只要座席组内有一个座席在线,即向访客显示为在线,从而最大化地向访客提供服务。同时智能访客分配技术的应用,也使 CoCyber 网上呼叫中心能够根据座席组内客服的在线状态,从座席组中选择合适的座席向访客提供服务,并在多个座席向访客提供服务时,保证座席间的工作量均衡
数据在线保存	CoCyber 网上呼叫中心将企业的聊天记录和各种配置信息以加密数据的形式在线保存(当然也可以根据需要随时将数据下载到本地),并提供了强大而周密的数据备份机制,从此再也不必担心数据丢失、数据损坏或是重装系统带来的损失了。CoCyber 网上呼叫中心还提供了完备的数据操作权限管理机制,保证正确的人操作恰当的数据
交谈上下文技术	在用户打开会话窗口后将自动加载与对方最近的交谈记录;使用交谈记录搜索功能时,在搜索到包含你关心的关键字的交谈记录条目后,只要一次单击即可打开此条记录前后的交谈记录,轻松地重现交谈场景
全过程的客户服务	CoCyber 网上呼叫中心为企业提供了针对访客的全过程的客户服务。在访客到达时,向座席提供访客来源说明(如自定义的来源标签、IP 地址等);在访客准备离开时提供邀请式座席评价机制,即座席可以主动邀请访客对其服务作出评价;在访客离开后,允许座席对本次交谈进行基于自定义标签的交谈记录分类
会话转接	CoCyber 网上呼叫中心允许座席人员将一个会话转接给其他座席人员,随时让最合适的人解答访客的问题。在实现会话转接的同时,将原座席人员与对方的聊天记录也一并转接至新的座席,从而使新座席迅速了解原来的交谈内容
黑名单	CoCyber 网上呼叫中心针对恶意骚扰网站客服的情况,提供了黑名单功能,即可以针对某一访客(如依据 IP 地址、源页面等)进行屏蔽,而且可以自行设置屏蔽时间(超时后将自动解除屏蔽),从而确保客服人员免受恶意打扰
知识库	CoCyber 网上呼叫中心提供了针对企业的知识库系统,支持全文以及标题检索,支持模糊及精确检索,而且可以与百度以及 Google 等搜索引擎无缝集成

续表

基 本 功 能	含 义
强大的座席管理及运行统计分析功能	CoCyber 网上呼叫中心提供了强大的座席管理功能,允许座席管理员实时查看企业内各座席的工作状态、管理所有座席的交谈记录、管理企业的知识库,同时 CoCyber 网上呼叫中心还提供了详尽的系统运行统计分析功能(如交谈类别比例分析、访客量趋势分析等),并提供了直观的图表加以呈现
企业内部通信系统	CoCyber 网上呼叫中心除作为企业对外服务的呼叫中心外,还可以作为企业内部通信系统使用,在系统内建立了强大的企业通讯录系统,其支持通讯录搜索,支持自定义好友列表

7.3.2 呼叫中心系统方案设计

1. 呼叫中心系统建设实现功能

呼叫中心系统建设实现功能如表 7-5 所示。

表 7-5 呼叫中心系统建设实现功能

功 能	含 义
电话数字录音	打入、打出电话均可数字录音; 录音文件支持声卡 ∗.WAV 格式; 异地电话查询、播放重要电话录音; 座席电话查询、回放电话录音; 座席计算机、局域网计算机查询、播放电话录音; 可在通话过程中播放以前的相关电话录音给用户听; 可在通话过程中播放事先录制好的某段声音给用户听
电话防火墙	将有敌意的电话、不受欢迎的电话列入黑名单,可有效地拦截恶意或骚扰电话的侵入,对用"800"号电话建设的呼叫中心,可避免高额的电话费。 注:本功能的开通,需要电话线开通送主叫电话号码 CID(呼叫身份传递)功能
呼叫中心可分为三个工作时间段	在上班时间内,打入电话可进入 IVR 自动应答,也可进入座席人工接听。如果客户要找的人员外出,可人工或者自动进行电话跟随呼叫(将客户电话和外出办公人员的电话连接,保证客户一次呼入就能解决问题,通话过程有录音)。 准休息时间(午休时间、晚上下班后睡觉前时间),打入电话可进入 IVR 自动应答,也可进入电话跟随呼叫流程(将电话自动转到指定的值班电话或移动电话上,通话过程有录音)。 休息时间(晚上睡觉时间、节假日时间),启动夜间服务功能,电话打入时,可进入自动留言,或者进入 IVR 自动应答
自动语音信息服务 IVR(如公司简介、产品介绍、通知等)	从提高生产效率的角度考虑,呼叫中心系统应该尽量以自动方式为用户提供服务。本方案中的自动语音应答系统具有以下特性: (1) 电话打入时系统自动播放录制好的 IVR 欢迎词; (2) IVR 业务生成灵活方便,可以自行设计应答流程及多层结构; (3) 每一部分提示语音可自行单独录制; (4) 系统接收、识别并记录来电的主叫号码

续表

功　　能	含　　义
客户信息管理	客户信息输入及编辑功能,形成客户关系数据库。 来电时,可自动获得主叫号码,以此来区分老客户和新客户。 是老客户的话,可以直接分配到上次接听的座席上,该座席占线或者是新客户时,按照分配原则分配到某个空闲的座席上。 电话分配的同时将客户信息和历次联系信息送到该座席的计算机上。 拨出电话与客户联系时,先在座席计算机上查找到该客户,座席计算机将自动拨叫该客户的电话,遇忙、久叫不应时系统自动拨叫该客户的下一个电话或重新拨叫。 每日信息统计、总结功能:可对每日的进出电话进行整理,重要客户电话及其信息形成报告;报告(包括客户信息和数字录音等)可打包发送邮件,可异地计算机查询及阅读
电话	电话呼入时进行排队处理; 多个席位之间可以按一定的话务分配原则进行分配; 外线直通指定座席电话功能; 不同外线分组转接到不同座席电话组功能; 座席电话转接到座席电话功能; 座席电话插话功能,插话时,可显示客户的信息; 将电话汇接到外出的工作人员的电话上(电话跟随呼叫功能); 外线、座席电话多方电话汇接通话(多方会议)功能; 座席电话阻塞功能:座席人员离开时,可设置该功能,有电话呼入时,将不再分配电话到本座席
座席计算机	来电话时,显示客户信息,可输入必要的文字信息; 座席电话转移时,将该客户的信息转移到相应的座席计算机上; 可输入、编辑、查询客户信息; 可预先设置多个要联系的客户,座席计算机将依次自动呼出客户,节约拨打电话的时间; 可在座席计算机上浏览、接收、发送传真; 可在座席计算机上查询、播放电话录音; 可在座席上发送、接收短信息
分析、统计	座席计算机上显示相关的电话数据,如打出和打入多少次电话、时间等可根据来电区号等条件统计某一地区的来电,作为参考; 可以统计各座席接听次数、打出次数和时间多少; 可以统计系统每天的总接听、呼出、跟随呼叫的次数等
传真功能(可选择功能)	可自动、人工接收传真,接收到的文件被存放在计算机中; 可将起草好的计算机文件直接发送给一个或多个用户
短信息功能(可选择功能)	可在座席上发送简单的提示信息给客户手机; 可浏览客户发过来的短信息

2. 呼叫中心系统工作流程示意图

呼叫中心系统工作流程示意图如图 7-16 所示。

图 7-16　呼叫中心系统工作流程示意图

3. 呼叫中心系统组成

呼叫中心系统组成如表 7-6 所示。

表 7-6　呼叫中心系统组成

系统规模：20 路外线接入、20 路 IVR、20 路同步录音、1 路语音信箱、20 路座席

项　目	数　量
一、三汇语音板卡硬件设备部分	
1. 模拟语音卡母板(SHT-16B-CT/PCI)	3 块
2. 双路外线模块	10 个
3. 双路内线模块	10 个
4. 座席电源	13 个
5. 电话转换接口	12 个
二、CTI 服务器部分(原装工控机)	
CTI 服务器(研华原装工控整机,不含显示器)	1 台
三、智能语音主控平台软件部分(用于模拟线接入)	
1. CTI 呼叫控制模块(呼叫处理单元)	
2. 自动呼叫分配(ACD Basic Unit)	1 个
3. 交互式语音应答(IVR Basic Unit)	

续表

项　目	数　量
四、IVR 语音导航流程	
IVR 交互式语音应答	1 个
五、人工座席软件部分	
1. 座席桌面功能	1 个
2. 座席增强功能	3 个
六、通话记录统计及班长管理报表软件	
统计及班长管理报表	1 份
七、同步数字录音系统	
1. 对指定通道座席进行录音	
2. 录音文件播放功能	1 个
3. 录音文件查询功能	
八、语音信箱系统	
1. 提供投诉或建议的留言功能	
2. 留言文件保存到硬盘的功能	1 个
3. 留言文件信息保存到数据库功能	
九、知识库系统	1 个
十、系统 License 授权计算公式	
1. 模拟线 License	20 个
2. 座席软件	20 个
3. 录音管理(按照座席软件 License 数量计算)	20 个

7.3.3　SAP Business One 服务呼叫

为客户建立服务档案后(服务合同和服务跟踪卡),客户发生服务请求时,可以使用 SBO 中的"服务呼叫"处理售后服务请求。

处理一个客户的服务请求时,通常需要经过以下几个步骤,如图 7-17 所示。

1. 接受客户请求

当服务人员接到客户的服务请求时,可以通过"服务呼叫"功能记录客户的服务请求。选择"服务→服务呼叫"进入维护服务呼叫界面,如图 7-18 所示。

2. 查询知识库

服务人员在录入客户的服务呼叫的同时,可以通过初步查询目前知识库中的相关解决方案,争取在第一时间内解决客户的问题。

这时,服务人员可以首先单击"服务呼叫"窗口中"解决方案"选项卡内的"已建议"按钮,查看与此服务呼叫的物料、物料组或问题类型相同的在以前的"服务呼叫"中已经建议过的解决方案,如图 7-19 所示。

3. 指派技术员

服务人员可以将服务呼叫指派给相关负责人和技术人员,以继续跟踪客户的服务请求,为客户解决问题。

图 7-17　服务呼叫的步骤

图 7-18　维护服务呼叫

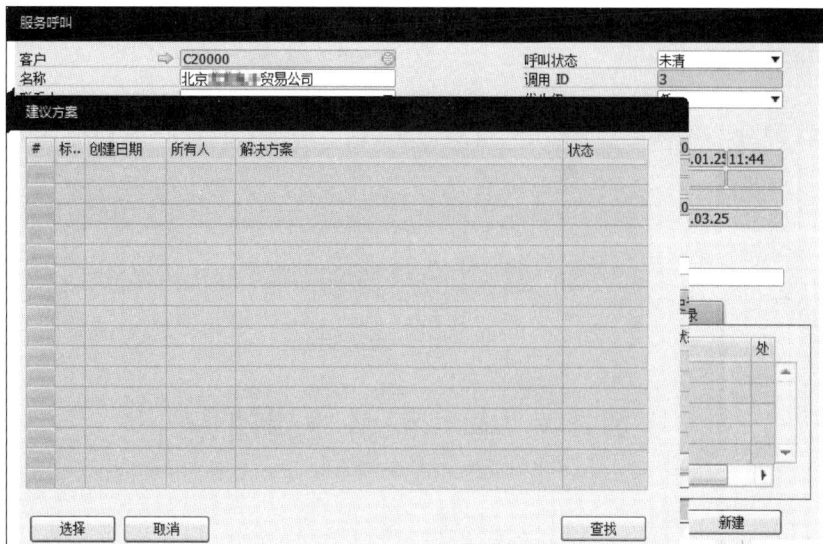

图 7-19　服务呼叫的建议方案

　　负责人和技术人员通过"常规"选项卡中的"受让人"和"技术员"的选择进行指派。如图 7-18 所示,指派的负责人为"manager",技术员为"李惠"。

4．解决问题

　　当服务呼叫所指派的负责人接收系统的消息通知后,可以查看服务呼叫的详细内容。通常,该负责人会通过以下几个步骤来为客户解决问题。

　　(1) 打电话向客户再次确认问题。

　　(2) 指派技术人员上门服务。

　　(3) 更新解决方案并关闭此次服务呼叫。

　　此步骤如图 7-20 所示。

图 7-20　服务呼叫活动

思考与讨论

收集《100 年后的提醒》的相关资料和信息,以组为单位,讨论"我们应该为客户提供怎样的服务",提交 2 000 字左右的论文。

实训题

实训 7-1 客户服务流程图设计

主题:客户服务流程图设计

完成这些练习后,学员将能够:

(1) 进一步明确特定企业的客户服务内容;

(2) 制定客户服务流程;

(3) 完善并优化服务流程。

参照"福克斯公司客户服务流程",为我国有线电视供应商优化客户服务流程,并设计客户服务流程图。

实训 7-2 服务合同和用户服务跟踪卡处理

主题:服务合同和用户服务跟踪卡处理

完成这些练习后,学员将能够:

(1) 创建合同模板;

(2) 描述服务合同和用户服务跟踪卡的自动创建;

(3) 处理服务电话。

公司不仅为特定产品提供保修,而且为特定客户或物料组提供保修。为了处理服务电话,他们有回答服务电话的小型服务中心。

1. 使用合同模板

公司通常为所有用序列号管理的物料提供 3 年的保修。在工作日从上午 8 点到下午 5 点提供支持,公司同时承诺 3 天内解决问题。保修范围涵盖备件和人工,但是不包括现场支持(不包括差旅成本)。

(1) 创建合同模板。为普通的保修合同创建 3 年保修的合同模板。

(2) 在物料主记录中输入合同模板。在所有使用序列号管理的物料中输入新的合同模板。

2．过账带保修物料的销售

客户 C1001 从供应商 S1000 处购买两种物料。

（1）创建应收账款发票。

（2）创建此事务的应收账款发票。为这两种物料选择两个序列号。检查用户服务跟踪卡和服务合同。检查系统是否为此保修正确创建了用户服务跟踪卡和服务合同。检查系统是否正确使用了合同模板来创建服务合同。系统创建了多少用户服务跟踪卡？系统创建了多少服务合同？

3．服务电话

几天后，用户 C1001 往你的服务中心打电话，投诉他购买的一种物料运行不平稳。

（1）创建服务电话。在主题字段中简略地描述该问题。看看解决截止时段，以确定你有多长时间用来及时解决该问题。

（2）发送一个问题的解决方案。联系生产部门寻求建议。他们认为可能是刹车抱死，如果是刹车抱死的话，应该把刹车调得松一点。给该用户打电话，告诉他这个解决方案。该用户试了这个解决方案，回电话确认该方案解决了问题。将这些电话作为活动记录下来。

（3）输入解决方案并关闭电话。在"解决方案"选项卡中记录此解决方案，并将状态设置为已关闭。

（4）维护知识库。由于该问题和解决方案都是新的，你决定将其输入知识库并公布出来。

📖 案例分析

卖菜阿姨的"变态服务"

来自湖南长沙的李阿姨的卖菜摊位，乍一看并不出众，和其他家没什么区别，上上下下堆满了青菜，但却因为"变态"的服务，在全网出了名。

李阿姨家的孩子因为工作繁忙，经常不在家吃饭，只能点外卖，她便抓住年轻人的痛点，突发奇想开创了"一周菜单"服务。年轻人不喜欢做饭，她就帮年轻人把菜洗好、切好、搭配好，拿回家一炒就好了。年轻人不会做饭，她就附赠每道菜的烹饪技巧，放什么调料，放多少，炒多长时间，都标注得清清楚楚。年轻人想减肥，也难不倒她。李阿姨年轻的时候在食堂工作过，懂得如何搭配食材，可以做到健康、丰富又营养，关键吃了还不长胖。李阿姨每天都不重样的菜单，让很多网友自嘲，连亲妈都做不到这样。"一周菜单"服务推出以后，深受年轻人喜爱，李阿姨也成了市场里一道独特的风景线。每天傍晚，前来买菜的人络绎不绝，李阿姨的生意迅速变得火爆起来。因为这种体贴到"变态"的服务，李阿姨在网络上爆火，甚至被《人民日报》发文点名表扬。

资料来源：人民日报表扬长沙卖菜阿姨"变态服务",以苦为乐其乐无穷[EB/OL].(2021-11-15).
https://www.sohu.com/a/501197068_121123522.

问题：如果你是一位客户服务人员,你将如何开展现代服务?

📖 即测即练

第 8 章

客户关系管理总结与发展

学习目标

(1) 能够对 CRM 的功能模块进行系统的总结;

(2) 能够掌握客户关系管理软件实施的基本流程;

(3) 能够对 CRM 项目进行总结。

8.1 CRM 系统的功能总结

任务引入

SAP 助力上海多样屋家居生活

SAP Business One 消费品解决方案帮助多样屋实现了各销售渠道、各业务系统数据实时更新,大大提升了运营效率,加大了内控力度,为多样屋将来的长远发展奠定了坚实的管理基础。

——李亚东,CIO,多样屋生活用品(上海)有限公司

"TAYOHYA 多样屋"——著名家居品牌,创立于上海,主要设计研发、整合生产、经营厨房客餐、卫浴系列、家纺床用、居家摆设等居家生活用品。其行销体系遍布全国 200 多个城市及海外,拥有 300 余家门店;线上渠道覆盖天猫、京东、唯品会以及银行积分换购平台等。

为了对国内外销售、费用、会员和财务数据进行统一管理,并提升客户购物体验,多样屋选用了 SAP Business One 零售 O2O(线上到线下)一体化管理平台。

基于 SAP Business One 平台,多样屋建立了 SAP Business One ERP 管理系统、B2B 销售平台、费用和预算管理平台,并与仓储管理系统(WMS)、门店销售终端、供应链管理系统、订单管理系统(OMS)无缝对接。现在,多样屋不仅打通了供应链和销售体系,还打造了线上、线下、海外的全渠道营销与财务业务一体化的管理平台。

采用 SAP Business One 平台后主要收益如下。

实现集设计、研发、计划、采购、仓储、生产、销售、财务于一体的精细化管理平台。

打造 O2O 全渠道的信息化平台,与供应链管理系统、WMS、电商平台及 POS 无缝集成。销售订单、样货、库存、销售数据与 ERP 实时对接,数据的流转效率和准确率显著提高。

通过费用和预算管理系统,实现消费品和零售企业在费用和预算上专款专项的精细化管理。

建立了实时、透明的运营管理体系,销售、财务和运营报表即时展现,并通过多维度的利润和销售分析,为企业管理层的战略决策提供数据支撑。

实时收集和分析线上、线下的消费者数据,为市场推广及销售部门提供了真实、精准的数据报表,提升销售能力和市场应变力。

资料来源:多样屋家居|SAP ERP 零售业案例[EB/OL]. http://www.mtcsys.com/success-story/tayohya.

请根据所学知识与实践,完成以下两个子任务。

任务 1:画出你所理解的客户关系管理系统的功能模块图。

任务 2:写出一份 CRM 项目总结报告。

任务分析

对客户关系管理系统的理解可从知识的层面、思考的层面及实际接触过的 CRM 项目层面进行,要画出功能模块图也是如此。同时建议,在画图时考虑企业的规模,并使用 Visio 工具来画出其流程图,这样会显得更专业、更有展示效果。

知识链接

8.1.1 CRM 功能分布框图

从图 8-1 可以看出,CRM 的功能可以归纳为几个方面:销售自动化、营销自动化(marketing automation,MA)、客户服务自动化、商业智能及其他模块的商业流程的信息化;与客户进行沟通所需要的手段(如电话、网络、E-mail 等)的集成和自动化处理;对上面两部分所产生的信息进行加工处理,产生商业智能,用以支持企业战略、战术的决策。

图 8-1 CRM 的功能

1. 相关术语解释及主要应用方面

1) 销售自动化

SFA 是 CRM 最基本的功能模块，主要管理商业机遇、客户数据以及销售渠道等方面的内容。其主要应用对象是销售人员和销售管理人员。销售自动化模块能确保企业的每一个销售代表及时地获得企业当前的最新信息，包括最新动态、客户信息、账号信息、产品和价格信息以及同行业竞争对手情况等。

2) 营销自动化

MA 是 CRM 领域中比较新的功能，帮助市场专家对客户和市场信息进行全面的分析，从而对市场进行细分，产生高质量的市场策划活动，指导销售队伍更有效地工作。营销自动化的最终目标是在活动、渠道和媒体间合理分配营销资源，以达到收入最大化和客户关系最优化。

3) 客户服务自动化

实现客户服务自动化对于提高客户满意度、维持客户来说是至关重要的。客户服务自动化可以帮助企业以更快的速度和更高的效率来满足客户今后的服务要求，以便进一步保持和发展客户关系。客户服务自动化可以向服务人员提供完备的工具和信息，支持与客户的多种交流方式；可以帮助服务人员更有效率、更快捷、更准确地满足用户的服务咨询需求，同时根据用户的关键时刻资料和可能的需求向用户提供合适的产品和服务建议。

4) 商业智能

商业智能是指利用数据挖掘、知识发现等技术分析和挖掘结构化的、面向特定领域的、存储于数据仓库的信息，它可以帮助用户认清发展趋势、识别数据模式、获取智能决策支持、得出结论。在 CRM 系统中，商业智能主要是指客户智能。利用客户智能，可以收集和分析市场、销售、服务与整个企业的各类信息，对客户进行全方位的了解，从而理顺企业资源与客户需求之间的关系，提高客户的满意度和忠诚度，实现获取新客户、支持交叉销售、保持和挽留老客户、发现重点客户、支持面向特定客户的个性化服务等目标，提高盈利能力。

5) 其他模块

其他模块包括集成电话中心、Web 服务、电子邮件、传真等多种客户联系渠道的客户服务中心(呼叫中心)。通过这些模块，员工可以与客户进行良好的沟通。

2. 具体应用

1) 计划管理

通过个人工作计划及公司营销推广计划的制订、执行、跟踪和反馈，可以实现对工作计划的分配；项目管理功能协助营销项目的顺利实施。通过统一计划平台工作，促成良性的业务工作循环。

2) 市场管理

对客户群进行市场细分，并进行客户分布分析、市场分析、销售漏斗分析、产品销售分析、服务销售分析，帮助企业找到市场发展方向，发现有价值的产品，作出最佳的营销决策。

3）销售管理

客户关系管理将客户完整归类,并将客户、渠道商、供应商有机集成,通过单位联系模块提供的功能和信息与客户进行全方位的交流,并支持多渠道销售模式、邮件群发、短信群发及销售机会、销售订单、销售业绩分析等,功能齐全。

4）进销存管理

客户关系管理和进销存管理有机结合,采购订单、入库单、销售订单、出库单、领料单操作简单,控制全面,统计分析灵活,库存变化实时把握,独立序列号管理,满足序列号跟踪客户的需要。

5）财务管理

商品及服务的财务参数设置,让应收、应付财务数据准确自动生成,渠道商、供应商财务往来清楚,到款单、付款单、费用管理及财务匹配、冲销功能解决企业财务管理在系统外运行的难题。

6）决策支持

系统内嵌智能分析报表工具,通过对企业的客户、合作伙伴、市场、销售、服务、产品及员工的各种信息进行统计分析,帮助管理者进行决策,把握商机。

8.1.2 CRM 现状及发展趋势

在目前的市场趋势下,企业对 CRM 软件的质量要求越来越高,客户所需要的 CRM是中国特色的 CRM,是一个 CRM 并集成部分进销存甚至人力资源等的软件系统。

从厂商方面来看,国内外的知名 CRM 厂商,如 Siebel、Oracle、SAP、金蝶、用友等,几乎都已在国内市场露面。据统计,现在全球有超过 600 家知名企业涉足 CRM 产品领域,各家的产品、设计理念、覆盖范围、实施标准、服务各不相同。这些不同的产品带给客户的价值、理念也不相同。

从 CRM 的发展来看,CRM 的理论提炼与西方企业管理科学化的进程紧密相伴,而这恰恰是中国企业的不足,从业务规模到管理水平,注定了在中国照搬洋理论只能“水土不服”。

在对中国 CRM 应用现状分析的基础上,我们发现国外的 CRM 产品功能模块实在是太多了,几乎每个环节的实施都涉及对旧有模式的颠覆或重构,企业需要一个接受和吸收的过程,如果冲突太大,最后可能是一个失败的结果。所以我们必须真正地去了解中国市场对 CRM 功能模块的需求,做出真正适合市场需求的 CRM 软件。

分析企业的需求,进而了解 CRM 功能模块的设计思路。客户是企业的财富,CRM的根本出发点就是对客户信息的集中式管理和对客户交流渠道的统一管理,进而在此基础之上推进销售,赢得客户,并最终取得成功。销售管理是企业关注的重点,也是 CRM的重点,通过 CRM 系统既可以管理简单的销售模式,也可以管理复杂的销售模式。特别是对于复杂的销售模式来说,更加追求事前管理,即销售过程管理,我们认为只有好的销售过程,才能保证最后有满意的销售结果。通过 CRM 系统,管理者和销售人员可以及时地知道销售过程中所存在的问题,然后及时地解决这些问题,从而保证整个销售过程的畅通和顺利进行,进而提高销售成功率,达到和完成销售指标。同时,为满足客户日益高涨的应用需求,CRM 还必须考虑到产品的柔性能力。所以,相比传统的管理信息系统,在系统平台多样性、软件技术先进性、功能适应性和灵活性、系统开放性等方面,其都必须有较大的突破。

因此,CRM 系统不仅是一个技术系统,也是一个集成了先进信息技术和管理思想的完整解决方案。面向不同的行业,CRM 系统有着截然不同的解决方案和功能。

8.2　移动客户关系管理

任务引入

SAP Business One 移动应用

SAP Business One(简称 B1)移动终端包括 iPhone、iPod Touch、iPad 等。SAP Business One 移动应用的重点是帮助经理与销售团队始终保持互联互通,从而提高相关业务效率。

图 8-2　SAP Business One 移动
应用解决方案

1. SAP Business One 移动应用工作方式

SAP Business One 移动应用的工作方式基于客户端/服务器端模式。iPhone、iPod Touch 或 iPad 作为客户端,通过 GSM(全球移动通信系统)、4G(第四代移动通信技术)/5G 或者 Wi-Fi 连接远程服务器。服务器端的应用以 Web Service 的形式呈现,通过标准的 SOAP(简单对象访问协议)与客户端交互。而服务器端又分为两部分,B1i 作为前端服务器,与客户端交互;B1 Server 作为后端服务器,处理客户请求。B1i 与 B1 Server 之间通过 SDKs(软件开发工具包)交互。

2. SAP Business One 移动应用解决方案

SAP Business One 移动应用解决方案有三大特点:完备性、直观性、实时性。所谓完备性指的是 SAP Business One 移动应用能满足大部分日常移动办公的需求,如审查批复流程、库销存监控、销售报告等。直观性体现在移动端用户良好的浏览体验上。实时性体现在通过 4G/5G、Wi-Fi 等网络实时更新数据,如图 8-2 所示。

3. SAP Business One 移动应用的关键特性

预警和批复——接收关于特殊情况的预警信息,比如与规定的折扣、价格或信用额度不相符的情况;处理申请批复,生成远程行动事项,选取相关数据或指标,以便快速、高效地制定决策。

实时报告——访问 SAP Crystal Reports 软件生成的提供关键业务信息的内置报表;添加客户定制的报表,并可轻松地通过 iPhone 手机的电子邮件功能分享报表结果。

客户和合作伙伴数据——访问和编辑联系人信息,查看活动和特价信息;查看或搜索客户和合作伙伴记录,创建新的记录,并将新的活动信息记录下来。所有这些变更将自动同步至后端的 SAP Business One 应用里。

库存监控——查看库存水平和访问现有产品的详细信息,包括采购和销售价格、可用库存数量、产品规格和产品图片等。

资料来源:SAP Business One 移动应用(On-Device)[EB/OL]. http://www.hcc656.com/products/SAPBusinessOne/4.html.

任务:观察现实生活中的移动客户关系管理应用,谈谈自己对移动 CRM 未来发展趋势的认识。

任 务 分 析

销售人员必须找到方法将企业从过去以企业为中心的"告知-销售"的做法转变为以客户为中心的"倾听-学习"模式。销售人员应认真思考该用什么样的策略来管理客户的3A——随时(anytime)、随地(anywhere)、任何设备(any device)。这表示要在客户方便的时间、地点用合适的方式来对话。

在顾客导向型经济时代,客户在乎的东西在改变,他们更关心的是在交易时是否获得了主控权。例如,所需产品是否存取方便? 是否能及时获得相关资讯? 供方是否有足够的柔性以应对市场需求变化? 客户要的不仅是产品本身,还有消费该产品所带来的体验。他们在乎信任、保密,与供应商、零售商、服务商的关系,因为忠诚而得到优惠、个性化服务等。例如:

(1) 即时的联系。顾客能随时随地以各种无线设备找到你吗?

(2) 一致的优越。你能无论何时何地都以个性化服务的方式保证卓越的服务质量吗?

(3) 随时随地订货。你的顾客能随时随地以他们的方式采购吗?

(4) 随时随地送货。你的顾客能随时随地以他们所希望的方式收到他们想要的东西吗?

企业对客户需求的快速响应也是现代企业制胜的关键,移动客户关系管理可以在手机上使用浏览器或者在客户端直接操作,极为方便,使企业业务员摆脱了时间和场所的局限,随时随地都能与公司业务平台进行沟通,有效地缩短了销售周期。

移动客户关系管理不但可改善内部的管理流程,同时也可改善客户体验。当企业员工同客户交流时,移动 CRM 可以帮助该员工得到这名客户的全部资料,无论是过去的,还是现在的,这对企业员工很有帮助。例如,如果你是销售人员的话,使用移动 CRM 可以获得订单的状态,查看商品过去的购买趋势,获得最近一次买卖的型号,或者找出仓库中是否存在某个特殊商品。如果你进行上述操作的时候,你的客户就在你的身边看着这一切,很明显,你会获得一个满意的销售体验和更高的客户忠诚度。

知识链接

8.2.1　移动客户关系管理概述

1．移动 CRM 的定义

移动 CRM 是一种利用移动终端技术、移动通信技术、计算机技术等现代科技实现在移动中也能够完成通常要在办公室里才能够完成的客户关系管理任务的系统。移动 CRM 系统具有传统 CRM 系统无法比拟的优越性。移动 CRM 系统使业务员摆脱了时间和场所的局限,随时随地都能与公司业务平台进行沟通,有效地提高了企业管理效率,推动了企业效益增长。

2．移动 CRM 的发展史

随着移动技术、计算机技术和移动终端技术的发展,移动客户关系管理系统已经历了三代。

以短信为基础的第一代移动客户关系管理系统存在许多严重的缺陷,其中最严重的问题是实时性较差,查询请求不会立即得到回答。此外,由于短信长度的限制,一些查询无法得到一个完整的答案。这些令用户无法忍受的严重问题也导致了一些早期使用基于短信的移动客户关系管理系统的部门纷纷要求升级和改造现有的系统。

第二代移动客户关系管理系统采用基于 WAP(无线应用协议)技术的方式,手机主要通过浏览器的方式来访问 WAP 网页,以实现对信息的查询,部分地解决了第一代移动访问技术的问题。第二代移动访问技术的缺陷主要表现在 WAP 网页访问的交互能力极差,因此极大地限制了移动客户关系管理系统的灵活性和方便性。此外,由于 WAP 使用的加密认证的 WTLS(无线传输层安全)协议建立的安全通道必须在 WAP 网关上终止,形成了安全隐患,所以 WAP 网页访问的安全问题对于安全性要求极为严格的商务系统来说也是一个严重的问题。这些问题也使第二代移动客户关系管理系统难以满足用户的要求。

新一代的移动客户关系管理系统,也就是第三代移动客户关系管理系统,其融合了4G/5G、智能移动终端、VPN、数据库同步、身份认证及 Web Service 等多种移动通信、信息处理和计算机网络的前沿技术,以专网和无线通信技术为依托,使系统的安全性和交互能力有了极大的提高,为客户关系管理人员提供了一种安全、快速的现代化移动机制。

8.2.2　移动商务中客户关系管理活动

移动商务中客户关系管理为企业与客户、企业与合作伙伴增加了一条很重要、可以随时随地交互的渠道。移动技术的及时性使采集数据、处理数据高效化,去除了从纸面到计算机输入的冗余步骤,加速信息的流动,同时还能降低数据出错率,提高数据质量,从而使数据或信息的采集、传递与存储更快速、准确、完整。移动客户关系管理极大地方便了客户支持工作,使客户服务人员能有效地管理客户服务流程。

1. 移动商务中的营销

在线广告、电子邮件营销给技术驱动的客户关系管理以新的市场价值源泉,而无线设备和互联网则在营销活动方面更加方便营销人员。移动客户关系管理支持稳定、可靠的移动商务营销策略,使企业有极大的市场优势。很多企业采用基于产品的营销战略,产品和服务是这类企业思考业务的出发点,企业投资、花费人力和时间来设计、生产这些产品与提供服务。为了吸引不同的消费群体,营销时需要研究产品和服务的性质和客户的特征,将产品和服务分类组织在移动终端上显示,方便客户购买。

一类企业相信多数客户按照分类方式来寻找自己想要购买的东西;另一类企业则从基于客户的营销战略出发,利用移动技术在客户与企业间搭建起一个可沟通的网络社区,柔性化管理业务。与传统大众媒介相比较,这种营销战略效果更好、影响更广泛。其结果不仅是产品种类的增加,而且通过差异化特征对客户分类,达到满足不同类型客户需要的目的,进而识别潜在的客户。移动技术增加了可供选择的传递营销信息的渠道,易于促成客户行为并进一步发展客户关系。

2. 移动商务中的销售

在产品销售过程中,应用移动技术加强企业和销售人员之间、销售人员与客户之间的联系,方便销售人员在整个销售流程中管理自己和客户,记录各种商务活动的日程安排,整合客户信息、客户历史数据。技术支持的基本管理活动包括:进行差异分析、细分移动商务市场,使企业更加清晰地了解自身状况和客户业务的类型、偏好等;针对不同的客户设计不同的业务和服务模式,真正实现个性化的市场销售,从而帮助企业更好地把握商机。成功应用移动技术,一方面有助于留住老客户和盈利客户,另一方面有助于挖掘其他类型客户的潜在价值。移动商务中客户关系管理技术对产品销售具有重要价值,核心是开发其功能并快速加以应用,避免无效的应用和应用时的耽搁。

3. 移动商务中的售后服务

售后服务决定着企业的信誉度和市场竞争能力。与传统推式服务相比较,受客户需求驱动的拉式服务要求有效地联系客户。联系客户的目的是跟踪客户,而不是讨好客户。通过移动技术支持下的售后服务,了解客户、发展客户,控制客户获得、转变、维持的过程,及时把握好客户忠诚度,其价值远大于其他类型的投入。传统的电话或现场售后服务模式存在效率低、劳动强度大、服务质量不高等问题,无法满足现代企业经营理念的要求。移动商务售后服务系统可以采用浏览器/服务器(browser/server,B/S)三层信息服务模式:第一层为客户操作层,客户通过移动终端设备向企业售后服务中心发布服务请求信息、浏览服务响应信息;第二层为服务应用层,服务人员通过该层为客户提供售后在线服务或现场服务约定;第三层为数据资料层,存放客户基本资料、服务技术文档和售后服务状态等信息。表8-1给出移动商务中客户关系管理过程的基本活动。

表 8-1　移动商务中客户关系管理过程的基本活动

内　　　容	营　　销	销　　售	售 后 服 务
目标定位	• 和传统营销相结合,制订有效的企业营销计划 • 更改营销活动策略,使其符合移动客户和无线设备的需求 • 保存用户的个人资料、记录使用情况以及分析促销和广告效果,确保营销效果的持久性	• 重要信息的访问不再受地域和时间的限制 • 能够及时维护存储在中心数据库里的客户资料等信息 • 在提高销售人员工作效率的同时,为企业节约销售成本 • 在获得客户信息过程中,节约时间和经费	• 对客户群体进行分析,对业务发展方向作出科学、准确的预测 • 方便客户对签约情况查询、对客户资料和密码等进行修改
主要策略	• 移动商务营销可采用推式营销(push marketing)、拉式营销(pull marketing)或两者组合 • 利用移动设备将产品推向市场。根据客户的地理位置和爱好实时发送个性化的信息到客户的移动设备上促成交易 • 利用广告宣传和产品促销活动刺激消费需求 • 通过移动设备吸引消费者	• 记录客户购买历史、信用等;记录产品价格、库存、订单跟踪情况 • 客户信息通过 Web、E-mail、联络中心或移动访问等渠道在企业数据库中进行登记后,以短信等形式通知提示指定的在任何地方的销售人员 • 通过 PDA(掌上电脑)或笔记本电脑进行无线通信,销售人员可以随时响应客户,完成销售	• 通过移动通信渠道收集客户问题,人工或自动触发服务请求发送到指定的客户服务人员,用移动设备得到客户的地址和问题描述 • 客户服务人员可以随时随地访问企业数据库中存储的客户问题数据并下载到移动设备中,然后浏览客户服务请求,并上门解决或将解决办法发送到企业门户网站等待客户查找
客户关系管理活动	• 对发送的信息进行归档整理 • 对接收的客户信息进行归档整理,进行客户分析 • 对客户咨询、订购信息自动处理,及时整合信息、回复客户 • 对客户要求、客户信息进行分类存储,适时发送相关预定义内容与客户沟通 • 对用户操作权限以及客户咨询范围进行划分	• 处理客户要求的同时获得客户最新的信息,进而最小化销售时间 • 随时查询产品说明、价格、库存、交货时间等信息,以及客户的联系人、订单处理、支付情况、购买记录等信息 • 在现场与客户面对面交流,与客户协商产品具体事宜,即时处理业务流程,当场下订单	• 发布企业业务、产品功能、代理分布信息等 • 维护和查询客户与企业之间商务往来的资料 • 利用移动设备访问企业产品信息、技术手册、保修状态等数据 • 向企业报告客户问题性质、采取的措施,更新问题日志、维修记录

8.2.3 移动客户关系管理的发展

研究证明,发展一个新客户的成本是保留一个现有客户成本的 5～10 倍。另外,企业每隔 5 年将失去 50% 的客户。因此,留住客户在企业的平均 30 年的生存周期里是极其重要的。客户服务战略关系到企业的长期生存能力。移动技术是形成和发展这一战略的有力支撑。质量、价格以及创新的先进性已不是市场竞争的唯一主导,客户满意度、交付时间也已成为竞争过程的主要比较指标。移动技术是摆脱桌面系统束缚和物理界限的革命,其随时通话、娱乐、网游的特点,使移动客户关系管理效率和员工效率更高。因客户获得和保留而带来的利润增长是成功竞争的要素,企业需要更多地从留住客户而不是发展客户、个性化服务而不是大众营销、客户的参与度而不是市场占有率等方面做更多的思考,对内部资源与客户战略进行最佳匹配。另外,部门之间的摩擦、员工安于现状等问题使企业实施移动客户关系管理面对更大的挑战。在这种情况下,移动客户关系管理的成功实施主要得益于有效的战略管理。单纯地从技术的角度来实现复杂的应用,只会导致移动客户关系管理最终实现的延期,以致影响到最终的成败。

移动通信技术、互联网和电子商务应用的结合,将会导致移动商务的蓬勃发展和无线网络经济的繁荣。现在,越来越多企业的销售人员、服务人员随时随地通过手持移动设备访问相关客户资料,由此提高效率,降低企业开销。

8.3 人工智能与客户关系管理

任务引入

智能销售

假想你是一个名叫 James 的销售代表,每天早上醒来后,脑海里想到的第一件事是要打所有的销售电话。其实你并不需要非常痛苦地去思考这件事,因为我们生活在一个连接的世界。你可以查看你的智能手机,手机上的 CRM 会自动显示你当天的日程安排。所有关键的客户会议会以业务机会的分值作为优先级显示出来。你的智能手机上也会显示每个客户的三个首要痛点以及按时到达该客户地点的路线指示,这些路线信息都已经预先编进了你车内的 GPS(全球定位系统)里。快速地喝完一杯咖啡后,你就可以开始新的一天了。

正当你要去拜访第一个客户时,有一条重要的通知发送到你的智能手机上:是一条关于该客户的最新新闻,该客户刚刚收购了一家数据分析公司。你的销售助理从热门新闻文章中整理出了一些有重要发现的摘要信息,同时还有与客户最近的收购相关的产品推荐以帮助你成单。就在几秒的时间内,你就掌握了交易的整体情况以及相关的市场更新信息,甚至是与客户对话的开场白,所有这些都预置并显示在你的 CRM 中。

在结束与客户的谈话后,你的智能手表开始振动起来,"干得漂亮,James! 看来客户对你的产品推荐很满意。我建议你将此交易的阶段变为第五阶段。你想要我这样做吗?"

只通过一次点击,你就将业务机会从"经过验证的交易"移动到"价格讨论"阶段。当你返回办公室后,你收到了一条推送消息,提醒你会议记录已经成功地上传了。系统从中自动提取了任务项,根据任务项整理出下一步跟进邮件。"你想要我现在发送这封邮件给客户吗?"只需要一个点击操作,你就成功地发送了敲定下次会议的邮件,而不需要手动将客户数据或关键事件记录到 CRM 中。

资料来源:人工智能 for CRM,你所需要了解的一切(2/2)[EB/OL].(2019-04-16).https://cloud. tencent.com/developer/article/1413858?policyld=1003.

为此,请思考如下任务。

任务 1:AI 对客户关系管理的作用有哪些?

任务 2:AI 对今后客户关系管理等商务活动有哪些影响?

任务分析

从上面的例子中我们可以看到,通过 AI 以下三种方式会令销售人员的销售变得更加智能。

(1)自动捕捉数据,使销售代表能够找到最佳的下一步动作。

(2)销售预测帮助销售代表对潜在客户进行优先级排列并快速地响应高价值业务机会。

(3)数字助理会通过预约通话并设置提醒来帮助销售代表维护关系。

业务应用和销售工具变得更易访问并更加贴近数字时代的生活方式,尤其是智能手表和其他可穿戴设备越来越融入我们的日常操作和交互当中。随着基于情境感知的消息推送使每次的销售变得更快且更智能,用户交互时间会从几分钟缩短到几秒钟。

可以对你的手机说:"显示一下我今天要通话的潜在客户。"然后它就会为你进行以下操作:分析每个潜在客户所处的阶段、查找热门的潜在客户并显示需要优先通话的潜在客户列表及转换为客户的可能性,以及转换后能实现的预期销售额等。

知识链接

8.3.1　人工智能概述

人工智能是研究、开发用于模拟、延伸和扩展人的智能的理论、方法、技术及应用系统的一门新的技术科学。人工智能是计算机科学的一个分支,它企图了解智能的实质,并生产出一种新的能以与人类智能相似的方式作出反应的智能机器,该领域的研究包括机器人、语言识别、图像识别、自然语言处理和专家系统等。

人工智能是对人的意识、思维的信息过程的模拟。人工智能不是人的智能,但能像人那样思考,也可能超过人的智能。

1956 年,麦肯锡创造了"人工智能"这个词,描述了一个机器可以解决现在人类才能解决的问题的世界。概念不是很新,但直到近年来海量数据出现,计算能力不断提高,才产生真正的 AI 技术应用。

机器处理的数据越多,它就拥有越强的计算能力,并会变得越聪明。下面举一个经典的例子做一简单说明。

案例 8-1

人工智能如何辨别猫狗

人工智能通过深度学习、图像识别、特征提取和模型训练等技术,实现猫狗的辨别。首先,我们需要一个包含大量猫狗图片的数据集,用于训练模型。然后,通过深度学习技术提取图片特征,包括颜色、形状、纹理等。最后,利用这些特征训练模型,使其能够识别新的猫狗图片。相关技术及流程如下。

第一步:数据集的获取与处理

人工智能识别猫狗的第一步是获取一个包含大量猫狗图片的数据集。数据集可以从公开数据集网站获取。数据集中,每张图片都有标签,表示图片中是猫还是狗。

数据处理是提高模型准确性的关键一步。处理过程包括数据清洗、数据增强和数据标准化。数据清洗主要是去除数据集中的无关信息,如图片中的背景、水印等。数据增强是通过图像旋转、翻转、裁剪等操作增加数据集的多样性,避免模型过拟合。数据标准化是将数据转化为统一的格式,减小数据差异对模型的影响。

第二步:深度学习和图像识别

深度学习是人工智能识别猫狗的核心技术。它是一种模拟人脑工作机制的算法,可以自动提取图片的特征。在识别猫狗的任务中,常用的深度学习模型有卷积神经网络(CNN)。CNN 由卷积层、池化层和全连接层等构成,能够从原始图片中提取出有用的特征。

图像识别是深度学习的一种应用。在猫狗识别任务中,模型需要识别图片中的主要对象(猫或狗),并忽略其他无关的信息。

第三步:特征提取和模型训练

特征提取是深度学习的重要环节。人工智能通过提取图片的颜色、形状、纹理等特征来识别图片中的对象。

在模型训练阶段,我们将数据集分为训练集和测试集。训练集用于训练模型,测试集用于评估模型的性能。我们将提取的特征和标签输入模型,通过反向传播和梯度下降等方法更新模型的参数,使模型能够准确预测新的图片。

第四步:模型评估和优化

模型训练完成后,我们需要对模型的性能进行评估。如果模型的性能不好,我们可以通过调整模型参数、增加数据集、改变模型结构等方法进行优化。

总的来说,人工智能通过深度学习和图像识别等技术,实现了猫狗的辨别。这些技术的发展,不仅使我们能够更好地理解和利用图像数据,也为更多领域的图像识别任务提供了可能。

资料来源:人工智能如何辨别猫狗[EB/OL]. (2024-08-12). https://docs.pingcode.com/baike/138927.

8.3.2　人工智能在客户关系管理中的应用

作为消费者,我们在没有意识的情况下已经在使用 AI 了。例如,Google 利用 AI 自动地搜索查询,在无须人工干预的情况下非常准确地预测你想搜索的内容;Facebook 新闻推送以及亚马逊通过机器学习算法为你提供个性化的产品推荐;自动驾驶汽车应用各种 AI 技术去避免碰撞和交通拥堵。所有的这些应用都让消费者对未来有了更多的期待:新的客户交互是智能、快速和无缝的客户体验。因此,今天的每一个公司都面临将 AI 植入业务并带来成功的挑战。

关于人工智能在客户关系管理中的应用,我们通过下面情景来加强了解。

案例 8-2

更智能的服务

我们可以想象以下这个情景:Maria 在网上订购了一个礼物并支付了可以两天内到达的快递费用,以确保她的哥哥能在生日当天收到这个礼物。然而在她哥哥生日当天,她给哥哥打电话了解到包裹还没有到。她就打电话给供应商,按照提示按了一系列的数字键才找到相关部门。最终电话被转接到一个客服那里。看起来她之前选择的所有选项都没有被记录下来,因此她必须向这个客服从头讲述整个过程。那个客服又将电话转给了另一个客服,她又要从头讲述一遍整个过程给这个客服,然后这个客服又告诉她要稍等一下。最后她只能无奈地挂断了电话。

但使用人工智能以后,可以预测每个客户的需求,而不是简单地回应客户。在 Maria 打电话给她哥哥之前,集成了人工智能服务的 CRM 就一直在追踪包裹的动向并在延误的时候马上通知服务代表。继而那位服务代表就可以提前联系 Maria,让她知道包裹会在什么时间抵达并在她下次下订单时免费提供当日送达服务。

资料来源:人工智能 for CRM,你所需要了解的一切(2/2)[EB/OL].(2019-04-16).https://cloud.tencent.com/developer/article/1413858?policyId=1003.

上述情景是可行的,因为交互不是在客户拿起电话时才开始的,而是持续发生的。客户和公司间的对话是客户在每个数字渠道(从智能手机到连接的设备再到社交媒体)中的交互,公司要基于这些数据来寻找解决方案。这个解决方案可能在问题发生前就已经产生了,客户无须去打电话,因为客服人员已经将问题提前解决了。

AI 驱动的交互会将正确的内容自动地在正确的时间推荐给客服人员,包括建议的解决方案、有联系的个案以及最优的下一步行动。客服人员可以以有效的方式向客户介绍这些行动,而不是提供他并不需要的服务。一旦问题得到解决,客服人员可以在客户记录中留下备注,指示系统定期与客户联系并在恰当的时候对客户进行向上和交叉销售,将持续的客户数据流翻译成对客户的了解,并给客户带来绝佳的体验,从而帮助企业构建品牌忠诚度。智能的服务还可以帮助企业识别客户流失的风险,从而预防客户流失的发生。预测智能可以识别哪些客户有流失的可能,从而销售代表可以通过更加个性化的服务与客户建立新的关系以增加销售。使客户感觉被企业忽视或是使用无效率的系统都一定会导致客户流失。没有将 AI 应用到 CRM 中的公司会感觉自己陷入困境。

最终,有益的 AI 功能会被应用到电话、聊天工具、电子邮件以及人们使用的其他沟通工具中,这些都会成为基本的商品,但如果你有非常精确以及有益的 AI,人们就会喜欢你的服务。

8.3.3　人工智能带给客户关系管理的九大趋势[①]

由于人工智能的进步、不断扩展的数据能力和流程自动化,客户关系管理正在经历翻天覆地的变化,其中生成式 AI 几乎撼动了企业 IT 的方方面面,因为 CRM 系统包含大量客户数据,它们通过人工智能和机器学习从这些数据中提取应用知识,这对几乎每个行业的企业都变得越来越重要,引起从市场拓展到 IT 战略的突变型转变,以下是 2024 年的热门 CRM 趋势。

1. 人工智能的兴起——尤其是生成式人工智能

传统的机器学习和人工智能,以及热门的新分支生成式人工智能,根据针对大型语言模型(LLM)的查询创建内容,正在以多种方式改变 CRM。

生成式人工智能可以接管一部分事务性工作。Constellation Research 副总裁兼首席分析师莉兹·米勒(Liz Miller)描述道:"许多日常事务性任务,作为 CRM 流程的一部分,销售主管和营销人员确实害怕做。这些包括创建营销材料或转录和总结客户电话。"

更重要的是,"人工智能可以将传统的业务流程自动化(BPA)提升到一个新的水平,自动化可重复的流程和操作工作流程",CRM 战略咨询公司 The 56 Group 总裁保罗·格林伯格(Paul Greenberg)说。

ML/AI 的另一个重要应用是数据分析。"这就是我们看到的人工智能回报的地方;真正做我们一直希望 CRM 做的事情,及时抓住这些时刻,与客户建立更深入、更持久、更有利可图的关系。"米勒说。

例如,人工智能驱动的分析使销售人员能够查询数据库,以识别未开发的市场。过去,CRM 仪表板包含历史数据和趋势,这些数据和趋势可能有用,也可能没有用。借助 AI,CRM 系统可以分析大量数据,以对业务成果进行预测和分析。它使员工能够"以不同的方式查询数据",Forrester 分析师凯特·莱格特(Kate Leggett)补充道,"我得到了一个(数据分析)水晶球。"

米勒说,生成式 AI 的交互功能创造了一个真正的数字副驾驶,使人类能够"做他们最擅长的事情,促进对话,表现出同理心,并加快决策速度"。

CRM 供应商 SugarCRM 的联合创始人兼首席战略官克林特·奥拉姆(Clint Oram)表示,生成式人工智能将很快使员工和客户能够使用自然语言与最先进的人工智能系统互动。"生成式 AI 自然语言处理将彻底改变用户界面。"他说,并估计像他这样的 CRM 供应商需要一两年的时间才能实现支持语音的生成式 AI。

在这种情况下,销售人员可以登录系统,然后简单地说:"告诉我一些我还不知道的

---

① 2024 年生成式人工智能(AI)带给客户关系管理(CRM)的 9 大趋势[EB/OL].(2024-01-15). http://www.fjcio.cn/Item/10028.aspx.

客户。"或者,"我正处于一个复杂的过程中,我被困住了。告诉我下一步该怎么做。"它还将使客户能够使用自然语言来描述他们的问题并提交客户服务请求。

2. 行业 CRM 垂直化应用定制

莱格特表示,CRM 垂直化程度的提高是 2024 年的一个关键趋势。专门为金融服务、医疗保健、政府或消费品等行业量身定制的 CRM 系统正变得非常流行。Salesforce 一路领先,提供了十几个行业 CRM,但所有主要参与者都在效仿。

行业特定 CRM 的优势在于,它带有预打包的工作流、数据模型和与其他应用程序相关的连接器,以及用于受监管行业的内置合规性基础设施。莱格特说,这使组织能够快速启动和运行,并快速实现收益。

"它允许大大小小的公司在更公平的竞争环境中竞争。在过去,只有庞然大物才有资源在 CRM 上进行定制开发。现在,借助行业 CRM,您可以利用这些开发资源,并将它们定位到使您与众不同的差异化领域。这具有巨大的价值。"莱格特说。

行业 CRM 还可以从组织数据孤岛中解锁各种类型的洞察力,使公司能够建立新的部门并进入新的市场。

3. 重新评估 CRM 部署,以业务价值增值为导向

"在过去的几年里,许多公司都在 CRM 许可证上挥霍,现在正在退后一步,以确定它们是否物有所值。"德勤数字的负责人 Harry Datwani 说。

他从首席信息官和首席财务官那里听到了两个共同的担忧:"我买了所有的许可证,它们都放在架子上。我如何从中获得更多价值?"或者,"我们购买了这些 CRM 许可证,但我不确定我是否节省了我的销售人员的时间,我不确定我是否让我的营销人员更有效率,我不确定我是否以我认为的方式连接营销和销售数据。"

Datwani 表示,公司正在分析其 CRM 使用情况,识别未使用的许可证,并根据行业标准衡量业务成果。在某些情况下,组织可以确定 CRM 技术的新用例,并转移未使用的许可证,以便在不增加新成本的情况下产生额外的业务价值。

4. 整合供应商平台以改善客户体验

对于大型企业来说,拥有来自多个供应商的 CRM 的情况并不少见,例如,使用 Salesforce 的销售团队、HubSpot 的营销团队以及 Zendesk 的客户服务团队。

"这太可怕了,"米勒说,他将这种情况描述为"数据的随机行为"。结果是,销售团队和营销团队可能对客户只有一个(不会更新的)看法,客户可能在电话中向客户服务代表抱怨产品存在问题,并且该信息永远不会被共享。

莱格特补充说,拥有分散的 CRM 基础设施会在几个关键方面影响组织。它使识别未使用的许可证和自动化流程变得更加困难。它还使组织更难实现对客户的 360 度视图,这最终使公司更难为客户提供差异化体验。莱格特说,减少供应商平台的数量有助于组织"从第一次接触到确认有效收入来全面管理它们的收入流"。

5. 集中化数据策略

拥有多个 CRM 的影响之一是数据分散在各处,正如米勒所说,这造成了"意想不到的可怕复杂性"。米勒补充道:"要使 AI 真正富有成效,你需要大量的数据。我们需要全面掌握那些意想不到的真正重要数据的地方。"

Datwani 表示,与他打交道的客户正在制定和实施数据整合策略,旨在实现客户的单一视图。其中一些策略包括采用内容交付平台(CDP),该平台汇总和分析来自内部 CRM 和 ERP 系统以及其他来源(如电子邮件、社交媒体、忠诚度计划等)的数据。企业也在转向 Informatica 或 Snowflake 等供应商的第三方数据存储和分析平台,目标是让所有数据无缝协作。

6. CRM 点菜定制支出

莱格特说,组织也在推动将 CRM 套件分解为组件,这样它们只需为使用的内容付费。例如,组织可能需要潜在客户管理,但不需要 CRM 销售包的预测功能。

莱格特表示,所有的 CRM 供应商都在这样做,并称 Creatio 是点菜式 CRM 趋势的领导者之一。

7. 低代码、无代码工具大放异彩

低代码、无代码运动正在对 CRM 系统产生深远的影响。莱格特说,为了响应客户需求,CRM 供应商已经开放了它们的平台,使业务分析师能够创建自定义工作流和自定义体验,而无须 IT 部门参与。

"归根结底,CRM 以一种独特的方式为客户提供出色的体验,让您的品牌脱颖而出,这使业务分析师和业务用户能够创建这些差异化体验。"

莱格特补充说,组织需要确保策略和护栏到位,以确保这些新应用程序安全、合规和可扩展。

8. 在服务客户时寻求人机平衡

CRM 是为了满足客户需求,而不是让他们失望,因此组织越来越意识到机器人或基于人工智能的客户服务应用程序实际上可能会损害客户与组织之间的信任关系。

Datwani 指出,联络中心的调查数据显示,当客户知道他们正在与人工智能而不是人类互动时,信任度就会下降。

问题变成:"我如何协调销售人员优化客户旅程体验,利用数据和随之而来的洞察力,同时仍然获得客户信任?"

例如,"如果客户联系他们的金融服务公司进行交易,而自动化系统试图向客户追加销售,客户的反应可能非常消极,"Datwani 说,"但是,如果客户正在与人类打交道,而机器人在后台提出建议,这似乎效果更好。"

Datwani 说,至少在人类越来越接受与人工智能系统交互之前,答案似乎是在支持能力下部署人工智能,同时保持人与人之间的联系。

9. 为首席信息官的持续崛起提供动力

米勒表示:"首席信息官们正在经历这段令人惊叹的时期,真正处于这一转变的中心,成为生成式 AI 推广的真正战略声音。人工智能正在改变首席信息官在组织内的角色和职责,使首席信息官处于人工智能驱动的数字化转型的前沿。"

莱格特对此进行了透视:"企业最初部署 CRM 是为了提高销售、营销和客户服务组织的运营效率。如今,CRM 正在经历旨在改变体验的第二波采用浪潮。它正在成长为主管层关注的业务增长战略的当务之急。"

思考与讨论

判断题

1. 大企业才需要 CRM。 　　　　　　　　　　　　　　　　　　　（　　）
2. CRM 不一定要使客户百分之百满意。 　　　　　　　　　　　　（　　）
3. CRM 只是一套单纯的管理软件。 　　　　　　　　　　　　　　（　　）
4. CRM 中销售自动化简称 SFA,客户服务自动化简称 CSS。 　　　（　　）

案例分析

生成式人工智能与 CRM 系统

由于 Salesforce(CRM)对 2024 财年的预测挫败了投资者对其人工智能业务前景的信心,所以猛兽财经认为,Salesforce 的股价反弹可能已经结束了。具体来说,Salesforce 第一季度的收入同比增长了 11%(是 10 多年来最慢的增速)。通过保持对全年收入指引不变(即年增长率约为 11%),管理层表示,最近观察到交易周期延长、交易下降以及对客户基础的"快速实现价值"的关注,我们的业务依然面临着持久的挑战。这也意味着,尽管"世界上每个 CEO 都在和 Salesforce 谈论生成式人工智能",但 Salesforce 在该领域的尝试可能不会给其业务增长带来实质性帮助。

Salesforce 的人工智能战略

Salesforce 通过推出的"Einstein AI 平台"已经在其客户关系管理软件解决方案产品中实现了人工智能,并且在企业服务市场处于领先地位(Salesforce 的"Einstein AI 平台"是在 OpenAI 的 ChatGPT 引发人们对人工智能的关注之前推出的)。"Einstein AI 平台"主要通过在数据分析中应用机器学习来实现预测和建议,并与客户对工具的日益增长的需求产生了共鸣。到目前为止,全世界也只有 4% 的公司声称拥有"高度复杂的利用数据的大模型"。猛兽财经认为,这对 Salesforce 这样的提供企业服务的公司来说,是一个巨大的机会。

基于"Einstein AI 平台",Salesforce 迅速采用了 OpenAI 的 GPT 大型语言模型技术,并推出了"Einstein GPT"。Einstein GPT 有效地为 Salesforce 应用量身定制了 OpenAI 的 GPT 生成模型,其功能涵盖"自动客户服务响应和电子邮件等服务"。除了消费者用例之外,Einstein GPT 还旨在通过利用该技术为企业提供低代码和无代码解决方案,并进一步深化 Salesforce 在开发人员生态系统中的尝试。

"我们将在生态系统中为我们的开发人员推出 Einstein GPT,这不仅将帮助减少开发人员人才缺口,而且还将降低开发成本"——Salesforce 的 CEO 在第一季度财报会议上的发言。具体来说,低代码和无代码的"开拓者"——Salesforce 现在能够利用 Einstein GPT,以及公司的一些专有 LLM,将企业的效率提高至少 20%。猛兽财经在企业服务领域中的调研也进一步证实了这一点,即"新员工从人工智能的帮助中受益最多",人工智能帮助新员工将绩效提高了 35%。这些结果显示了 Salesforce 在抓住人工智能机遇方面的前景(这些机遇源于企业对无代码到低代码技术不断增长的需求,以提高数据驱动时代的生产力)。超过 40% 的企业员工表示,这种低代码的解决方案(Salesforce 已经通过 MuleSoft 提供,并通过 Einstein GPT 进一步进行了改进)对于企业在数据优先的环境中创造价值至关重要,同时也为企业解决了人才缺口方面的难题。

"93% 的公司表示,留住熟练的开发人员变得越来越困难……91% 的公司表示,自动化解决方案可以帮助开发人员事半功倍"——Salesforce 的 CEO 在第一季度财报会议上的发言。除了 Einstein AI 和 Einstein GPT,Salesforce 还引入"GPT Trust Layer"来满足企业在安全方面的需求。"GPT Trust Layer"与 Einstein GPT 集成,当客户在使用 Salesforce 的客户关系管理软件时,Salesforce 可以为客户提供安全体验服务。通过"GPT Trust Layer",客户可以使用 LLM 来构建各自的生成式人工智能客户关系管理解决方案,而无须在模型中移动或存储数据,从而实现对企业环境至关重要的"安全和可信"体验。猛兽财经认为,"GPT Trust Layer"人工智能客户关系管理解决方案很可能会成为 Salesforce 与竞争对手的主要区别。

有近 40% 的企业将改善网络安全作为首要任务,而 Salesforce 正好可以通过其人工智能战略为这些企业提供相应的服务。通过追随谷歌的 PaLM 和 LaMDA 以及 OpenAI 的 GPT 和 Meta Platforms 的 LLaMA 等先驱的脚步,Salesforce 还通过开发专有的 LLM,扩大了对人工智能领域的研究,与"GPT Trust Layer"类似,Salesforce 的专有 LLM(包括 ProGen 和 CodeGen)将通过减少其未来对第三方模型(如 OpenAI 的 GPT 技术)的依赖,加强其在支持 AI 的客户关系管理解决方案中的竞争优势,并将其与竞争对手区分开来。

(1) ProGen LLM:专门针对化学和生物学用例,支持"应对人类疾病和环境挑战的解决方案"的开发。在 Salesforce AI Research 内部,ProGen LLM 已经被用于"识别神经和自身免疫性疾病的潜在治疗方法",这突显出该技术在支持"生物科学和医疗保健"应用方面日益发挥关键作用。这一发展可能会进一步推动 Salesforce 在"健康云"等行业特定云领域的成功,并促进其在医疗保健和生命科学行业生成式人工智能技术方面的市场份额增长。

(2) CodeGen LLM:CodeGen LLM 旨在使客户(包括无代码到低代码的业务用户和支持代码的开发人员)能够通过简单的文本提示编写和构建应用程序。与现有的文本到代码的解决方案不同,CodeGen LLM 将在这个过程中促进对话 AI 能力的发展——类似于 ChatGPT 提供的对话体验。这将继续补充 Salesforce 近年来推出的以客户关系管理为重点的生产力解决方案。

AI 对 Salesforce 来说是威胁还是机遇

虽然 Salesforce 在利润和增长两方面都符合要求,但收入增速和利润率增长之间的差距却越来越大,这让投资者担心其在客户关系管理软件领域的市场领导地位是否能长期持续下去。而且第一季度是 Salesforce 10 多年来增长最慢的季度,市场也预计本季度的增长速度会同样缓慢,这突显出了持续的宏观经济挑战对企业在 IT 方面的支出、对 Salesforce 的业务产生了非常严重的影响。生成式人工智能的出现也加剧了行业竞争——虽然 Salesforce 的目标是通过"GPT Trust Layer"和引入专有 LLM,在人工智能时代实现其价值的差异化,但其作为客户关系管理软件市场领导者的护城河正面临着被颠覆的风险。

具体来说,生成式人工智能的广泛可用性和采用迅速提高了整个行业的销售能力,并削弱了 Salesforce 通过推出"Einstein AI 平台"和"Einstein GPT"来支持其在客户关系管理软件领域继续占据领导地位的愿望。例如,微软(MSFT)就已经在其生产力软件中整合了 OpenAI 的 GPT 技术,通过其不断扩大的 Copilot(微软在 Windows 11 中加入的 AI 助手)就可以看出,这凸显了生成式人工智能对 Salesforce 在客户关系管理软件领域的市场领导地位的威胁。微软的 Dynamics 365(智能业务应用程序)通过利用 GPT-4 支持的 Copilot 解决方案来支持其在客户关系管理解决方案中的尝试也已经被越来越多的企业认可和采用。

Copilot 可用于自动回复电子邮件、进行情绪分析、提供反馈和客户洞察、自动生成产品描述,并"标记天气、财务和地理等可能导致供应链问题的外部因素"。这与 Salesforce 旨在通过 Einstein GPT 来提高客户生产效率的方式,在本质上相同。这表明生成式人工智能的出现,带来的竞争威胁正在加大,也可能会削弱 Salesforce 在客户关系管理软件领域的领导地位。

Salesforce 的基本面分析

根据 Salesforce 的财务业绩和管理层引用的前瞻指引以及对 Salesforce 的预测和考虑到公司在生成式人工智能出现时面临的风险和机遇,猛兽财经预计 Salesforce 未来 5 年的收入将以平均 9% 的温和速度增长。Data Cloud 很可能会成为 Salesforce 增长最快的订阅收入来源之一,这也符合 Salesforce 的预期,随着时间的推移,Data Cloud 将与 Einstein GPT 一起内置到客户的产品中,以应对日益增长的数据和人工智能优先环境带来的增量机会。这可能会在可预见的未来为 Salesforce 带来更多的订阅收入,并为该公司正在进行的利润率扩张努力提供额外的推动力,因为基于订阅的细分业务具有更高的利润。与此同时,考虑到具有挑战性的宏观经济环境也会给企业在 IT 支出方面带来压力,Salesforce 的客户关系管理软件业务可能会在短期内保持低迷。

结　　论

尽管人们现在对生成式人工智能的兴趣越来越大,但这项新兴技术在短期内可能不会对 Salesforce 的增长前景起到什么作用。人工智能领域的竞争也加剧了 Salesforce 的利润能否持续下去的问题——如果 Salesforce 的利润增长继续停滞,那么无论是短暂的宏观经济挑战,还是新技术(如生成式人工智能)的出现,都会对 Salesforce 在客户关系管理软件市场的护城河构成破坏性威胁。

资料来源:生成式人工智能将会对 Salesforce 的 CRM 系统护城河构成破坏性威胁[EB/OL]. (2023-06-12). https://m.36kr.com/p/2298567183079429.

问题:人工智能的发展对未来客户关系管理系统的影响如何?请结合具体行业或具体企业进行分析。

即测即练

参 考 文 献

[1] 杨路明,等.客户关系管理理论与实务[M].2版.北京:电子工业出版社,2009.
[2] 蒋歆,许坤.mySAP 客户关系管理[M].北京:东方出版社,2005.
[3] 董金祥,陈刚,尹建伟.客户关系管理 CRM[M].杭州:浙江大学出版社,2002.
[4] 叶开.中国 CRM 最佳实务[M].北京:电子工业出版社,2005.
[5] 李文龙,徐湘江.客户关系管理实务[M].2版.北京:清华大学出版社,2013.
[6] 戴士弘.职业教育课程教学改革[M].北京:清华大学出版社,2007.
[7] 汤兵勇,孙天慧.客户关系管理[M].3版.北京:高等教育出版社,2015.
[8] 杨莉惠.客户关系管理实训[M].北京:中国劳动社会保障出版社,2006.
[9] 张凤华.人工智能背景下 C 翻译公司客户关系管理优化研究[D].北京:首都经济贸易大学,2021.
[10] 杨群祥.网络营销[M].大连:东北财经大学出版社,2006.
[11] 陶新雨.数字化转型与客户关系稳定度[D].济南:山东财经大学,2024.
[12] 孟海池,杨策.企业营销管理中客户关系价值分析与实践策略[J].商业 2.0,2023(30):22-25.
[13] 孙峰,陈绍愿,赵红.顾客投诉行为管理及其系统构建[J].商业时代,2005(27):48-49.
[14] 邹文旭.投诉是金——如何建立成功的顾客投诉管理体系[M].北京:机械工业出版社,2004.
[15] 李文龙,徐湘江,陈芳芸.创业管理实践[M].北京:清华大学出版社,2016.
[16] 威廉姆斯.大数据时代的市场营销——关联式客户关系管理[M].匡斌,译.北京:电子工业出版社,2015.
[17] 包文夏,李文龙,李曼.一流本科课程建设背景下客户关系管理课程建设的探索与实践[J].科学咨询(科技·管理),2022(5):126-128.
[18] 张春伟.大数据背景下商业银行个人客户关系管理探讨[J].今日财富,2024(11):28-30.
[19] 高伟.基于数据挖掘的客户价值细分及保持策略研究[M].成都:西南财经大学出版社,2015.
[20] 何荣勤.CRM 原理、设计、实践[M].北京:电子工业出版社,2003.
[21] 李文龙.互联网经济时代产能规划研究[J].经济师,2016(3):65-66.
[22] 陈帮虎,李永强,曹旭斌,等.SAP BUSINESS ONE 应用实务[M].成都:西南财经大学出版社,2009.
[23] CRAWLEY E F,MALMQVIST J,ÖSTLUND S,等.重新认识工程教育[M].顾佩华,沈民奋,陆小华,译.北京:高等教育出版社,2009.
[24] 包文夏,李曼,李文龙.基于课程思政的本科院校专业课程教学改革探索与实践——以《客户关系管理》为例[J].科学咨询(教育科研),2022(3):88-90.
[25] 冯英健.网络营销基础与实践[M].2版.北京:清华大学出版社,2004.
[26] 孙亮杰.ZG 银行 X 支行客户关系管理策略优化研究[D].兰州:兰州财经大学,2024.
[27] 刘文良.顾客关系管理:新时代的决胜关键[M].2版.台北:碁峯咨询股份有限公司,2010.
[28] 王娟.基于客户关系管理理念的产品数字化营销创新路径探究[J].现代商业,2024(9):82-85.
[29] 陈敏仪.客户关系管理(CRM)中的客户信息分析[J].经济研究导刊,2024(3):144-146.
[30] 稻盛和夫.心:稻盛和夫的一生嘱托[M].曹寓刚,曹岫云,译.北京:人民邮电出版社,2020.
[31] 艾萨克森.史蒂夫·乔布斯传[M].管延圻,魏群,余倩,等译.北京:中信出版社,2011.
[32] 李文龙.项目范围管理在 CRM 软件设计中应用[J].商场现代化,2010(19):9-11.
[33] 汤宗泰,刘文良,蓝天雄.顾客关系管理 e 思维[M].台北:博硕文化股份有限公司,2006.

［34］ 王勇，庄贵军，周筱莲.企业处理投诉的方式对顾客满意的影响及其后果[J].管理评论,2013(4)：125-134.

［35］ 陈倩倩,李文龙.小熊电器 EVA 绩效评价研究[J].财务管理研究,2023(12)：63-67.

［36］ 施耐德.电子商务[M].10 版.北京：机械工业出版社,2013.

［37］ 胡一波.人工智能：重塑个人、商业与社会[M].北京：电子工业出版社,2020.

［38］ 斯特凡尼.共享经济商业模式：重新定义商业的未来[M].张敏,译.北京：中国人民大学出版社,2016.

［39］ 森川亮.简单思考[M].张舟,译.北京：北京联合出版公司,2016.

SAP Business One 安装

根据 SAP Business One 8.8 在 64 位 Windows 环境下的安装说明,首先要安装 MS-SQLSERVER 2008 或以上数据库,微软数据库的相关安装说明,本书略,但要先备置好 IIS (互联网信息服务),否则不能正常使用。SAP Business One 主体安装分成以下步骤:

(1) SAP Business One Server Tools 安装;

(2) SAP Business One Server 安装;

(3) SAP Business One Client 安装;

(4) SAP Business One 启动。

下面以 SAP Business One 8.8 为例加以说明。

1. SAP Business One Server Tools 安装

(1) 打开运行安装文件夹,从 Packages 目录进入 Server Tools 目录(图 A-1),运行 setup. exe 文件。

名称	修改日期	类型	大小
ISSetupPrerequisites	2017-05-09 17:42	文件夹	
0x0409	2017-05-09 17:42	配置设置	7 KB
Data1	2017-05-09 17:42	WinRAR 压缩文件	33,622 KB
ISSetup.dll	2017-05-09 17:42	应用程序扩展	2,194 KB
SAP Business One Server Tools	2017-05-09 17:42	Windows Installer ...	7,309 KB
Setup	2017-05-09 17:42	BMP 文件	502 KB
setup	2017-05-09 17:42	应用程序	386 KB
Setup	2017-05-09 17:42	配置设置	3 KB
WindowsInstaller-KB893803-x86	2017-05-09 17:42	应用程序	2,525 KB

图 A-1　运行 Server Tools 安装文件

(2) 运行后出现图 A-2 所示初始安装界面。

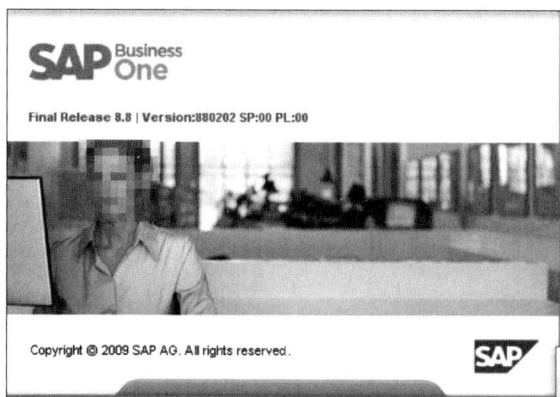

图 A-2　初始安装界面

（3）出现图 A-3 所示对话框，单击 Next 按钮。

图 A-3　单击 Next 按钮

（4）出现图 A-4 所示对话框，输入用户 ID 及公司名后，单击 Next 按钮。

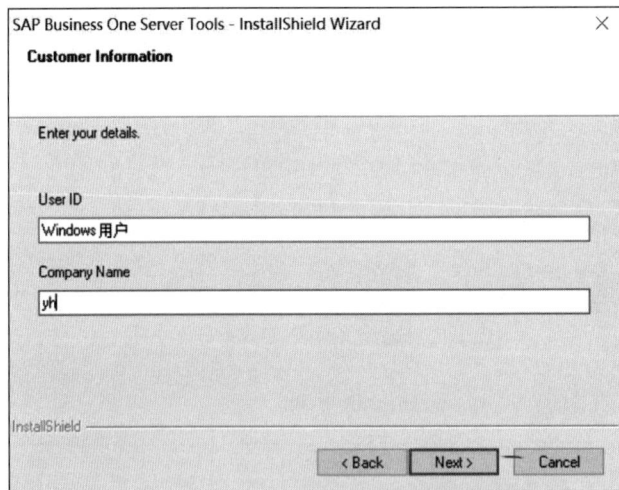

图 A-4　输入用户 ID 及公司名

（5）出现图 A-5 所示选择框，选择 Typical，单击 Next 按钮。

（6）出现图 A-6 所示对话框，单击 Finish 按钮，完成 Server Tools 安装。

（7）进入 Windows 程序组 SAP Business One 下的 Server Tools 运行 Server Manager，电脑屏幕右下角的运行通知区域中会出现一个图标 ，双击图标，出现图 A-7 所示窗口，从 Service 下拉框列表中选择 License Manager，并单击 OK 按钮启动服务配置项，完成 Server Tools 的配置与运行，进入 Server 端安装。

图 A-5　选择 Typical

图 A-6　完成 Server Tools 安装

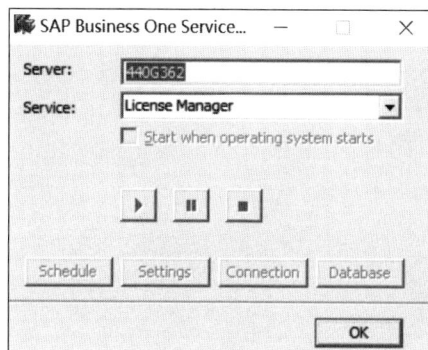

图 A-7　选择 License Manager

2. SAP Business One Server 安装

（1）打开运行安装文件夹，从 Packages 目录进入 Server 目录（图 A-8），选择 setup. exe 文件，右击选以管理员身份运行。

名称	修改日期	类型	大小
ISSetupPrerequisites	2017-05-09 17:42	文件夹	
0x0409	2017-05-09 17:38	配置设置	7 KB
Data1	2017-05-09 17:42	WinRAR 压缩文件	1 076 861 KB
ISSetup.dll	2017-05-09 17:42	应用程序扩展	2 300 KB
SAP Business One Server	2017-05-09 17:42	Windows Installer …	10 071 KB
Setup	2017-05-09 17:42	BMP 文件	502 KB
setup	2017-05-09 17:42	应用程序	386 KB
Setup	2017-05-09 17:42	配置设置	3 KB
WindowsInstaller-KB893803-x86	2017-05-09 17:42	应用程序	2 525 KB

图 A-8　运行 Server 安装文件

（2）出现图 A-9 所示对话框，单击 Next 按钮。

图 A-9　单击 Next 按钮

（3）出现图 A-10 所示对话框，输入用户 ID 及公司名后，单击 Next 按钮。

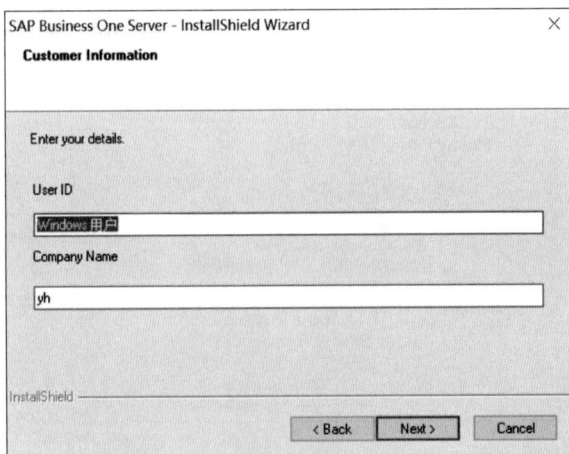

图 A-10　输入用户 ID 及公司名

（4）出现图 A-11 所示对话框，输入密码及许可服务器名称（可从 Server Tools Server Manager 中找或从已安装的数据库中找），单击 Next 按钮。

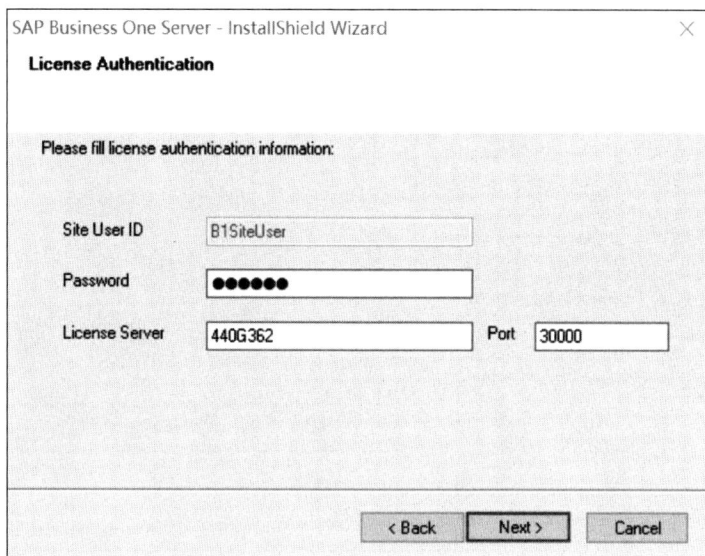

图 A-11 输入密码及许可服务器名称

（5）出现图 A-12 所示选择框，选择 Custom，主要是为了仅选择中文版，单击 Next 按钮。

图 A-12 选择 Custom 安装

（6）出现图 A-13 所示选择框，可自行选择安装目录，单击 Next 按钮。

（7）出现图 A-14 所示数据库选择框，单击 Next 按钮。

图 A-13　选择安装目录

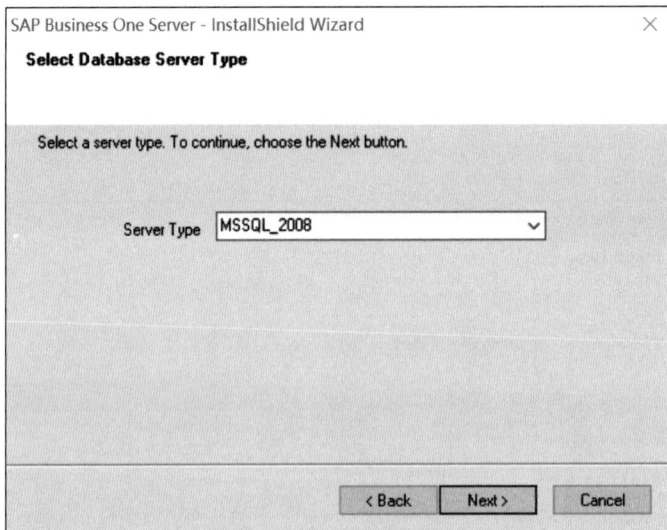

图 A-14　数据库选择

(8) 出现图 A-15 所示对话框,选择默认数据库文件(local),输入默认的 User ID (sa),输入数据库密码(安装 MSSQLSERVER 时所设置的),单击 Next 按钮进入下一步。(提示:需先启动 MSSQLSERVER,否则会提示不能连接数据库,无法进入下一步)

(9) 出现图 A-16 所示选择框,取消选中 Demo Databases 复选框(否则会选择所有语言种类),然后在右框中选中 Chinese 复选框,单击 Next 按钮。

(10) 出现 Next 对话框,单击 Next 按钮。

(11) 单击图 A-17 所示 Finish 按钮,提示是否跳过安装远程支持,选是(Y)完成 Server 端的安装,如图 A-18 所示。

图 A-15　连接数据库

图 A-16　选择中文语言

图 A-17　单击 Finish 按钮

图 A-18　跳过安装远程支持

3. SAP Business One Client 安装

（1）打开运行安装文件夹，从 Packages 目录进入 Client 目录（图 A-19），选择 setup. exe 文件，右击选以管理员身份运行。

名称	修改日期	类型	大小
ISSetupPrerequisites	2017-05-09 17:37	文件夹	
SAP DIAPI Installation	2017-05-09 17:37	文件夹	
0x0409	2017-05-09 17:36	配置设置	7 KB
Data1	2017-05-09 17:37	WinRAR 压缩文件	163,492 KB
ISSetup.dll	2017-05-09 17:37	应用程序扩展	2,280 KB
params	2017-05-09 17:37	配置设置	1 KB
SAP Business One Client	2017-05-09 17:37	Windows Installer ...	17,793 KB
Setup	2017-05-09 17:37	BMP 文件	502 KB
setup	2017-05-09 17:37	应用程序	387 KB
Setup	2017-05-09 17:37	配置设置	3 KB
WindowsInstaller-KB893803-x86	2017-05-09 17:37	应用程序	2,525 KB

图 A-19　运行 Client 安装文件

（2）出现图 A-20 所示窗口，输入用户名及公司名后单击 Next 按钮。

图 A-20　输入用户名及公司名

（3）出现图 A-21 所示窗口，可更改安装目录，单击 Next 按钮。

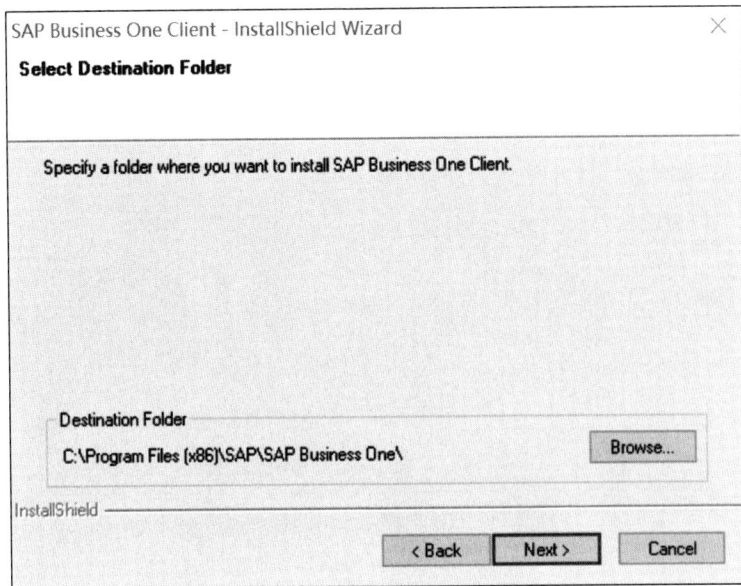

图 A-21　安装目录

（4）出现图 A-22 所示窗口，单击 Next 按钮。

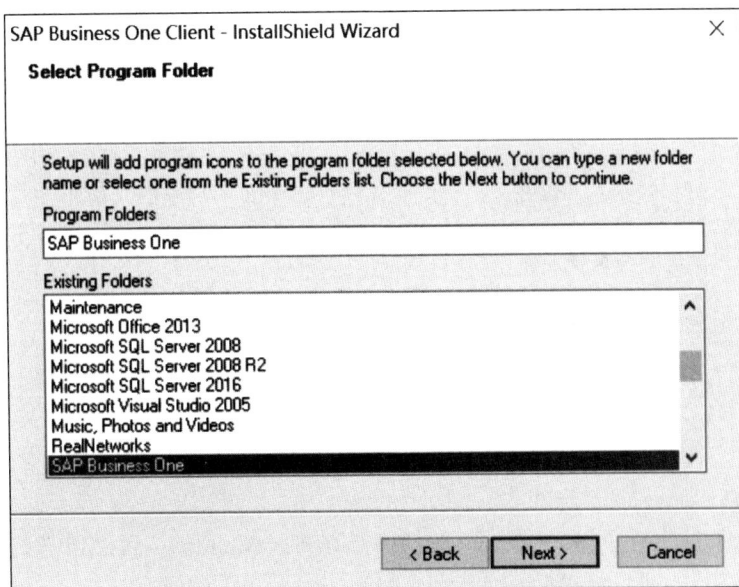

图 A-22　单击 Next 按钮

（5）安装 DI API 时，需再输入 License Server Name，出现图 A-23 所示窗口，单击 Next 按钮。

（6）出现图 A-24 所示窗口，单击 Finish 按钮，完成安装。

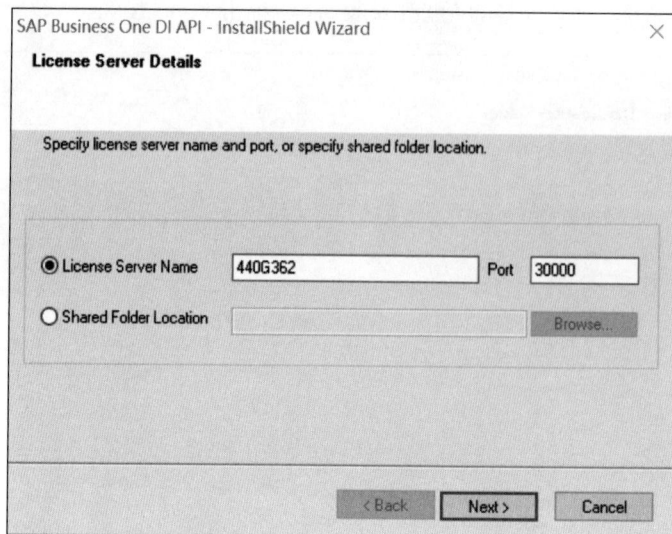

图 A-23 输入 License Server Name

图 A-24 完成安装

4．SAP Business One 启动

（1）单击电脑桌面上 SAP Business One Client 或 Windows 程序组下的相关程序,可启动程序。(提示：请先启动数据库及 SAP Business One Server Tools)

（2）程序启动后,出现图 A-25 所示的界面,单击"确定"按钮继续。

（3）出现图 A-26 所示的对话框,输入 IP 地址 127.0.0.1,再单击"确定"按钮(如果客户端同服务器不在同一台电脑上,请输入服务器的 IP)。

（4）选择"OEC 中国有限公司"的数据库,如图 A-27 所示,单击"确定"按钮,进入下一步。

图 A-25　启动程序

图 A-26　输入 IP 地址

图 A-27　公司选择

（5）正常情况下会出现图 A-28 所示的成功登录界面，否则可能是 Server Tools 中的服务没有启动，如不能进入本界面，可先启动 Server Tools 中的 License Manager 服务，再单击上一步的"确定"按钮启动。

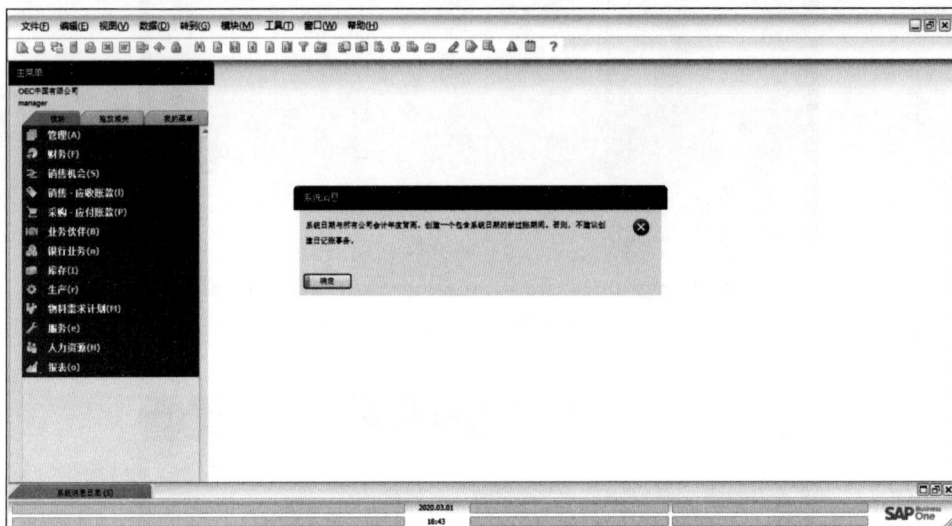

图 A-28　成功登录

教师服务

感谢您选用清华大学出版社的教材！为了更好地服务教学，我们为授课教师提供本书的教学辅助资源，以及本学科重点教材信息。请您扫码获取。

➤➤ 教辅获取

本书教辅资源，授课教师扫码获取

➤➤ 样书赠送

企业管理类重点教材，教师扫码获取样书

清华大学出版社

E-mail: tupfuwu@163.com

电话：010-83470332 / 83470142

地址：北京市海淀区双清路学研大厦 B 座 509

网址：https://www.tup.com.cn/

传真：8610-83470107

邮编：100084